2018—2019 浙江省创新型经济蓝皮书

Blue Book of the Zhejiang Innovation Economy 2018—2019

吴晓波　等著

ZHEJIANG UNIVERSITY PRESS
浙江大学出版社

图书在版编目（CIP）数据

2018—2019浙江省创新型经济蓝皮书 / 吴晓波等著
. — 杭州：浙江大学出版社，2021.5
ISBN 978-7-308-21311-0

Ⅰ.①2… Ⅱ.①吴… Ⅲ.①区域经济发展—研究报告—浙江—2018-2019 Ⅳ.①F127.55

中国版本图书馆 CIP 数据核字(2021)第 079682 号

2018—2019浙江省创新型经济蓝皮书

吴晓波 等著

责任编辑	范洪法 樊晓燕
责任校对	杨利军 李 琰
封面设计	周 灵
出版发行	浙江大学出版社
	（杭州市天目山路 148 号 邮政编码 310007）
	（网址：http://www.zjupress.com）
排 版	浙江时代出版服务有限公司
印 刷	杭州良诸印刷有限公司
开 本	710mm×1000mm 1/16
印 张	14
字 数	244 千
版 印 次	2021 年 5 月第 1 版 2021 年 5 月第 1 次印刷
书 号	ISBN 978-7-308-21311-0
定 价	58.00 元

《浙江省创新型经济蓝皮书》课题组

课题组组长：吴晓波　　浙江大学管理学院教授、博士生导师，浙江大学社会科学部主任，浙江大学"创新管理与持续竞争力研究"国家哲学社会科学创新基地主任

课题组成员：杜　健　　浙江大学管理学院副教授
　　　　　　谭子雁　　浙江大学管理学院博士研究生
　　　　　　沈华杰　　浙江大学管理学院博士研究生
　　　　　　梁丽萍　　浙江大学管理学院博士研究生
　　　　　　卢柯颖　　浙江大学管理学院博士研究生
　　　　　　冯筱雅　　浙江大学管理学院博士研究生
　　　　　　徐　宁　　浙江大学管理学院博士研究生
　　　　　　李思涵　　浙江大学管理学院博士研究生

本研究得到国家自然科学基金重点项目（71832013）和国家自然科学基金面上项目（71672176）的资助支持

前　言

随着全球化进程的推进,抢夺科技创新制高点的国际竞争日趋激烈。为实现我国 2020 年进入创新型国家行列的宏伟目标,国家做出开展创新型省份建设以实施创新驱动发展战略的重大决策。一方面,随着中国经济的增长和消费者收入水平的不断提升,对于提升产品与服务价值的需求也在不断增长,从而为创新提供了巨大的市场动力。另一方面,针对过去的顶层设计不完善、科研布局不合理等问题,中国正努力突破现有技术桎梏,积极发挥创新的推动作用。在这样关键的时间点上,如何建设创新型经济是各地区关注的焦点。本课题以高质量发展为目标,以探索增量和激活存量为两条路径,以技术创新和商业模式创新为两大动力,力图找到浙江省创新的驱动力和发展方向。这对于创新型省份建设路径研究具有重要的开拓性意义。

制造业是数字经济发展的主体。浙江省的制造业发展长期以来受制于三大路径依赖:低产业选择路径依赖、低附加值出口业务路径依赖、低研发驱动制造路径依赖。其结果:一是形成了以纺织印染、机械加工、家电制造等劳动密集型企业为主,缺少大型制造和先进制造企业集群的特点,与以科技化、智能化、低能耗为主要特征的未来制造业产业形态相距甚远。二是形成了低利润、低投入、低效率的恶性再生产循环。浙江大部分企业由于同质化竞争严重,其平均利润率一直徘徊在 5% 左右,这就使得企业失去了再投资的动力,特别是在见效慢、投入大的基础研究与产品研发上的投资较少,进而使得企业的经济效率无法得到显著提高。三是形成了研发气氛不浓、研发人员不强、研发成果不多的局面。由于浙江大部分企业属于民营企业,并且以加工贸易类企业居多,许多企业在研发上没有足够强的意识。同时,由于研发资源分散,难以形成“拧成一股绳”的研发力量,特别是在高精尖研发成果上远远不足。

鉴于这样的背景,本课题组于 2005 年即在国内开创性地发起了“创新型经济评价”工作,出版了第一部区域创新型经济评价专著——《2004 浙江省创新型经济蓝皮书》,在国内首次对创新型经济的概念和内涵进行了明确界定,并结合全国和浙江的具体情况构建了由资源要素、过程要素和产出要素构成的多层次、定量化的创新型经济评价指标体系。基于构建的评价指标体系,以及不定期地对指标进行调整,本课题组每年都会对浙江、北京、上海、江苏、山东和广东六省市的创新型经济进行横向与纵向的分析和比较,指出浙江省创新型经济的比较优势、劣势和发展情况,并针对关键问题提出相应建议。

据 2016 年《浙江省科技创新“十三五”规划》,浙江聚焦尖峰、尖兵、领雁、领航四大计划,将于 2020 年基本建成创新型省份。同时,浙江省将面对跨上产业转型升级新台阶、营造创新创业新生态的新挑战。在这一重要拐点上,本版蓝皮书基于浙江省规划,立足于浙江省数字经济发展现状,在原有评价指标体系基础上增添了“建成区绿化覆盖率”“地区企业电子商务销售额”等指标,通过对比 2017 年上述六省市的创新型经济发展情况,分析浙江省数字经济发展的短板。本版蓝皮书基于六省市的创新型经济评价指标体系,基于高质量发展的主题,从各企业层面阐述技术创新和商业模式创新、激活存量和探索增量的双轮驱动力,将理论与实践相结合,详细论述了浙江省数字经济发展现状,并且分析了目前遇到的机遇和挑战,提出了针对浙江省数字经济未来发展的政策建议。

本研究坚持第三方独立研究机构的立场,力求客观、科学地反映浙江创新型经济的现状和趋势。受能力所限,书中的缺点和错漏在所难免,欢迎社会各界对书中的不足给予批评和指正,使这一具有创新性的研究工作能够不断完善。本书为决策者、研究者以及利益相关者“抛砖引玉”,也许无法提供详尽的政策论点和措施,但若能为他们提供依据与启示,则甚为欣慰。同时,向一直支持和关心该项研究的领导和同仁们表示最衷心的感谢! 我们将持续改进,期望为浙江省未来的创新发展提供助力。

《浙江省创新型经济蓝皮书》课题组

2019 年 12 月

目　　录

理论篇

数据篇

实践篇

理论篇

第1章　创新驱动的高质量发展

本章重点讲述了创新驱动的高质量发展的内涵、研究动态及趋势,接着分析创新驱动的高质量发展的中国情景及其对浙江省的意义,为后续的评价体系和案例分析奠定理论基础。

1.1　创新型经济的发展与作用

党的十九大提出了加快建设创新型国家的战略要求,明确了创新引领发展的第一动力作用,将创新置于国家发展的全局核心。面对当前世界科技创新发展新趋势,建设创新型经济、推动创新型经济发展对我国构建世界科技强国、实现两个百年奋斗目标、实现中华民族伟大复兴的中国梦具有重要的理论指导意义。

1.1.1　创新型经济的内涵

创新是经济增长的源泉,创新过程是经济增长的路径。经济社会发展的宏观环境改善反过来又促进了创新的进一步发展。创新其实并不是一个全新的概念,在新古典经济学派和制度经济学派对经济增长现象的解释中均有关于创新的描述。最早真正将技术创新直接作为推进经济增长原因的是学者亚当·斯密及卡尔·马克思。马克思和恩格斯已然认识到科技作为生产力的重要作用,提出科学与技术的结合、发展、创新与资本主义劳动过程和生产力变革的内在联系。而进一步系统提出创新概念并推动人们对创新进行深入研究应归功于美籍奥地利经济学家约瑟夫·熊彼特。熊彼特于1912年出版《经济发展理论》,提出了技术创新的概念,他认为,技术创新就是企业家抓住市场机会重新组合生产要素的过程。他将技术创新归结为下列五种情况:(1)引进新产品或产出新质量的产品;(2)使用新的生产方法;(3)开辟新的商品市场;(4)获得原料或半成品的新的供应来源;(5)实行新的企业组织形式。他将影响经济的因素划分为内在因素和外在因素,认为人口、欲望状态、经济和生产组织的变动都是引起生产扩张的外在因素,而只有技术创新才是一个"内在因素"。此外,他还认为"经济发展"也是"来自内部自身创造性的关于经济生活的一种变动"(Schumpeter,1934)。

经济发展具有阶段性,在不同的发展阶段,驱动经济增长的力量是不一样的。迈克尔·波特认为,国家竞争优势的发展可分为四个阶段,即要素驱动(factor-driven)阶段、投资驱动(investment-driven)阶段、创新驱动(innovation-driven)阶段和财富驱动(wealth-driven)阶段。近几十年,世界科学技术飞速进步,尤其是新兴技术和信息技术的发展,使得越来越多的国家的经济发展从要素驱动阶段、投资驱动阶段逐渐进入创新驱动阶段;与此相对应,21世纪的区域经济发展模式也逐步转变为创新型经济发展模式。此时,区域经济优势已不再严重依赖于自然资源和劳动力资源的拥有状况,而是依赖于国家和企业的技术创新构想和技术创新能力(Evangelista,Iammarino和Mastrostefanov,2002)。

1998年,英国创新驱动型经济特别工作组在出台的《英国创新驱动型经济报告》中首次对创新驱动型经济进行了定义,将创新驱动型经济界定为"那些从个人的创造力、技能和天分中获取发展动力的企业,以及那些通过对知识产权的开发可创造潜在财富和就业机会的活动"(CITF,1998)。创新驱动的经济模式具有极高的附加值,已成为区域经济发展的"引擎"。创新驱动型经济在技术、知识产权、专利制度、金融服务等发展条件的支撑下,以居于价值链高端的地位渗透所有产业,决定生产过程利润分配的本质。这也是知识经济对创新驱动型经济的要求。

由此可见,创新型经济给全球经济社会发展带来的影响将越来越深刻,研究这种新的经济发展模式已显得非常重要。创新型经济的理论基础主要围绕创新和经济这两个理论核心展开。首先,创新是经济增长的源泉,创新过程也是经济发展的过程;其次,经济社会发展的宏观环境改善反过来又促进了创新的进一步发展。创新型经济正是建立在这一互动反馈基础上的经济模式。

我们对创新型经济的认识与理解来源于学者们的研究和政策制定者们的制度文件。前者主要从理论上对创新型经济的内涵和特征进行研究,而后者则侧重于创新型经济的实践特征。尽管国际上不乏关于创新型经济的理论和实证研究,但包括较有影响的美国麻省创新型经济评估报告在内,对于创新型经济的概念始终没有明确的界定,只通过指标体系来表达对创新型经济的理解。

在学界,对于创新型经济的研究相对具象化。洪银兴(2011)认为,创新型经济是能够体现资源节约和环境友好的要求,以知识和人才为依托,以创新为主要推动力,以发展拥有自主知识产权的新技术和新产品为着力点,以创新产业为标志的经济。随后,李建波(2011)、甄美荣等(2011)和龙云凤等(2017)在这一概念的基础上进行了拓展,核心观点主要包括:创新型经济需要体现资源节约和环境友好的要求;创新型经济以知识和人才为核心,以知识创新和技术创新为主要推动力;创新型经济以发展拥有自主知识产权的新技术和新产品为着力点;创新型经济以创新产业为标志,形成持续、均衡和健康发展的经济模式。不少专家认为,创新型经济有三个特征:一是以创新知识密集产业和绿色技术产业为标志;二是科技创新和产业创新互动结合;三是以知识创新为主体,也就是大学、科研机构同技术创新主体紧密合作。

现有的对于创新型经济的内涵研究主要关注了创新型经济与经济增长、资源环境之间的良性关系。为了明确研究方向,便于评价工作的持续和推广,在第三次科技革命的大背景下,我们认为给出创新型经济清晰的界定是非常必要的。综合经济增长理论、创新理论、区域创新系统理论及创新能力评价等理论和实证研究的成果,关注到创新型经济发展的重要背景、驱动力和系统观,我们提出的定义为:创新型经济是指以信息革命和经济全球化为背景,以知识和人才为依托,以创新为主要推动力,持续、快速、健康发展的经济。

这一定义强调了创新型经济的时代特征、源动力、全局观和边界多样性。(1)在新的时代背景下,不同于单纯依靠劳动力投入或资本的增加,以严重消耗资源作为代价的"增长型经济",创新型经济是以现代科学技术为核心,以知识的生产、存储、分配和消费为最重要因素的可持续发展的经济;(2)不同于单纯依靠引进设备和技术,以照搬外来技术为主要推动力的"模仿型经济",创新型经济是注重培育本国企业和 R&D 机构的创新能力,发展拥有自主知识产权的新技术和新产品,以自主创新为目标和主要推动力的经济;(3)创新型经济不仅强调企业和国民经济的发展,也重视创新带来的居民生活水平的改善,追求社会与经济的和谐统一;(4)创新型经济并非一定涵盖一个国家或地区的整个经济系统,而很可能存在于经济系统的局部,如存在于某些产业之中,其边界和大小具有多样性。而且高新技术产业并不是创新型经济的同义词,传统产业通过技术改造和产业升级,同样有可能成为创新型经济的重要组成部分。例如纺织和服装行业虽然一般被列入传统行业,但美国麻省的纺织和服装行业大量采用了新型材料、计算机辅助设计制造等先进技术和装备,提升了产品的高科技含量和产品档次,创造了高产值和高工资,成为当地技术创新系统的重要成员,因此被美国麻省技术联合会(The Massachusetts Technology Collaborator,简称 MTC)选入关键产业集群行列。

为了揭示创新型经济概念提出的必要性和意义,需要仔细考察创新对经济发展的引领作用,从根本上把握经济增长的源泉和路径。

1.1.2 创新型经济的引领作用

从人类社会发展的历史看,任何一个国家都是首先成为世界的科技强国,然后成为经济强国的。美国经济正是凭借其世界最具活力的科技创新大国地位而在第二次工业革命的浪潮中全面超越英国的。21 世纪的世界经济发展愿景是走向制造智能化、创新全球化的社会形态,这意味着中国发展范式要以科技进步和技术创新为基本支撑。中国目前正处于创新型经济发展的关键时期。一方面,2019 年中国位列全球创新指数排名第 14 位,比上年上升 3 位,创新投入较快增长,创新型经济政策效果显著;另一方面,中国也面临着跨上产业转型升级新台阶、营造创新创业新生态的挑战,提高自主创新能力成为中国从大国发展到强国的关键。自主创新将助力中国经济抢占未来发展制高点。

创新型经济的本质在于它是一种自下而上、开拓新领域、逐步发展丰富的经济。创新乃是经济发展最根本的动力源泉。创新型经济之所以重要,是由于其对经济发展的引领作用。创新型经济的引领作用从以下几个方面展开。

1.创新驱动经济增长

众所周知,真正意义上的现代经济增长始于 18 世纪英国工业革命,其后扩展到其他西方国家。100 多年以来,经济学家们对于探索"经济增长的本质"尤感兴趣。"到底是什么驱动了经济的增长?"这是经济学家一直孜孜不倦试图解答的难题。从古典经济学派到新经济增长理论,根据社会发展的不同阶段,各个学派对经济增长的本质提出了相应的不同见解。而西方经济增长理论的发展经历了四个阶段:一是资本决定论阶段;二是技术决定论阶段;三是人力资本论阶段;四是内生增长理论阶段。

资本决定论起源于亚当·斯密(1776)的资本理论,哈罗德—多马模型(1939;1946)是其典型表达式,其理论核心是经济增长最终取决于资本积累率。从 20 世纪 50 年代开始,技术决定论逐渐取代资本决定论,成为西方经济增长理论的主流。技术决定论以罗伯特·索洛提出的索洛模型及其理论(1957)、西蒙·库兹涅茨(1959)、丹尼森(1962)与肯德里克(1972)等经济学家的经济增长因素分析理论为代表,其理论核心是,一国经济增长中的决定因素是技术进步,促进技术进步并将之用于生产是经济增长的关键。20 世纪 60 年代初,舒尔茨(1961)正式提出了人力资本概念,由此人力资本理论开始建立和发展,人力资本决定论成为经济增长理论中的重要分支之一,其理论以舒尔茨(1961)和贝克尔(1964)的人力资本理论为代表,其核心观点是,人力资本(特别是教育)是现代经济增长的主要动力和源泉。在经历"资本决定论""技术决定论""人力资本论"之后,创新的重要作用日益得到人们的广泛关注。

20 世纪 80 年代末期以后,伴随着在西方发达市场经济国家出现新一轮的、不同于以往经济增长周期的经济增长(称为新经济增长),新经济增长理论(又称为内生增长理论)在西方应时而生,经济增长理论的发展进入第四个阶段。新经济增长理论把技术进步放在经济增长的尤为突出的位置,技术创新更多地进入主流经济学的视野,影响着发展研究与发展政策。

新经济增长理论以特殊的知识与专业化的人力资本积累论为发展主体,由罗默、卢卡斯等为代表的经济学家建立。他们在继承和发展技术进步论和人力资本论的基础上,在强调经济增长不是取决于外部力量而是取决于经济系统的内部力量,尤其是在内生知识进展和技术变化结果的基础上,通过对知识外溢、人力资本投资、研究与开发、收益递增、劳动分工和专业化、边干边学、开放经济和垄断化等问题的研究,建立起新的经济增长模型,重新阐释了经济增长的源泉,提出了新的政策建议。正如罗默理论认为的那样:"经济收益递增型模式,是以知识创新和专业化人力资本为核心的经济增长,它不仅可能形成资本收益的内部递增,而且能使传统的生产力要素也随之产生递增效益,从而牵动整个经济的规模效益递增,突破传统意义上的增长极限。"

新经济增长理论的实质是强调创新。首先,它摆脱了索洛模型中规模收益不变的假定,而强调规模收益递增,即双倍的资本、劳动力及其他生产要素会导致多于双倍的产出。其含义之一是物质资本和人力资本的影响比索洛模型要大。其次,它摆脱了索洛模型中的所谓稳态收入水平。当新的投资外部性很大时,资本的收益递减不一定会发生,所以增长不一定会减慢,经济也不一定会达到稳态。新经济增长理论可以解释在许多国家观测到的持续的人均经济增长而不依赖于外生的技术变化的事实,因此,这种理论常常被称作内生增长模型。这种模型强调发展中国家人力资本投资的重要性以及从具有更先进研究能力的国家转移技术的潜在收益。

由此可见,创新能够促进经济增长,创新是经济增长的源泉和路径。"创新驱动型经济"由此产生。理论上,创新驱动型经济增长是指科技进步对经济的集约增长起了决定性的作用,经济的快速增长又促进了科技投入的增加,使科技进一步发展,科技进步因素在经济增长中的贡献率大大提高;研究与开发成本高;能源和自然资源依存度低;产品具有良好的市场潜力并且附加值高;技术变革推动经济迅速发展,技术革新带来了要素生产率的提高。

创新是推动经济增长的根本动力。它不仅可以促进经济增长,提高生产率和竞争力,而且有助于产业结构调整和升级,推动经济增长方式的转变,提高经济增长的质量和福利水平。普林斯顿大学垄断与产业组织大师威廉·鲍莫尔(William J. Baumol)教授认为,创新有三个创造增长的特征:首先,很多创新具有累积性特征。很多创新并非仅仅取代旧科技,使其过时、被淘汰;相反,它们是对已有的科技进行增补,从而构成了经济中技术知识存量的一个净增长。这样的创新带来的是创造性的知识累积,而不是创造性的破坏。其次,一般而言,创新具有公共产品特征。创新一旦成功,改善了现有技术水平,将不仅仅只对做出这项产品的企业产生促进作用。在相对说来很微小的额外成本之上,它也能够增加其他企业的产出量。最后,创新的"加速器"的特征。一个稳定的创新产出通常意味着产量的增长,而不是保持不变。

改革开放以来,中国经济以年均 9.67% 的速度增长。但是有数据表明,自1998 年以来,科技对中国经济增长的贡献有所下降。经济增长主要靠投资拉动,产业技术的进步基本靠引进,本土的科技能力未能给国家发展提供有效的支撑。可以说,技术创新能力的不足已成为中国经济的"软肋"。因此,中国政府提出要大幅度提高科技创新能力,逐步实现从要素驱动型增长与投资驱动型增长向投资与创新驱动型共同增长的转变。

2. 创新促进工业化发展

工业化(industrialization)是一个国家用来实现提高物质生活水平的必要手段之一,是发展中国家实现经济增长和社会经济转型的重要途径(Lewis,1955)。联合国工业发展组织在《2009 年度工业发展报告》中明确指出:"工业化是实现经济发展的根本途径。除非是土地或资源极度富余的国家,才有可能不通过工业化来实现成功发展。"(UNIDO,2009)作为经济发展过程的一个历史阶段,工业化不仅表现为一个国家由落后的农业国变成先进的工业国的过程,而且还包含着经济增长量的扩张和结构变动所带来的生产力进步和经济发展的质的变化。

在产业间结构升级方面,美国经济学家钱纳里(H. B. Chenery)和泰勒(L. Taylor)在考察生产规模较大和经济比较发达的国家的制造业内部结构转换及其成因时,为了研究的需要,采用将不同经济发展时期对经济发展起主要作用的制造业部门划分为初期产业、中期产业和后期产业的分类方法。初期产业是指在经济发展初期对经济发展起着主要作用的制造业部门,包括食品、纺织、皮革等。初期产业一般具有如下共同特征:其产品主要用于满足基本生活需要;其产品具有较强的最终需求性质,后向关联系数较小;其产品具有较小的需求收入弹性;其产品的生产技术和工艺比较简单。中期产业是指在经济发展中期对经济发展起着主要作用的制造业部门,包括非金属矿工业、橡胶工业、木材与木材加工业、石油工业、化学工业、煤炭工业等。中期产业一般具有如下共同特征:它包括中间产品和部分最终产品;它也有明显的最终需求性质,前向关联系数较大;它具有较高的需求收入弹性;在很多场合能够较快结束初期产业发展中的进口替代政策。后期产业是指在经济发展后期对经济发展起主要作用的制造业部门,包括服装及日用品、印刷出版、粗钢、纸制品、金属制品和机械制品等。后期产业一般具有如下共同特征:服装等很多最终产品,是前向关联系数较大的制造业部门;具有很强的中间需求性质,也是后向关联系数较大的部门;具有较高的需求收入弹性。产业结构的发展和变迁基本上就是一个沿着初期产业—中期产业—后期产业路径的过程。

陈佳贵和黄群慧(2003)进一步认为,工业部门内部结构变化所呈现的重工业化、高加工度化和技术集约化三种趋势,在本质上反映了工业产业结构从劳动密集型向资本密集型,进而向技术密集型逐步升级的过程。霍夫曼所揭示的资本品工业净产值在整个工业净产值所占的比重随着工业化过程的推进而逐渐上升的经验法则,更适合描述工业化中期阶段的工业产业结构从劳动密集型向资本密集型演变的规律。而到了工业化的中(后)期与后期,工业部门呈现高加工度化和技术集约化的趋势,工业产业结构开始向技术密集型升级。

在产业内升级的研究中,产品内分工与产业内贸易成为产业结构升级的理论前提。当前的主要理论有水平型产品内分工和垂直型产品内分工两种结构模式。在水平型分工模式中,部分厂商生产质量较高的高端产品,而另一部分厂商生产具有低成本优势的产品,形成产品差异化。水平型分工的影响因素与市场竞争结构有关。Greenaway 等(1984)基本证明了 Lancaster(1980)所提出的产品水平差异、垄断竞争、适度规模经济等对产业内贸易的重要作用。

在垂直型分工模式中,根据 Dixit 和 Grossman(1982)对多阶段生产(multistage production)的解释,制造业的生产过程是由一系列连续的垂直阶段组成,每一阶段都对上一阶段的中间产品增加一些附加值,然后生产出这一阶段的半成品,为下一阶段做好准备。每一阶段的生产技术或要素密集度是不同的。比较优势决定了每个国家在生产阶段上的专业化分工模式。Helpman(2006)结合不完全契约理论和行业内企业在劳动生产率上的异质性,分析了跨国企业的组织选择决策。分析认为,同一行业内企业在劳动生产率上存在较大差别,只有劳动生产率最高的企业才会选择外商直接投资(FDI)模式,劳动生产率次之的企业会选择海外外包,劳动生产率再次之的企业会依次选择在国内投资、国内外包。Helpman 认为,行业内企业在劳动生产率上的异质程度和一国的契约制度质量构成了比较优势新的源泉。

3. 创新促进经济发展的转型升级

创新不仅能带来经济的增长,而且还可以引起经济增长质量的提高,推动工业化转型升级。

首先,技术创新是产业结构升级的前提和动因。各国的工业化进程无不表明,任何一个国家经济的持续、稳定、健康发展,都依赖于该国产业结构的升级。产业结构的升级以技术创新为前提和动因,因为每当有技术创新出现并进一步不断扩散到生产领域的各个方面时,劳动对象、生产手段、生产结果都会发生质的变化,生产要素、生产条件都需要重新组织,其结果会进一步形成积聚效应,培育出新的高新技术产业部门或者取代某些传统部门,从而促进区域产业结构的更新,使一个国家(或区域)的区域产业结构高级化。

其次,技术创新将促进工业部门结构的变化。随着高新技术的产业化,高技术产业产值占工业总产值的比重也日益提高。1995 年我国高技术产业总产值占全部制造业总产值的比重仅为 5.6%,到 2001 年已经接近 10%。美国和日本的这一指标分别于 1982 年和 1984 年首次超过 10%,英国和韩国也于 1986 年首次达到 10%,我国则在 2002 年才达到 9.9%。近 10 年来,我国逐渐重视技术创新对企业乃至整个区域经济的重要作用,积极参与国际高技术产业竞争,大力发展高技术产业,使得高技术产业规模迅速扩张,从而促进了制造业产业结构的明显改善。

再次,技术创新促进区域消费结构的变革。技术创新活动所开发的新产品,不仅引发和促进了产品的更新换代,而且也诱导和改变了消费需求的取向,从而引发了区域消费结构的变化。在美国,20 世纪 50 年代初,物质消费支出占消费总支出的 58.8%,到 20 世纪 80 年代初已下降到 45%,而健身、旅游、文化娱乐等非物质消费达到了 55%。日本在 20 世纪 60 年代的非物质消费为 31.7%,80年代上升到 41.1%。消费结构的变迁不仅对生产活动产生导向作用,促进区域产业结构的调整,而且也对商业贸易活动产生指示作用,引发和促进区域贸易结构的变化。由此可见,技术创新引起了产业结构的变化,进而又影响了消费结构的变革。

最后,技术创新会推动国际贸易结构的变革,引发水平分工与垂直分工的变化。随着技术创新的推动,国际贸易结构变化显著。技术作为一种特殊的商品成为贸易的重要对象,国际技术贸易额不断增加。我国技术贸易起步较晚。中华人民共和国成立后,伴随着国民经济的发展,我国技术进口也进入了稳步发展的新时期。我国的技术进口大致可以划分为四个阶段:1952—1959 年为中华人民共和国成立以后我国技术进口贸易发展的第一阶段。当时我国从苏联引进了450 个项目,累计用汇 37 亿美元。1963—1968 年为第二阶段,我国从日本、英国、法国、意大利等国引进技术和设备 84 项,累计用汇 14.5 亿美元。1972—1978 年是第三阶段,我国先后同日本、德国、英国、美国等国的厂商签订了 367

个项目合同,累计用汇33.5亿美元。1978年至今为第四阶段。这一阶段是我国技术进口贸易的飞跃发展时期,技术进口金额在2018年和2019年均高达2000多亿美元,并呈上升趋势。

4. 技术创新促进产业结构调整与升级

在20世纪50—70年代,产业经济学家关注的主要问题是产业内部结构中的静态均衡。产业经济学致力于揭示产业结构和产业绩效之间的相互关联,例如集中度、企业规模和盈利性等。至今,相关理论和研究仍然未能对产业成长过程中产业动态和演进以及与之相伴的产业组织和市场结构的变化有更好的解释,特别是有关经济组织和结构的变化模式。例如企业的进入、退出,企业的成长过程,企业经营中的垂直一体化和多样化现象,企业间网络关系的变化,以及金融组织和政府等机构和制度在此间的作用。更重要的是,建立在"结构—行为—绩效"框架上的传统产业组织理论将市场结构视为外生给定,并且以静态的眼光分析产业内的企业竞争行为。这样的分析方法存在重大的缺陷。这也促使新产业组织理论和演化经济学等以动态和进化的视角重新考虑产业成长问题(张家伟,2007)。

许多产业都遵循生命周期过程,即突破性(产品)创新引发了小制造商的进入并引入新产品。随着市场需求的增长,过程创新(process innovation)越来越重要,选择过程最终使产业结构集中化(张家伟,2007)。Utterback等人提出了"主导设计"模型。他们认为,在产业的下一个演进阶段,将会出现一种主导设计(dominant design),这种设计的出现会锁定未来产品开发的路线,还会引发一系列过程创新,使生产过程更具弹性,并且逐步改善生产效率。主导设计的出现使产业进入淘汰过程,产业集中度随进入壁垒的提高而提高,优胜劣汰的选择过程会将未能及时适应主导设计并调整组织结构的企业赶出市场或将其兼并。在最终的产业成熟阶段中,仅会出现少量后续的过程创新,在位企业均具有较高的集中度,且有串谋的可能性。这种情况将持续到出现下一次非连续(discontinuity)的技术进步。Geroski(1995)等人的工作开创了创新和产业演进关系的经验性研究。他们发现,许多产业在演进过程中都有一个共同的特点,即经历了淘汰的过程。许多经验研究发现,在新产业的形成期进入的新企业最多,淘汰阶段新进入者的减少和现存企业的大量退出使生命周期处于成熟和衰退阶段的企业的总数量下降。同时,产业的产出增长率在生命周期的初始阶段非常高,随着市场的成熟逐渐趋于零;产业的价格下降速度在生命周期的初始阶段比较快,随着市场的成熟逐渐放慢并趋于零(Klepper,1995)。

可见,创新通过影响产业生命周期,推动产业结构调整和升级。2017 年 10 月,党的十九大报告提出,创新是引领发展的第一动力,是建设现代化经济体系的战略支撑。要瞄准世界科技前沿,强化基础研究,实现前瞻性基础研究、引领性原创成果的重大突破。加强应用基础研究,拓展实施国家重大科技项目,突出关键共性技术、前沿引领技术、现代工程技术、颠覆性技术创新,为建设科技强国、质量强国、航天强国、网络强国、交通强国、数字中国、智慧社会提供有力支撑。加强国家创新体系建设,强化战略科技力量。深化科技体制改革,建立以企业为主体、市场为导向、产学研深度融合的技术创新体系,加强对中小企业创新的支持,促进科技成果转化。倡导创新文化,强化知识产权创造、保护、运用。培养和造就一大批具有国际水平的战略科技人才、科技领军人才、青年科技人才和高水平创新团队。

1.2　创新型经济的研究动态及趋势

创新是经济增长的主要驱动力,创新能力直接影响企业、区域以及国家等各个层面的竞争力。随着全球化进程的推进,抢夺科技创新制高点的国际竞争日趋激烈。为实现我国 2020 年进入创新型国家行列的宏伟目标,党的十八大做出开展创新型省份建设以实施创新驱动发展战略的重大决策。在创新型经济的建设过程中,区域创新能力的测定和创新过程的监测日益重要,只有进行深入的创新测度与评价,才能更好地实现创新驱动经济的发展方式转变。因此,本书借鉴国外先进成果和国内的相关研究,提出独特的分析框架和指标体系。

1.2.1　国际创新型经济研究的动态及趋势

欧盟 1997 年发表的《第 2 号欧盟科技指标报告》把欧洲放在全球视野中,对欧盟创新能力指标和与科技密切相关的经济指标进行了不同层次的国际比较,从投入和绩效两个角度对欧盟的创新能力进行了评价。

2000年3月,在葡萄牙里斯本召开的欧盟理事会明确提出了建立欧盟创新评价指标体系的要求,并将此作为提高欧盟经济竞争力的重要手段和措施,这是将欧盟建设成为世界上最具竞争力的知识经济社会的战略思想。创新评价指标体系的最重要表现形式是创新综合评价表。该表由17项与创新活动密切相关的指标组成,这17项指标分为4个类别,这4个类别分别是人力资源、新知识的产生、新知识的转移和应用以及创新的投入、产出和市场。创新综合评价表对评估欧盟各成员国的创新措施、监控创新发展的过程、评价创新政策的优劣等有着重要的作用。

随后,欧盟从2001年开始正式发布"欧盟成员国创新计分卡"(European Innovation Scoreboard),建立创新指标体系,对成员国及美国、日本等国的创新表现进行定量比较,分析优势和劣势。"欧盟成员国创新计分卡"是欧盟依照"里斯本战略"(Lisbon Strategy)所发展出的综合性创新评价指标体系。用以衡量及比较欧盟各成员国的创新表现计分卡主要包括创新投入和创新产出两大类指标。创新投入分为创新动力、知识创造和创新与企业家精神三类指标,创新产出包括创新应用和知识产权两类指标,这些指标又分别由5~6项指标构成。数据主要来自欧盟组织、各成员国参与的"共同体技术创新调查"(CIS)、EUROSTAT等的创新调查以及经济合作与发展组织(Organization for Economic Cooperation and Devolopment,OECD)的R&D统计。

"里斯本战略"在2010年到期。因此,2010年3月3日,欧盟委员会在当天傍晚的例行工作会议上,公布了未来十年的经济发展战略,即"欧盟2020"。这一备受瞩目的战略提出了欧盟未来十年的发展重点,目的是帮助欧盟最终摆脱金融危机,并在全球化浪潮中处于不败地位。根据"欧盟2020",欧盟在"欧盟成员国创新计分卡"的基础上发布了"创新联合记分卡2010"(Innovation Union Scoreboard 2010),用来对当时欧盟的27个成员国以及克罗地亚、冰岛、北马其顿共和国、挪威、塞尔维亚、瑞士和土耳其的创新表现进行比较性评估。同时,将其与美国、日本和BRIC(巴西、俄罗斯、印度和中国)国家进行了比较。在与中国和巴西的对比中,可见欧盟依然在创新绩效上有明显的优势,但是从12个一般的指标来看,这些优势正在快速流失。

美国麻省技术联合会(MTC)自从1997年以来一直跟踪麻省创新型经济的运行情况,每年提供一份关于经济运行情况的定量分析报告 Index of the

Massachusetts Innovation Economy。该报告在国际范围内产生了重大影响,受到许多国家和地区政府以及学术界的广泛关注。

2009 年,纽约市发布了《2009 纽约市创新经济指数》(2009 *Index of the New York City Innovation Economy*),通过对比纽约以及波士顿、旧金山、圣地亚哥等主要城市科技领域所占有资产水平以及这些资产商业化程度,分析了纽约市在发展创新型经济上的优势与劣势,同时也弥补了现阶段创新型经济只停留在表面倡导,而内在评价上却不足的现状。

美国国会竞争力委员会(Council on Competitive)于 2004 年提出了进一步加强美国国际竞争力的"国家创新促进计划"(National Innovation Initiative, NII),明确指出:创新是决定美国在 21 世纪取得成功的唯一关键要素。该计划以"创新美国:在充满挑战和变化的世界中生存"为主题,提出了以创新为核心,连接技术、知识、资本、管理等要素供给和安全、效率、质量等经济与社会发展的需求,包括了教育、知识产权、法律规制等政策环境和能源、交通、信息网络等基础设施的"创新生态系统"的概念,并在创新人才、投资和基础设施等关键问题上制定了详细的议程。计划旨在汇聚美国关于创新的真知灼见,加深人们对创新演化过程的理解,并为营造鼓励创新的环境制定可操作的战略行动方案。

2008 年 4 月,联合国在加纳首都阿克拉发布了《2008 创新经济报告》,这是联合国第一份关于这一新兴领域的研究报告。报告指出,虽然现在还没有一个统一的"创新经济"或"创新产业"的定义,但是其都具有一个本质特征——创造力,它能带来技术上的进步并且使企业和国家经济具有竞争优势。报告同时指出,一些发展中国家,特别是亚洲的发展中国家,已经开始受益于全球创新经济的发展活力并制定了扶持创新产业的政策,中国在全球创新经济发展中居领先地位,到 2005 年已经发展成为全球领先的增值创新产品的生产者和出口者。

日本从 1953 年开始实行科学技术调查制度,成为 OECD 成员后参与《弗拉斯卡蒂手册》的编制,并使用 OECD 科技指标,但并不完全照搬 OECD 的科技指标体系,1985 年起每年由文部科学省科学技术政策研究所出版《日本科学技术指标白皮书》,其主要由世界科技趋势与日本地位、知识基础人才与教育、知识生产等三大部分、11 个方面和上百个指标构成。其中,科学技术综合指标由 12 个变量解析支持的创新能力评价综合指数计量。

韩国于 1962 年施行第一个五年计划,次年开始统计科研数据,此后每年发布相关调查报告。20世纪90年代韩国开始实施创新型国家战略,自1995年起科研统计改用《弗拉斯卡蒂手册》指标,次年正式成为OECD成员。在国家创新体系中建立国家创新评价体系,由国家科学技术委员会每年出版《国家研究开发事业调查分析报告》来公布评价结果。该体系由创新资源、创新活动、创新过程、创新环境和创新成果等5个部分、14个分项和80多个指标构成。

美国的硅谷指数(Index of Silicon Valley)用来评价硅谷的综合发展状况,由硅谷的专门机构(Joint Venture)每年度向全球发布一次。2010年的硅谷指数包括人口、经济、社会、空间和管理等5个方面共16个指标。硅谷指数主要使用专利、企业数量和风险投资来测量创新能力。这是一个纵向的区域经济评价的重要参考指标体系。

2011年1月12日,汤森·路透(Thomson Reuters)知识产权解决方案事业部公布了《2011年创新报告:12个重要技术领域及其创新情况》。该报告根据世界专利索引数据库收录的世界主要专利机构2011年1月1日至12月12日授权的专利和已公布的专利申请量(审查和未审查的)主要对全球12个重要技术领域进行了追踪,采用专利数量来衡量创新水平,列出了在各个领域中排在前10名的机构。与日本、美国等发达国家相比,中国在创新能力方面的差距相当大。根据该报告中的数据,当年日本的专利总量是中国的100倍以上,美国是中国的4.3倍,韩国是中国的1.8倍。

2012年7月3日,世界知识产权组织和欧洲工商管理学院发布了《2012年全球创新指数》(Global Innovation Index 2012)。该报告显示,中国在国家和地区排名中位列第34名,在同等收入水平国家中排名第3,在创新效率指数排名上位列第1名。同时,这份报告也对中国经济转型的未来道路提出了新的要求。2012年的全球创新指数由创新投入指数和创新产出指数的平均值计算而成,二者的比值即为创新效率指数。创新投入指数用于评估能够表现创新活动的国家经济元素,包括制度、人力资源及研究、基础设施、市场完善度和商业完善度等5个方面;创新产出指数则主要捕捉实际的创新成果,包括知识技术产出和创意产出两个方面。

2013年1月18日,美国通用电气公司(GE)在康涅狄格州的费尔菲尔德公布了第三届年度《全球创新趋势报告》。报告指出,中国首次在创新方面超越日本,位列第3名。《全球创新趋势报告》旨在通过对"创新环境"和"对创新的乐观态度"两项核心指标的评估,来考察全球的创新蓝图。"创新环境"指企业对于其本国创新环境的满意度;"对创新的乐观态度"指企业在多大程度上希望实现创新转化,并使之改善民众的生活。该报告的结论为,"中国的环境有助于创新"。灵活多样的商业模式、强大有力的政府支持、不拘一格的人才策略和广泛开放的国际合作,是中国创新取得成功的四张王牌。同时,中国企业高管对社会总体支持创新的满意度较高。

2015 年 7 月 24 日,麦肯锡全球研究院发布了《中国创新的全球效应》报告,根据成功实现商业化的所有创新类别,将各个行业的创新氛围的四大原型加以研究,分别为科学研究型、工程技术型、客户中心型以及效率驱动型。中国企业在客户中心型和效率驱动型创新领域优势最大。具体表现为:在客户中心型创新方面,中国企业享有得天独厚的巨大消费市场,从而可以快速商业化。依靠中国庞大的消费市场,百度、阿里巴巴、腾讯等互联网企业以及海尔等家电巨头已经成为各自行业的全球领导者。在效率驱动方面,中国具有覆盖率完整的供货商网络、庞大且熟练的劳动力、现代化的物流基础设施构成的强大的制造业生态系统,这使得企业可以灵活地利用和开展创新,更好地降低成本、缩短生产周期和提升质量,实现效率驱动型创新。

2017 年 6 月 15 日,世界知识产权组织发布了《2017 年全球创新指数:创新养育世界》。该报告通过 81 项指标评估了全球 127 个经济体的创新能力和创新成果。这 81 项指标主要分为七类,包括制度、人力资本与研究、基础设施、市场成熟度、商业成熟度、知识与技术产出以及创新产出。其中,从综合来看,瑞士继续保持全球创新榜的首位,瑞典、荷兰为全球创新榜的第 2 名和第 3 名。中国排第 22 名。该报告显示了在缩小与发达经济体的创新差距的过程中,中国作为唯一的中等收入国家,已成功获得全球创新领导者的席位。在 2018 年 7 月 10 日由该机构发布的《2018 年全球创新指数》报告中,中国首次成功跻身全球创新 20 强,位列第 17 名,这在中国创新快速转型的进程中成为一个取得突破性进步的标志。

1.2.2　国内创新型经济研究的现状及趋势

《国家中长期科学和技术发展规划纲要(2006—2020)》提出了中国科技发展的指导方针是"自主创新,重点跨越,支撑发展,引领未来"。我国经济和社会发展必须走以科技创新为主导,转变经济增长方式,积极推进经济结构战略性调整,增强发展后劲,依靠科技支撑和引领经济社会发展的道路。2004 年,胡锦涛总书记指出:"科学技术是经济社会发展的一个重要基础资源,是引领未来发展的主导力量。"

《中国区域创新能力报告》借鉴了瑞士洛桑国际管理开发学院发表的《国际竞争力报告》的经验,重点从知识创造能力、知识流动能力、企业的技术创新能力、创新的环境、创新的经济绩效等 5 方面对中国区域创新能力进行评价,是以中国区域创新体系建设为主题的综合性、连续性的年度研究报告。从 1999 年开始,该报告为各地区判断自己的创新优势和劣势提供了一个比较好的分析框架。通过中国科技发展战略研究小组多年形成的评价方法,该报告利用大量的研究统计数据,权威、综合、动态地给出了各省(自治区、直辖市)的创新能力排名和各项创新能力分析,为地方政府了解本地区的创新能力提供了一个很好的平台。继 2009 年首次跃居全国首位之后,江苏的区域创新能力在 2010 年仍然保持第 1名的位置,是全国创新能力最强的地区。与 2009 年相比,2010 年区域创新能力综合排名的总体格局略有变动,但是前 7 位地区的排名十分稳定,没有变化,依次是江苏、广东、北京、上海、浙江、山东和天津。在综合指标排名中,湖北由2009 年的第 10 位上升到第 8 位,四川由 2009 年的第 8 位下降到第 9 位,重庆由2009 年的第 13 位上升到第 10 位。

自 2004 年起,由北京市统计局编制的中关村指数发布了,其主要目的是综合描述北京市高新技术产业的发展状况,总体评价北京市高新技术产业的发展水平。中关村指数由经济增长指数、经济效益指数、技术创新指数、人力资本指数和企业发展指数 5 个分类指数构成,各分类指数均由 3 个指标构成,共计 15个指标。中关村指数的发布有利于分析影响北京市高新技术产业发展的主要因素,监控不同领域的发展变化情况,有利于及时、全面地掌握北京市内高新技术企业的发展趋势。

上海市社会科学院、浙江省社会科学院和江苏省社会科学院三家在 2007 年联合推出了《长三角区域创新发展报告》。第一,该报告描述了长三角区域创新发展的总体进程,揭示了长三角区域在创新发展方面遭遇到的困难,其主要表现为促进长三角区域各地区创新发展的制度机制还不健全、企业普遍缺乏强烈的创新发展冲动、科技创新的领军人才相当稀缺、创新发展的协作体系不够完善等。第二,该报告列举了长三角区域加快创新发展的重要意义与初步成就,并进行了分省论述。第三,该报告描述了长三角区域各地区创新发展的宏伟目标。第四,该报告对长三角城市群的创新能力进行了比较和定位,找出了制约长三角创新发展的因素。第五,该报告对长三角区域创新发展提出了对策建议。

2007 年,国务院发展研究中心主办的《中国经济报告》季刊专门编排了"长三角区域创新经济"这一专题,浙江省创新经济蓝皮书课题组在该专题中发表了对长三角地区创新型经济的评价报告。该报告对长三角两省一市进行了创新指标的评价对比,揭示了长三角创新经济发展的现状,提出了相应的政策建议。

《2009 年中国城市创新报告》作为中国城市发展研究会的重点研究项目,在前两年研究成果的基础上,对评价指标体系进行了调整和优化,从基础条件和支撑能力、产业化能力以及品牌创新能力三个方面对中国主要城市的创新能力进行了深入的调查与分析,较为系统地研究了中国城市创新的总体状况及特点,在对中国各类主要城市发展现状及潜力进行研究与比较的基础上,按副省级以上城市、地级市和县级市三大类型进行城市综合测评;同时,重点选择了一些典型城市和企业,总结和介绍了它们的创新经验。

"中国科技创新景气指数(深圳南山指数)"在 2012 年首次发布。该指数由中国科技开发院、北京科技大学、国家统计局中国经济景气监测中心、南山区科技创新局等单位共同编制,是我国首个以季度数据为基础的区域科技创新景气指数。该报告由两部分组成:第一部分包括由科技投入指标、科技产出指标、经济产出指标等 15 个综合指标构成的基于季度数据测度的科技创新景气指数;第二部分反映企业家创新信心及南山区创新环境的企业调查结果。南山成为中国科技创新活动的重要窗口之一。该指数不仅反映了当时深圳南山区科技创新景气的波动与转折,还反映了南山区科技创新景气指数稳步回升的局面,同时也体现了在后金融危机时代我国科技创新能力的发展轨迹。

2012 年 3 月,浙江大学管理学院联合北京零点前进策略咨询有限责任公司共同推出了《2012 中国企业健康指数》,从企业层面探索影响企业健康创新的要素。该报告提出了"三九企业健康生态系统理论"。其中:"三"指从企业家精神、企业行为和商业环境三个纬度入手分析企业的健康状况;"九"指衡量企业的九个健康元素,即创新力、创业力、领导力、竞争力、合规力、责任力、市场力、服务力和包容力。这是迄今为止对中国企业健康较为科学、系统的评估指标体系。

2015 年,中国科学技术发展战略研究院发布了《国家创新指数报告 2015》。该报告评估的五大指标主要包括创新资源、知识创造、企业创新指标排名、创新绩效排名和创新环境指标排名。其中,中国位列第 18 名,比 2014 年提高一位。中国的创新资源投入持续增加,R&D 经费增速继续领跑全球,经费投入强度持续提高。在知识产出能力中,中国的国际科技论文的影响力稳步提高,发明专利和授权量稳居世界前列,科技进步贡献率继续攀升,产业结构进一步优化。

2018 年 10 月 29 日,中国科技发展战略研究院发布了《中国区域科技创新评价报告 2018》。该报告中的 5 个一级指标包括科技创新环境、科技活动投入、科技活动产出、高新技术产业化和科技促进经济社会发展。该报告比较和分析了全国各个省区市的科技创新水平,指出,与上面的评价结果相比,东部的北京、上海、天津、广东、江苏和浙江 6 个省市继续处于全国领先水平。其中,上海、北京、天津的科技创新水平分别位列前三名,中西部地区的创新水平进步较快,多层次、各具特色的区域创新格局日渐形成。

国内的相关研究表明,发展创新型经济,从目标角度讲,是我国提升国际竞争力的需要;从战略角度讲,是我国建设创新型国家的需要;从发展角度讲,是我国可持续发展的需要;从民生角度讲,是解决就业问题和提高人民生活水平的需要。总之,发展创新型经济具有全方位的重大意义。

据《2017—2018 浙江省创新型经济蓝皮书》的研究,2016 年,在创新资源类指标的具体表现上,浙江在基础设施资源方面依旧领先,延续了在该方面的优势;教育资源相较 2014 年有所上升,在六省市中处于第 2 的位置,但与排名第 1 的北京仍有较大的差距。相比之下,浙江在技术人力资源和科技投资资源方面仍然比较薄弱,表现在浙江对科技生产活动、科技成果的产生与转化等方面的重视程度不够,导致在该方面整体支撑力不强,使其成为浙江创新型经济发展的短板。在创新过程类指标的具体表现上,浙江在知识创新、技术独立性和组织创新与活力方面,均表现出强劲的创新活力,具有明显的优势。但在技术商业化方面,浙江却远远落后于其他五省市,且相较于 2014 年和 2015 年,浙江在该指标上没有取得明显进步。在创新产出类指标的具体表现上,浙江在居民生活、可持续发展和数字经济方面,相较于 2014 年和 2015 年均在得分上取得了进步,说明浙江对民生、发展健康经济以及提高与信息技术相关的新技术、新产业、新业态和新模式的重视,但与北京相比,仍需加速推动产业转型升级。在产业发展方面,浙江明显落后于其他五省市,这意味着传统产业结构是制约当前浙江创新型经济发展的因素之一,因此加快产业结构优化迫在眉睫。上述分析表明,该评价体系可以有效衡量浙江创新型经济发展的长处和短板,结合案例分析,可以对症下药,扬长补短。

本书将基于《2017—2018 浙江省创新型经济蓝皮书》的分析框架,结合国内外其他优秀的区域经济评价体系,研发出一个全方位的区域经济评价体系。

1.3　高质量发展的内涵与意义

1.3.1　高质量发展的内涵

2018 年,我国在中央经济工作会议上首次提出高质量发展的概念。会议强调,推动制造业高质量发展是 2019 年七大重要工作任务中位列第一的任务。要推动先进制造业和现代服务业深度融合,坚定不移建设制造强国。要稳步推进企业优胜劣汰,加快处置“僵尸企业”,制定退出的实施办法,促进新技术、新组织形式、新产业集群的形成和发展。要增强制造业的技术创新能力,构建开放、协同、高效的共性技术研发平台,健全以需求为导向、企业为主体的产学研一体化创新机制,抓紧布局国家实验室,重组国家重点实验室体系,加大对中小企业创新的支持力度,加强知识产权保护和运用,形成有效的创新激励机制。

我国学者强调,高质量发展的根本在于提升经济的活力、动力、创新力和竞争力,不断提高投入产出效率和经济效益(王一鸣,2018)。制造业高质量发展是指在新发展理念指导下制造业在生产、制造、销售的全过程中,实现生产要素投入低、资源配置效率高、品质提升实力强、生态环境质量优、经济社会效益好的高水平可持续发展。制造业高质量发展意味着高质量的供给、高质量的需求、高质量的资源配置、高质量的投入产出、高质量的收入分配和高质量的经济循环(余东华,2019)。

西方经济学理解的高质量发展主要是相对于经济增长速度而言的。这个概念从狭义上会被理解为投入产出比高,即狭义上的高效率发展。而从广义上看,高质量发展还应涵盖生态、绿色、民生等各个方面。它强调既要通过质量、效率和动力变革来提高全要素生产率,又要更加全面地实现创新发展、协调发展、绿色发展、开放发展和共享发展。

本书将从盘活存量和寻找增量的角度来解读高质量发展。盘活存量强调的是效率、生态和共享。从效率维度看,要求投入产出比高,以尽可能低的资源要素消耗获得最大的经济效益;从生态维度看,要利用规模经济和范围经济效益,同时要求构建绿色生产方式,实现可持续发展;从共享维度看,要求产业链上下游配套密切合作,企业内和企业间实现融通发展。而寻找增量强调的是质量、动力和开放。从质量维度看,要求产品和服务供给体系与需求结构有效匹配,通过创新满足人民对美好生活的需要;从动力维度看,要求增长动力从依靠要素驱动转向依靠创新驱动,通过技术创新和商业模式创新来驱动企业的长足发展;从开放维度看,企业要提高全球影响力,拓宽价值链,提升企业的国际竞争力。

1.3.2　高质量发展与创新型经济的关系

在科技革命与产业革命的浪潮下,发展创新型经济成为世界各国走出经济危机、实现可持续发展的战略选择。作为一种新的经济发展模式,创新型经济具有典型的情境依赖特性,各国在发展创新型经济过程中的策略选择差异性仍然较大,这主要是由国家的资源禀赋和基础条件决定的。当前,中国经济发展已由高速增长阶段转向高质量发展阶段,这意味着中国进入现代化经济体系构建的新时代。在新的时代背景下,发展创新型经济是现代化经济体系建设的重要支撑力量。

党的十八大提出实施创新驱动发展战略,强调"科技创新是提高社会生产力和综合国力的战略支撑,必须摆在国家发展全局的核心位置"。2016 年 5 月,中共中央、国务院正式印发《国家创新驱动发展战略纲要》,明确指出,创新驱动发展就是使创新成为引领中国发展的第一动力。党的十九大报告指出,我国经济目前还存在发展不平衡、不充分的问题,发展质量和效益还不高,创新能力不够强,实体经济水平有待提高,生态环境保护任重道远,必须坚定不移贯彻创新、协调、绿色、开放、共享的发展理念,要坚持创新驱动发展战略。要瞄准世界科技前沿,强化基础研究,实现前瞻性基础研究、引领性原创成果重大突破。加强应用基础研究,拓展实施国家重大科技项目,突出关键共性技术、前沿引领技术、现代工程技术、颠覆性技术创新,为建设科技强国、质量强国、航天强国、网络强国、交通强国、数字中国、智慧社会提供有力支撑。加强国家创新体系建设,强化战略科技力量。深化科技体制改革,建立以企业为主体、市场为导向、产学研深度融合的技术创新体系。加强对中小企业创新的支持,促进科技成果转化。倡导创新文化,强化知识产权创造、保护、运用。培养造就一大批具有国际水平的战略科技人才、科技领军人才、青年科技人才和高水平创新团队。可以说从党的十八大以来,我国大众创业万众创新的意识不断增强,创新驱动的经济发展已经初见成效,需要进一步落实创新驱动发展战略,以获得更大的发展成果。

改革开放以来,中国采用了一种混合的经济发展模式。中国经济发展经历了多年高速增长,现在已经成为世界第二大经济体。而此时,传统经济发展模式表现出的经济质量不高、效益水平较低和经济发展持续动力不足等问题十分突出。实际上,中国经济目前也已经达到了发展的拐点,这意味着整个经济体必须从高速增长转向有节制地增长,企业生存环境及其自身的生产方式将发生质的变化,在这个变化过程中最典型的是经济发展从"粗放的要素驱动增长"转向"精细的创新驱动增长"。这一方面将对部分建立在资源投入和市场垄断基础上的中国企业的核心竞争力产生毁灭性打击,同时也对企业如何建立自己的创新能力、政府如何为企业营造有利于创新的制度环境提出了要求。

在这样的发展关头,中国只有脱离过去依靠规模和速度的发展模式,重新重视质量和效益,找到新的发展动力,才能破除发展障碍。由传统发展模式向创新驱动发展模式转型正是解决上述问题的唯一途径。这意味着发展创新型经济是新时代中国经济转变发展方式、优化经济结构、转换增长动力的必然选择,是实现现代化经济发展目标的主要手段。

1.3.3　高质量发展对浙江建设创新型省份的意义

随着中国经济增长和消费者收入水平的不断提升,对于产品与服务价值的需求也在不断增长,从而为创新提供了巨大的潜在市场拉动力量。另一方面,由于过去顶层设计不完善、科研布局不合理等问题,中国正努力突破现有技术桎梏,发挥技术推动的作用。中国的经济发展见证了城市之间的竞争,在这样关键的时间点,如何推动创新驱动的高质量发展是各地区关注的焦点。

据 2016 年《浙江省科技创新"十三五"规划》,浙江聚焦尖峰、尖兵、领雁、领航四大计划,将于 2020 年基本建成创新型省份。同时,浙江省将面对跨上产业转型升级新台阶、营造创新创业新生态的新挑战。在这一重要拐点上,浙江如何进一步推动创新驱动的高质量发展将关乎浙江省未来的战略方向和发展前景。本书将基于浙江省的规划,在评价体系中考察技术人才资源、创新产业化、创新平台等多个方面,在多案例分析中进一步检验、明确、巩固现有在数字经济等方面的创新优势,同时整合创新要素,为浙江省打造创新强省,引领产业发展,抢占未来发展制高点奠定理论基础。

吴晓波(2011)指出,长期以来,浙江经济受制于三大路径依赖:低产业选择路径依赖、低附加值出口业务路径依赖、低研发驱动制造路径依赖。其结果:一是形成了以纺织印染、机械加工、电器制造等劳动密集型企业为主,缺少大型制造和先进制造企业的块状经济,与以智能化、科技化、低能耗为主要特征的未来消费需求相去甚远。二是形成了低利润、低投入、低效率的恶性再生产循环。浙江大部分企业由于同质化竞争严重,其平均利润率一直徘徊在5%左右,这就使得企业失去了再投资的动力,特别是投资于见效慢、投入大的基础研究和产品研发上,进而使得企业的经济效益无法得到显著提高。三是形成了研发气氛不浓、研发人员不强、研发成果不多的局面。由于浙江大部分企业属于民营企业,并且以加工类企业居多,大部分企业在研发上没有足够强的意识。同时,由于研发资源分散,难以形成"拧成一股绳"的研发力量,特别是在高精尖研发方面远远不足。

在"自身经济发展迎来拐点"和"第三次工业革命全面到来"的双重环境变革的条件下,浙江经济该何去何从?传统掠夺式的发展方式已经难以为继,几十年高速增长所依赖的核心竞争力正在逐渐消失。浙江企业只有以"凤凰涅槃"的精神,抛弃旧有发展模式,打造创新驱动模式,不断增强自身的创新能力,不断创造知识和应用新兴技术,不断打造新的价值创新网络,将创新视为企业自身真正的核心竞争力,才能在中国经济,以至世界经济以创新为驱动的新一轮发展中获得一席之地。

作为传统产业的典型模式,浙江的块状经济仍处于分散、低端的水平,在当前亟须实现转型升级。除了推动传统块状产业向战略性新兴产业方向发展,块状经济转型升级更重视行业内升级,通过大力推进产业技术创新和区域公共创新服务平台建设,以新产品研发、科技创新、设备更新、管理提高、制度创新、组织优化、品牌培育等手段,加强企业间的专业化分工协作,全面提高整个行业的竞争能力,促进传统产业的业内转型升级。

　　将科技创新与改革开放作为经济转型中克服困难的两大动力意义非凡。首先,浙江经济在过去几十年中的飞速发展在很大程度上是改革开放的成果。从某种程度上来说,浙江经济的两大支柱,一是民营经济,二是改革开放。几十年来,浙江一直处于中国改革开放的前沿,没有改革开放的深入,浙江经济的发展活力将失去重要源泉。而从另外一个角度看,没有民营经济的大力发展,浙江经济亦将失去核心竞争力,因为民营企业是最具创新能力的经济群体。除此以外,近年来浙江走在了互联网经济发展的前列,宽松的政策环境和丰富的人才资源催生了像阿里巴巴这样优秀的互联网企业。浙江应当把握好互联网经济的发展浪潮,加速工业化与信息化的融合,推动产业转型升级。

　　其次,改革开放的红利在浙江已经达到了顶峰,当前亟须发掘新的驱动力来拉动浙江经济在下一轮发展中高速增长,这就要靠"科技创新",建设创新驱动型经济,把创新视为经济发展的第一驱动力。长期以来,浙江经济一直领跑全国是大家的共识,但是我国经济已经进入新常态,由于出口市场疲软、制造业成本迅速上涨、货币持续走高、各国经济保护主义抬头等因素,浙江经济过度依赖出口和要素投资、失去持续动力的弊端亦是有目共睹的。应该说,浙江拥有较好的工业基础和市场环境,为经济转型创造了较好的条件,但无论是传统产业的升级,还是战略性新兴产业的引入,均需要创新的翅膀助飞。

　　浙江省 2016 年印发的《浙江省科技创新"十三五"规划》指出,要以"四个全面"战略布局为统领,以"八八战略"为总纲,全面实施创新驱动的发展战略,推动以科技创新为核心的全面创新,增强自主创新能力,提高创新供给质量,加快发展动力的根本转换,让创新成为经济增长的内生动力。

　　2018 年 4 月,浙江省科学技术厅开展了 2018 年浙江省创新型领军企业培育,对其中有一定创新能力的高新技术企业的创新研发活动给予支持。这可以加快推动浙江省的高新技术骨干企业做强做大,增强企业核心竞争力,打造具有影响力的创新型领军企业,从而带动并引领浙江省高新技术产业快速健康发展。

　　创新对于浙江省的经济发展有非常重大的意义。它一方面关系到经济能否找到新的驱动力、产业转型能否平稳过渡;另一方面关系到社会民生问题。因此,在目前的经济政策新形势下,研究创新型经济具有重大的理论和现实意义。

　　当前,浙江省已具有良好的发展基础和发展前景,例如以阿里巴巴和海康威视为标志的在互联网平台和物联网平台方面的领先优势,以吉利汽车和万向集团为标志的全球化创新网络构建,以之江实验室为标志的新型官产学三螺旋体基础研究原创基地建设,以中控公司、宁波工业互联网研究院牵头的工业互联网和工业操作系统等。浙江省也发挥了体制机制在创新方面的先发优势,如与央企、国企合资共创的混合所有制优势(例如海康威视、杭氧股份)和创建新型的承担国家使命的创新引擎力量(例如国家实验室、制造业创新中心)。

本书将以浙江的现有优势和发展方向为基础,站在市场经济和数字经济的最前端,探索浙江省高质量发展的有效策略。基于多年来的浙江省创新型经济蓝皮书的积累,本书建立了一个完整的评价体系及评价体系范式,以期对浙江的发展起到评价作用、监测作用和引导作用。在推动创新驱动的高质量发展的过程中,本书的研究成果将对浙江的发展水平与发展空间起到评价作用,结合政策体系对浙江的发展战略的作用和实时发展阶段进行监测,最后通过明确目前发展的优势与短板,预测未来发展趋势,从而对浙江的建设起到引导作用,有助于实现浙江省创新综合能力的提升,并紧密结合实际,立足现有产业基础,发挥特色优势,突出攻关重点,形成一条独特的发展路径。

第2章　双轮创新驱动的高质量发展

本章提出了针对创新驱动的高质量发展的理论模型,将创新驱动分解为技术创新与商业模式创新的双轮驱动,以创造增量和盘活存量为重要手段,企业将形成不同的创新型经济的战略模式。

2.1　双轮创新驱动的高质量发展模式

在当前及未来较长一个时期内,高质量发展就是要求在经济增长保持基本稳定和平缓变动的前提下,以提质增效为发展重点,抓住制造业转型升级的"时间窗口",加快结构调整,推动发展方式转变,实现新旧动能转换。

从国家层面上来看,新形势下的高质量发展,一是"供给侧与需求侧相匹配"的高质量发展,以消费升级为导向,通过加快产业要素升级、企业智能转型、生产性服务业补强,实现供给侧与需求侧的互促提升;二是"制造业体系高效运转"的高质量发展,以建设现代化制造业体系为目标,通过产业结构调整、产业链完善、产业布局优化、节能减排部署、配套体系建设,有效提升制造业体系的运转效率和盈利能力;三是"区域协同"的高质量发展,以区域间互补共赢为目的,通过错位发展、产业互补、一体化布局、跨区域产业集聚区建设,实现区域间的良性协作;四是"三产协同"的高质量发展,以制造业作为高端生产要素的输出中心,辐射带动智慧农业、现代金融、现代物流、智慧城市的全面建设,形成虹吸效应与辐射效应,带动农业和服务业的全面升级。

推动高质量发展,首要目标就是要提高经济体系的供给质量,而供给质量的提高则依赖于制造业不断增强的技术创新能力。企业是技术创新的主体,进行技术创新往往需要大量的资金和人才。如果这些投入所获得的创新成果,不能转化为切实的盈利,那么企业就会出现创新动力不足的问题。

企业的技术突破,是我国经济整体高质量发展的前提,但远非全部。企业同时应该通过商业模式创新来促进价值创造和价值传递,这样会使得企业发挥更大的创新效果。还要在此基础上以点带面形成联动效应,不断完善国家制造业创新体系,建立以创新中心为核心载体、以公共服务平台和工程数据中心为重要支撑的制造业创新网络。在这样的制造业创新网络中,公共服务平台将为制造型和服务型企业之间供需顺畅对接扫除障碍。

所以从企业层面来看,要发挥技术创新和商业模式创新两大支柱的驱动作用,坚持创造增量和盘活存量"两条腿"走路,实现双轮驱动的高质量发展。企业需要扩大技术创新来源,把握内部技术创新和寻找外部技术创新双管齐下,寻找关键技术创新、流程技术创新和组织技术创新等多样化技术创新路径;遵循"价值主张—价值创造—价值传递—价值获取"的商业模式线性逻辑,基于现有资源和业务布局,进行新颖导向或效率导向的商业模式创新;通过技术突破、市场拓展与需求创造等增量的开辟或企业投入、过程、产出的存量盘活,加快新旧动能转换,获取长期竞争优势,实现高质量发展。

2.2 技术创新的内涵与驱动作用

技术创新这一概念最初来源于经济学。经济学家弗里曼认为,技术创新是指对新产品、新工艺、新系统和新服务进行第一次商业化改造,强调新产品或新服务的经济效益。技术创新的结果是带来巨大的市场潜力,并将占有一定的市场份额。熊彼特认为,所谓创新就是要建立一种新的生产函数,即生产要素的重新组合。他认为创新就是资本主体经济增长和发展的动力,没有创新就没有资本主义的发展。企业家的职能就是把新发明引入生产系统,创新则是发明的第一次商业化应用。科技成果商业化和产业化的过程才是技术创新,技术创新与经济效益的提高密切相关。

在熊彼特之后,国外学者从各种不同的视角来研究企业的技术创新理论的特征和内涵。美国经济学家索洛提出生产技术类同于劳动力与社会资本,是促进社会经济增长的主要因素,技术创新是社会经济增长的内生变量和重要因素(Solow,1957)。此后,弗里曼又强调了市场的角度,他认为企业技术创新是指新产品、新过程、新系统和新服务的首次商业转化过程（Freeman，1982）。格罗斯曼和赫尔普曼通过将研究与开发模型用于研究基于技术进步的经济增长，提出技术创新是社会经济增长的重要源泉（Grossman & Helpman，1991）。卡尔森研究了新技术引入对产业结构和企业规模的影响，提出技术进步可以在一定程度上降低最小生产规模，从而大大增加中小企业出现规模经济的可能性（Carlsson，1996）。创新并不是单个企业的技术更新活动，而是多个不同企业在充分利用新知识和新技术的基础上，在新产品开发和生产过程中全面采取技术改造和更新的活动。OECD 也指出，技术创新和无形投资的持续增长、产品质量的快速变化、定制要素的显著增加以及个性化产品的生产制造和服务设计等，构成了知识经济的总特征。

　　国内学者对于技术创新的内涵和作用同样有深入的研究。在理论研究方面，柳卸林（1997）从技术的角度提出，创新是与企业新产品的研发制造和新工艺、新设备的首次商业应用直接相关的技术、设计、制造及商业等活动，包括产品创新、工艺创新和技术扩散，以及从一种新思想的产生，到产品的研发、设计、制造、生产和市场化的一系列活动，也是知识的重新创造、转化和应用的过程，其本质是新技术的产生和应用。傅家骥（1999）认为，技术创新是企业家通过企业对外部环境的判断，抓住市场潜在的盈利机会，以获取自身的商业利益为目标，重新统筹生产条件和生产要素，建立起企业内部效能更强、效率更高和费用更低的生产经营管理系统，从而推出新产品、新工艺，开辟新市场，获得新的原材料或半成品供给源，或者建立企业新的组织等，包括科技、管理、商业和金融等一系列活动的综合过程。该定义将市场开发与企业组织管理等要素融入技术创新的概念。许庆瑞（2000）认为，技术创新是企业从一个新的构思开始，通过一系列的运营和生产实践，到构想获得成功的商业应用为止的全部活动。技术创新是包括科学技术的发明到研究成果被引入市场加以应用，直至商业化和应用扩散等环节的一系列科学、技术和经营活动的全过程。

　　基于技术创新的概念，美国苏塞克斯大学的科学政策研究所从创新的重要性角度将技术创新划分为四大类：首先是渐进式创新，指的是渐进和持续的小创新；其次是突破性创新，以重大技术突破来开拓新的领域；再者是技术体系的变化，这种创新将产生深远的变化，通常伴随着技术相关的创新群体的出现；最后是技术经济范式的改变，这种创新将涉及许多基本的创新群体，且包含很多技术系统的变更。

苏竣(2001)认为,结合我国的实际情况,技术创新从创新过程上主要分为五类:一是自主创新,指的是一个国家依靠自己的技术而不是依靠其他国家的技术进行的独立的研究和开发活动;二是合作创新,指的是各创新主体之间以共同利益为合作基础,以资源共享或优势互补为前提,在共同的合作规则下在技术创新的各个过程或某些环节联合创新;三是协同创新,指的是创新资源与要素的有效融合,突破创新主体间的障碍,充分发挥各种创新要素的活力,促进高校、企业和地方政策的深度合作;四是模仿创新,指的是企业在双线创新者创新思路的基础上对现有技术进行改进完善和进一步开发;五是开放创新,指的是通过外部途径达到内部技术产业化,多渠道实现研发回报最大化。

结合我国实际情况,针对以中国为代表的发展中国家,吴晓波(1995)提出基于技术引进的二次创新理论。该理论旨在回答处于发展中国家的后发企业如何依靠引进技术来提高自身的竞争力,缩小与发达国家企业的技术差距。该理论将技术发展的进化过程分成了模仿创新、创造性模仿和改进型创新三个过程,并提出企业的技术创新需要基于对技术发展阶段的分析,将技术发展阶段分为实验室技术、新兴技术和成熟技术。区别技术类别、技术范式与技术发展轨迹对我国企业的成长发展有着重要的实践意义。

技术创新在促进企业高质量发展上有着不可替代的作用。技术创新可以完善企业内部运营体制,提高市场竞争力和加强企业内部管理。

首先,在企业运营体制上,技术创新通过降低成本、提高经济效益、实现绿色生产和保护生态环境来促进企业的高质量发展。(1)技术创新有利于减少成本,提高生产速度。技术创新有利于减少生产劳动,优化资本投入结构;技术创新有利于更新生产设备与工具,实现对生产工具的更新改造,发展新的工艺流程,以降低生产成本;技术创新有利于提高生产产品的质量,扩大产品的应用范围,提高产品的利用效能;技术创新有利于提高劳动者的专业技能,提升生产效率。(2)技术创新有助于提升产业的经济效益。技术创新实现了产品生产方法的改良、产品生产工艺的精进,从而可减少人员成本,降低劳动力的作业强度,切实提高经济效益;技术创新为产业的多样性与高质量带来了新的契机,可拓展产品的经济适用范围,降低产品的返工率,大大减少产品的废品率,提升资源的利用率,减少维修成本与废品处理工作,获得较为稳定的经济收益。(3)技术创新有助于实现绿色生产。技术创新为企业带来了新的生产观念,促使其利用太阳能、风能、生物质能等新能源,开启绿色生产运营模式,改变传统生产模式中使用石油、煤炭等能源的习惯。一方面这有利于节约成本,减少"三废"排放,保护生态环境;另一方面,技术创新为发展清洁能源提供了良好平台,有利于实现能源的循环利用,提高能源利用率,减少企业生产成本,有利于企业的可持续发展。(4)技术创新有利于保护生态环境。技术创新改良传统的生产工艺,淘汰功能滞后的生产设备,可提高原材料与能源的利用率,促使企业开发清洁能源,树立企业绿色环保的生产观念,有力降低"三废"的排放量;技术创新实现资源的循环利用,减少污染物的排放量;技术创新为企业带来了低碳生产的经济发展之路,促进企业获得高收益;低碳技术的问世奠定了企业发展的技术基础,将企业带领到经济持续增长的格局中。

其次,技术创新推动新兴产业迅速成长,提升国际贸易和进出口水平,通过市场在质量和数量上的提高,帮助企业实现可持续的高质量发展。(1)技术创新推动新兴产业迅速成长。新的技术在被研发试用的同时,促进新产品的问世,随之而来的是新的生产工艺,实现新兴产业的快速成长并在市场经济中占据一席之地,提高企业的行业竞争力。例如,晶体管、计算机技术的问世,促进了电子产业成为迅猛发展的新兴产业,在市场经济中占据了重要地位。(2)技术创新推进优势产业加入国际贸易,从而提高了进出口水平。技术创新实现了产品品质的提升,有利于增强企业的核心竞争力,从而提高其在国际市场中的地位和话语权。

最后,技术创新可以有效地加强企业管理,通过优化产业结构、提高资源配置效率、科学管理人力资本、科学配比生产要素和优化能源结构来实现企业的内部优化,为企业高质量发展奠定坚实的内部基础。(1)技术创新可优化产业结构。技术创新为企业带来新的发展战略与契机,推动企业内部产业结构的调整,促进企业内部分工的责任制与精细化,开发具有发展前景的商机,淘汰滞后性的产业,实现产业结构优化,为企业带来具有持续增长性的经济效益。(2)技术创新有利于提高资源配置效率。技术创新有利于更新生产工艺与技术流程,优化生产工艺,促进生产要素的科学配比,实现资源的最大化利用,提高产业配置效率,有益于降低生产成本,提高企业生产效率。产业配置有助于将生产效率低的部门向生产效率高的部门转移,实现企业内部的产业整合,达到各产业之间互相协作、共同进步的良好企业精神面貌。(3)技术创新可以帮助企业科学地管理人力资本。技术创新实现了人力资源的科学分配和工作流程的系统化和可视化,可切实提高企业经济效益。(4)技术创新推动生产要素的科学配比并优化能源结构。制造业企业需要科学考量生产要素之间的配比关系,采取资源最大利用率原则,以促进企业的经济增长,同时可以促进企业在生产时树立绿色环保观念,为企业带来促进经济增长的积极作用。

国内外已有很多研究表明,技术创新在企业经营的各个环节中均发挥着重要作用,企业想要在激烈的竞争中脱颖而出,就必须重视企业的技术创新。本书将结合我国的实际发展情况,借鉴已有的技术分类和研究成果,基于对技术创新的新划分,提出适合创新驱动的高质量发展的技术路径。

2.3 商业模式创新的内涵与驱动作用

近年来,商业模式受到了企业家和学者越来越多的关注。商业模式被普遍认为是企业竞争优势的重要来源。20世纪初,熊彼特认为来自于商业模式的竞争将是企业面临的重要竞争(Schumpeter,1934)。自商业模式的构念提出后,其便同价值创造紧紧联系在一起。

对于商业模式创新的内涵,彼得·德鲁克指出,当今企业之间的竞争不是产品和服务之间的竞争,而是商业模式之间的竞争。商业模式不仅仅指企业如何赚钱,如何获取利润,更是指企业如何运作以达到在合理的成本范围内将价值传递给顾客的目的。商业模式能够将创意和技术商业化,并通过向客户传递价值来获取利润。现有研究大多从商业模式的三个维度,即价值创造、价值获取、价值传递进行多元化的探究,主要认为商业模式是由诸多相互联系的活动构成的业务体系,包括价值链活动、顾客选择、产品或服务选择等,描述了企业价值的创造、获取、传递的过程,包括企业各个组织部分以及它们之间的关系。商业模式创新不仅是对产品和流程的创新,更是对商业模式结构本身的创新,通过寻找新的商业逻辑和方法,为利益相关者创造价值和获取价值的过程。商业模式画布理论将商业模式分成四个基本部分,包括9个要素:产品与服务,即给客户的价值主张;客户界面,包括客户细分、分销渠道、客户关系;资产管理,包括资源配置、核心竞争力、合作伙伴网络;财务方面,则包括成本结构、盈利模式(Osterwalder,et al. ,2005)。从活动系统的角度出发,商业模式创新是对现有活动系统的修正和再设计,这个过程建立在企业能力和资源整合的基础上(Zott & Amit,2010)。基于价值链的视角,商业模式创新伴随着现有价值链或价值链要素的调整(Magretta,2002)。商业模式创新涉及供应商、采购商、顾客和利益相关者等商业系统中的众多组成部分。

根据研究目的不同,商业模式创新也被分为不同的类型。吉尔森等从创新路径的角度将商业模式创新分为三类:一是产业模式创新,主要是通过创造或进入新的产业、重塑现有产业或利用专用资产达到产业价值链的创新;二是收入模式创新,例如引入新的定价模式等;三是企业模式创新,指的是对组织结构和价值链中网络关系的创新。根据特征差异,商业模式创新也能分为新颖型和效率型。前者指采用新的交易结构,如纳入新的交易方、采用新的方式连接交易方或者设计新的交易机制;而后者致力于降低交易成本,包括不确定性、复杂性、信息不对称、协调成本和降低交易风险(Zott & Amit,2007)。

商业模式创新可以有效提高企业的竞争力,从而驱动企业高质量发展。我们可从价值链、资源能力、价值网络、收入模式和产品或服务这五个方面来看商业模式创新的驱动作用。(1)企业通过建立基于价值链的创新机制来实现商业模式创新。在这一过程中,企业主要通过价值链新定位、价值链重组和构造独特的价值体系来实现商业模式创新,从而在价值链上获取有利地位、议价能力和额外收入,促进企业的可持续发展。(2)就基于资源能力的创新机制而言,企业主要通过对公司掌握的新资源的利用和创造性利用现有资源,即通过对现有资源潜在价值的发掘实现商业模式的创新,发掘和开拓新资源、整合和利用旧资源,实现资源的量变和质变,拓展企业资源边界,提高企业内部效率,从而实现高质量发展。(3)就基于价值网络的创新机制而言,企业通过交易机制的设计,构建价值网络,整合和利用更多资源,实现价值最大化,推动企业更高效地发展。(4)商业模式创新通过扩大收入来源,扩展了企业的价值边界,这种基于收入模式的创新机制有效地提高了企业的价值水平。(5)就基于产品或服务的创新机制而言,商业模式创新通过发现价值盲区,打造独特的产品或服务,实现客户价值,扩展了现有的市场,有利于企业占领市场高地,掌握未来发展的话语权,实现自身乃至行业的高质量发展。

本书将基于以上对于商业模式创新的内涵和要素分析,结合实际发展情况,回答以下问题:第一,哪些因素驱动了商业模式创新的成功实施,进而促使企业获取竞争优势;第二,在企业复杂的内、外部环境和竞争中,企业如何将各种能力和资源转化为企业绩效,促进企业的成长和变革;第三,商业模式创新是如何驱动企业绩效的提升,并促进区域创新型经济的高质量发展的。

2.4 双轮创新驱动的共演模式

随着高科技的发展、消费者需求方式的变化和市场竞争的加剧,传统制造业企业迫切需要通过提高产品和服务的附加价值来获得持续竞争优势,从而实现转型升级。企业生存和持续发展离不开创新,技术创新和商业模式创新是创新的两大支柱。如何发挥技术创新与商业模式创新的合力已成为企业家和研究者关注的焦点。

对于企业而言,技术创新需要借助商业模式将其产生的产品通过顾客或市场这一通道转换为经济价值。作为企业竞争优势的关键组成部分,技术创新可将科技成果转化为生产力,从而改造现有产品或创造出新的更具竞争力的产品,进而促进企业的发展。商业模式创新可通过价值主张创新、业务流程调整及盈利模式创新向顾客与合作伙伴传递价值和实现自身价值,从而提升核心竞争力。因此,国内外专家学者对技术创新与商业模式创新展开了大量研究。其主要包括以下三方面内容。

(1)技术创新引发商业模式创新:Pateli(2005)认为技术创新对商业模式创新的关键要素具有重要的影响;李长云从产品与服务、联盟网络、客户需求三个方面分析了新一代信息技术推动商业模式创新的机理及演化路径;吴菲菲(2010)等认为商业模式创新是新兴技术商业化的实现架构。

(2)商业模式创新驱动技术创新:Chesbrough(2002;2013)强调商业模式创新是将技术成果转化为经济价值的中间构件;洪志生(2015)等在剖析新兴产业技术范式形成过程的基础上,提出不同类型的商业模式创新对不同阶段的技术创新发挥着差异化作用,阐述了三种类型的商业模式对两种技术范式形成中各阶段技术创新的作用机制;张新香(2015)基于二十多家软件企业的发展历程,借助扎根理论细化了商业模式在定位创新、运营创新、盈利创新三方面对技术创新的驱动机理。

（3）技术创新与商业模式创新彼此促进、耦合互动：Dasilva(2014)等通过分析云计算在亚马逊等企业的应用，给出了颠覆性技术价值化的关键是商业模式与颠覆性技术的融合度的论断；姚明明(2014)等通过多案例探索，提出了商业模式设计与技术创新战略的动态匹配关系对提升后发企业技术追赶绩效的作用机制；吴晓波(2013)从后发企业的角度探讨了二次商业模式创新与技术创新的共演模型，提出二次商业模式创新直接或通过市场结构和竞争战略影响技术创新，技术创新支撑和促进商业模式创新的演化。

本书将基于技术创新和商业模式创新共演的视角，着眼于技术创新推动的商业模式创新和商业模式创新引致的技术创新，通过双轮驱动的原理探索企业实现高质量发展的过程。在技术创新驱动和商业模式创新驱动的双轮驱动模式下坚持做强增量和盘活存量，是目前浙江实现高质量发展的新模式。

如图 2-1 所示，本书将通过 4 个章节来讲述企业实现双轮驱动的高质量发展新模式。第 5 章和第 6 章着眼于做强增量。第 5 章提出了知识基础型路径、合作蛙跳型路径和价值转变型路径三条路径，分别以吉利汽车、领克汽车和阿里云为例，探索了技术创新如何推动企业在技术、市场和需求上寻找增量，从而实现更加快速的高质量发展。第 6 章将商业模式创新路径分为新颖导向、效率导向和二者兼顾的商业模式创新，分别用小米科技、字节跳动和每日互动讲述了商业模式创新带来的制造生态、产品生态和技术生态，通过打造生态实现价值链和

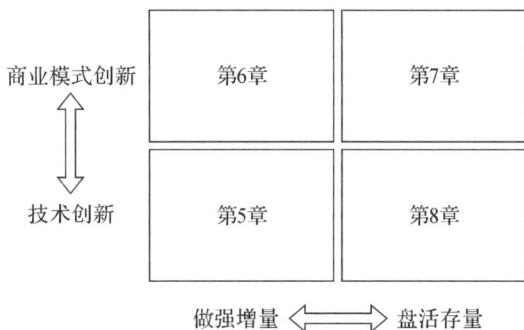

商业模式创新	第6章	第7章
技术创新	第5章	第8章

做强增量 ⟵⟶ 盘活存量

图 2-1　双轮驱动的高质量发展新模式

业务链的延伸,带来高质量发展的新动力。第 7 章和第 8 章聚焦于盘活存量。第 7 章提出了价值主张、价值创新、价值传递和价值获取四条路径,关注拼多多和网易严选是如何通过不同的商业模式创新路径在投入上整合资源、过程中提高效率、结果中提升产品附加值,从而盘活存量,获取持续的竞争优势。第 8 章关注嘉云科技、红领和阿里巴巴的技术创新,分别从关键技术突破、流程技术再造和组织技术重构三条路径,通过供应链升级、价值链增值和组织体系激活来实现盘活存量,帮助企业突破行业瓶颈,实现价值链跳跃,掌握技术主导权,最终实现高质量发展。

数据篇

第 3 章　创新型经济评价指标体系

本章将建立起一套创新型经济的监测与评价指标体系。本课题组从创新的角度出发,科学地、有针对性地对浙江省和具有代表性的省(市)在经济发展中的创新成分进行了持续的跟踪与监测,并对它们进行对比研究,观察相对变化趋势,以便发现相互的比较优势,探索突破发展瓶颈的有效途径,为政府宏观经济决策提供客观、可靠的参考依据,也为产业、企业的发展提供指南。与此同时,分析浙江省创新型经济的运行状况,寻找创新型经济新模式,以便在转型升级的发展过程中为浙江省提供新机遇。

3.1　创新型经济评价指标体系的构建

本课题组自 2004 年开始持续追踪包括浙江省在内的六省市的创新型经济运行状况并建立起了一套比较完整的创新型经济的监测与评价指标体系。在这一评价体系中,创新型经济被看作一个由创新引起的动态的社会发展变化过程,在一定的创新资源的支持下,积极的创新活动促进了创新型经济的蓬勃发展和社会的进步。因此,我们的研究框架包括三个非常重要的方面:创新资源、创新过程和创新产出(见图 3-1)。本课题组关注的是浙江省如何充分利用自身的资源,利用创新去取得更好的经济绩效,在此基础上保证连续的投资和高质量的人民生活水平,从而促进创新型经济的持续展开。

在对国内外经济、管理理论和评价文献研究的基础上,结合本课题研究目的和侧重点,本研究构建了创新型经济的评价指标体系。该评价指标体系由三个主要部分组成:创新资源类指标、创新过程类指标和创新产出类指标。每个部分包括若干个二级指标,二级指标下设三级指标。每一个单独指标可以充分而直观地说明在此方面浙江省创新型经济的表现:与自身纵向相比是否随着时间而

过程类要素

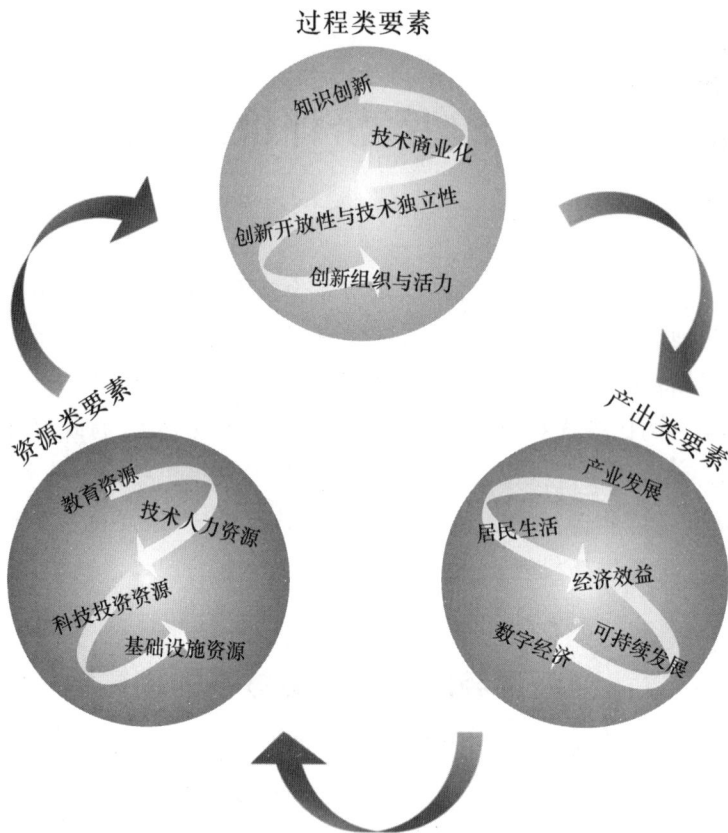

图 3-1 创新型经济评价指标体系的概念框架

进步,与其他省市横向对照比较优势又是如何。同时,根据经济运行的状况在本课题研究中对所选择的区域逐渐进行调整和完善,从而使创新型经济的评价覆盖了最具有经济活力的经济区域。

创新型经济评价要素具体含义如下。

➤ **创新资源类**

考察省市在人力、财力、基础设施等方面的投入以及保有情况,具体通过教育资源、技术人力资源、科技投资资源、基础设施资源这 4 个二级指标对省市的创新资源做出评价。

➤ **创新过程类**

考察省市将创新资源有效地转化为经济绩效的动态过程,具体通过知识创新、技术商业化、创新开放性与技术独立性、创新组织与活力这 4 个二级指标对省市的创新过程做出评价。

➤ **创新产出类**

考察创新对经济、社会和环境的最终影响,具体通过产业发展、居民生活、经济效益、可持续发展和数字经济这 5 个二级指标对省市的创新产出做出评价。

本课题组以国内外创新型经济及区域创新能力的理论与实证研究为基础,从现阶段的基本国情出发,综合考虑指标的重要程度和可获得性,提出评价创新型经济的指标体系。随着我国经济环境的不断变化,创新型经济评价的指标体系也"与时俱进",该指标体系既要保持一定的稳定性,便于进行纵向的分析比较,也须根据每年创新型经济发展的实际情况,进行改进和完善。本课题组指标体系的设计主要从三方面来考虑。

一是理论方面的发展和国内外创新型经济的最新研究成果。课题组参考国内外的创新评价指标体系,并结合本国创新型经济发展的实际情况适当调整了指标。

二是我国经济发展的现实情况以及本年度创新型经济的热点问题。如针对现今"中国制造 2025""高质量发展"概念的兴起,本研究也相应地增加了该方面的指标。

三是数据层面。本研究所参考的数据均为各类统计年鉴的客观数据,因此数据的权威性与可获得性也会对指标的修改有一定的影响。

从以上三个方面出发,结合 2017 年当年经济发展的实际情况进行相关数据的查找,课题组决定《2018—2019 浙江省创新型经济蓝皮书》对创新型经济评价体系的主体指标仍沿用《2017—2018 浙江省创新型经济蓝皮书》中的指标。但根据 2017 年统计数据的可得性以及为了契合本版蓝皮书的主题,课题组对部分指标进行了调整,具体详见本书第 4 章。基于此,本课题提出的创新型经济的评价体系及相关指标如图 3-2、表 3-1 所示。

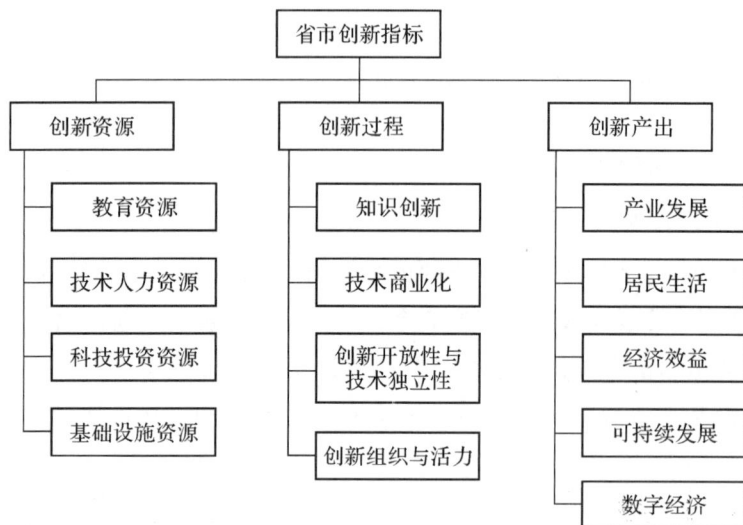

图 3-2　创新型经济评价体系

表 3-1　创新型经济评价体系相关指标

指标类型		
一级指标	二级指标	三级指标
创新资源	教育资源	每万人口普通高等学校在校学生数量/人
		每万人口中等职业学校在校学生数量/人
		普通高校和中等职业学校师生比
		教育经费支出占 GDP 的比重/%
	技术人力资源	每万人中 R&D 人员数/人
		R&D 人员全时当量/人年
	科技投资资源	R&D 内部经费占 GDP 的比重/%
		地方财政科技拨款占地方财政支出的比重/%
		规模以上工业企业 R&D 经费占主营业务收入的比重/%
	基础设施资源	每百家企业拥有的网站数/个
		建成区绿化覆盖率/%
		每万人拥有图书馆数量/个

续表

指标类型		
一级指标	二级指标	三级指标
创新过程	知识创新	每 10 万人申请授权专利数量和申请授权发明专利数量/件
		每亿元研究开发投入所取得的专利数/件
		研究与开发机构每万名 R&D 活动人员科技论文数/篇
	技术商业化	技术市场成交额/亿元
	创新开放性与技术独立性	对外技术依存度(规模以上工业企业技术引进经费占本地区 R&D 经费内部支出比重)/%
		规模以上工业企业消化吸收经费与技术引进经费比例/%
	创新组织与活力	规模以上工业企业 R&D 项目数/个
		规模以上工业企业新产品开发项目数/个
创新产出	产业发展	高技术产品出口贸易额占商品出口额比重/%
		高技术产业技术创新效果(高技术产业平均每一个新产品开发项目产生的销售收入)/亿元
		规模以上工业企业人均主营业务收入/万元
	居民生活	城镇登记失业率/%
		城镇居民人均可支配收入/元
	经济效益	人均地区生产总值/元
		贸易顺差(逆差)/亿美元
	可持续发展	单位 GDP 工业废水、废气、固体废物排放量/(万吨/亿元)
		单位 GDP 综合能耗/(吨标准煤/万元)
	数字经济	地区企业电子商务销售额/亿元
		地区企业有电子商务交易活动的比重/%

3.2 创新型经济评价方法

3.2.1 数据处理

课题组对本研究中的基础指标采用直接获取的数据,无量纲处理采取效用值法,值域为 0~100,即所有指标的最劣值为 0,最优值为 100。

正效指标(指指标值越高则效用越高,如每万人口普通高等学校在校学生数量)的计算方法为

$$Y_{ij} = \frac{X_{ij} - X_{i\min}}{X_{i\max} - X_{i\min}} \times 100$$

式中:X_{ij} 代表在第 i 项指标上第 j 个省市的获取值;Y_{ij} 代表在第 i 项指标上第 j 个省市的效用值;$X_{i\max}$ 代表在第 i 项指标上各省市获取值中的最大值;$X_{i\min}$ 代表在第 i 项指标上各省市获取值中的最小值。

负效指标(指指标值越高则效用越低,如单位 GDP 综合能耗)的计算方法为

$$Y_{ij} = \frac{X_{i\max} - X_{ij}}{X_{i\max} - X_{i\min}} \times 100$$

式中:X_{ij} 代表在第 i 项指标上第 j 个省市的获取值;Y_{ij} 代表在第 i 项指标上第 j 个省市的效用值;$X_{i\min}$ 代表在第 i 项指标上各省市获取值中的最大值;$X_{i\min}$ 代表在第 i 项指标上各省市获取值中的最小值。

若三级指标包含多个方面,则该三级指标的效用值为加权平均值。如三级指标"单位 GDP 工业废水、废气和固体废物排放量"是由"工业废水排放量""工业废气排放量""工业固体废物排放量"的效用值加权计算得到的。

二级和一级指标得分通过分层逐级加权计算得到。如二级指标"教育资源"由"每万人口普通高等学校在校生数量""每万人口中等职业学校在校学生数量""普通高校和中等职业学校师生比""教育经费支出占 GDP 比重"4 个三级指标加权计算得到效用值;一级指标"创新资源"由"教育资源""技术人力资源""科技投资资源""基础设施资源"4 个二级指标加权计算得到效用值。

3.2.2 权重设定

课题组对所选取指标的权重系数分配方法如下：31 个指标归集为 3 个大类（资源类 12 个，过程类 8 个，产出类 11 个），创新资源、创新过程、创新产出是贯穿整个创新周期的非常重要的三大部分，因此赋予每一大类（一级指标）相同的权重，即资源类、过程类、产出类指标权重各为三分之一。每一大类分别代表了创新型经济的重要方面之一。每一个大类内部又根据其内容和性质分为几个二级指标，各大类内部二级指标的数目根据具体内容设定。在本研究的框架体系中，3 个模块对创新经济都有非常重要的影响，每一大模块的权重并不会受二级指标数目的多少的影响，因此，即使在二级指标有所调整的时候整个评价体系也不会受太大影响，从而可以保证平级体系的可靠性和稳定性。研究中所使用的指标都是数量型的指标，因此可以将其放在统一的体系中进行比较。

3.2.3 对比省市选择

本研究除了对浙江省的创新型经济进行纵向的回顾和现状评估之外，还与国内在创新方面的先进省市进行横向的比较分析，这样更有助于明晰各地区的比较优势和相对劣势，对形成具有针对性的政策建议有重大的价值和意义。

我国各地的创新型经济表现随地域的不同而有显著差异，其中部分省市具有突出的特点。如北京市集中了众多高等院校、科研院所以及大型国有企业，综合创新能力在国内领先，在大专以上人口比例、企业集团研发费用和营业收入、每万人专利授权数量等多个指标上遥遥领先；上海市拥有不少有强大创新能力的外资、合资企业和最活跃的技术交易市场，在人均地区生产总值、城镇居民人口可支配收入等关键指标上也处于领先地位；吸引外资是获取知识、实现创新的重要途径，广东省在吸引国外直接投资方面以绝对优势领先其他地区；江苏省在吸引外资方面仅次于广东省，而且与浙江省比较类似的是其非国有经济非常活跃，具有强大的经济活力；以海尔、海信为代表的山东企业的创新能力在国内名列前茅，科技人员数量和科研经费支出也都在全国名列前茅。

因此，最终本研究选择了以下在创新方面各具特点的省市作为本课题研究创新型经济的对比省市：北京、上海、江苏、山东和广东。

3.2.4 数据来源

数据的可获得性和权威性是构建指标体系的重要考虑要素,本课题组基于之前的经验,从中国统计年鉴、中国科技统计年鉴以及各地区统计年鉴等相关数据源搜集数据,并补充搜集相关数据,使该指标体系中的三级指标的计算值具有可靠性和权威性。表 3-2 列出了三级指标具体的数据来源。

表 3-2　三级指标数据来源

指标类型		数据来源		
二级指标	三级指标	2015 年	2016 年	2017 年
教育资源	每万人口普通高等学校在校学生数量/人	《中国统计年鉴 2016》	《中国统计年鉴 2017》	《中国统计年鉴 2018》
	每万人口中等职业学校在校学生数量/人	《中国统计年鉴 2016》	《中国统计年鉴 2017》	《中国统计年鉴 2018》
	普通高校和中等职业学校师生比	《中国统计年鉴 2016》	《中国统计年鉴 2017》	《中国统计年鉴 2018》
	教育经费支出占 GDP 的比重/%	《中国统计年鉴 2016》	《中国统计年鉴 2017》	《中国统计年鉴 2018》
技术人力资源	每万人中 R&D 人员数/人	《中国统计年鉴 2016》《中国科技统计年鉴 2016》	《中国统计年鉴 2017》《中国科技统计年鉴 2017》	《中国统计年鉴 2018》《中国科技统计年鉴 2018》
	R&D 人员全时当量/人年	《中国统计年鉴 2016》	《中国统计年鉴 2017》	《中国统计年鉴 2018》
科技投资资源	R&D 内部经费占 GDP 的比重/%	《中国统计年鉴 2016》《中国科技统计年鉴 2016》	《中国统计年鉴 2017》《中国科技统计年鉴 2017》	《中国统计年鉴 2018》《中国科技统计年鉴 2018》
	地方财政科技拨款占地方财政支出的比重/%	《中国统计年鉴 2016》	《中国统计年鉴 2017》	《中国统计年鉴 2018》
	规模以上工业企业 R&D 经费占主营业务收入的比重/%	《中国统计年鉴 2016》	《中国统计年鉴 2017》	《中国统计年鉴 2018》

续表

指标类型		数据来源		
二级指标	三级指标	2015 年	2016 年	2017 年
基础设施资源	每百家企业拥有的网站数/个	《中国统计年鉴2016》	《中国统计年鉴2017》	《中国统计年鉴2018》
	建成区绿化覆盖率/%	《中国统计年鉴2016》	《中国统计年鉴2017》	《中国统计年鉴2018》
	每万人拥有图书馆数量/个	《中国统计年鉴2016》	《中国统计年鉴2017》	《中国统计年鉴2018》
知识创新	每 10 万人申请授权专利数量和申请授权发明专利数量/件	《中国统计年鉴2016》	《中国统计年鉴2017》	《中国统计年鉴2018》
	每亿元研究开发投入所取得的专利数/件	《中国统计年鉴2016》《中国科技统计年鉴 2016》	《中国统计年鉴2017》《中国科技统计年鉴 2017》	《中国统计年鉴2018》《中国科技统计年鉴 2018》
	研究与开发机构每万名 R&D 活动人员科技论文数/篇	《中国科技统计年鉴 2016》	《中国科技统计年鉴 2017》	《中国科技统计年鉴 2018》
技术商业化	技术市场成交额/亿元	《中国统计年鉴2016》	《中国统计年鉴2017》	《中国统计年鉴2018》
创新开放性与技术独立性	对外技术依存度(规模以上工业企业技术引进经费占本地区 R&D 经费内部支出比重)/%	《中国科技统计年鉴 2016》	《中国科技统计年鉴 2017》	《中国科技统计年鉴 2018》
	规模以上工业企业消化吸收经费与技术引进经费比例/%	《中国科技统计年鉴 2016》	《中国科技统计年鉴 2017》	《中国科技统计年鉴 2018》
创新组织与活力	规模以上工业企业 R&D 项目数/个	《中国统计年鉴2016》	《中国统计年鉴2017》	《中国统计年鉴2018》
	规模以上工业企业新产品开发项目数/个	《中国统计年鉴2016》	《中国统计年鉴2017》	《中国统计年鉴2018》

续表

指标类型		数据来源		
二级指标	三级指标	2015 年	2016 年	2017 年
产业发展	高技术产品出口贸易额占商品出口额比重/%	《中国统计年鉴2016》《中国科技统计年鉴 2016》	《中国统计年鉴2017》《中国科技统计年鉴 2017》	《中国统计年鉴2018》《中国科技统计年鉴 2018》
	高技术产业技术创新效果（高技术产业平均每一个新产品开发项目产生的销售收入）/亿元	《中国科技统计年鉴 2016》	《中国科技统计年鉴 2017》	《中国科技统计年鉴 2018》
	规模以上工业企业人均主营业务收入/万元	《中国统计年鉴2016》	《中国统计年鉴2017》	《中国统计年鉴2018》
居民生活	城镇登记失业率/%	《中国统计年鉴2016》	《中国统计年鉴2017》	《中国统计年鉴2018》
	城镇居民人均可支配收入/元	《中国统计年鉴2016》	《中国统计年鉴2017》	《中国统计年鉴2018》
经济效益	人均地区生产总值/元	《中国统计年鉴2016》	《中国统计年鉴2017》	《中国统计年鉴2018》
	贸易顺差（逆差）/亿美元	《中国统计年鉴2016》	《中国统计年鉴2017》	《中国统计年鉴2018》
可持续发展	单位 GDP 工业废水、废气、废物排放量/(万吨/亿元)	《中国统计年鉴2016》	《中国统计年鉴2017》	《中国统计年鉴2018》
	单位 GDP 综合能耗/(吨标准煤/万元)	《中国统计年鉴2016》	《中国统计年鉴2017》	《中国统计年鉴2018》
数字经济	地区企业电子商务销售额/亿元	《中国统计年鉴2016》	《中国统计年鉴2017》	《中国统计年鉴2018》
	地区企业有电子商务交易活动的比重/%	《中国统计年鉴2016》	《中国统计年鉴2017》	《中国统计年鉴2018》

第4章　浙江省2017年创新型经济的运行评价

　　本章将基于前文构建的创新型经济评价指标体系及数据处理方法,对浙江、北京、上海、江苏、山东和广东创新型经济的运行情况进行评价和对比分析。通过横向的对比分析,可以总结出浙江省相对于其他省市发展的优势和劣势;通过纵向的对比分析,可以看出浙江近些年创新型经济的发展情况,从而总结出浙江省创新型经济发展存在的瓶颈,并对浙江省在转型升级中的发展提出对策建议。《2017—2018浙江省创新型经济蓝皮书》主要利用2016年的数据进行对比,本版蓝皮书则主要利用2017年的数据进行评价。

　　在评价之前,首先需要对由于统计口径变化导致的在收集2016年数据中的有关问题进行说明。

　　与本蓝皮书指标体系中的一级指标"资源类指标"、二级指标"基础设施资源"有关的"互联网普及率"指标来源于中国统计年鉴的基础指标"互联网普及率",但中国统计年鉴2017年的数据中未公布这一指标,这导致课题组无法从中国统计年鉴中继续获取和往年同样的指标数据,因此本版蓝皮书将该指标调整为来源于中国统计年鉴的基础指标"每百家企业拥有的网站数"。

　　与本蓝皮书指标体系中一级指标"产出类指标"、二级指标"产业发展"有关的"高技术产业新产品销售收入占主营业务收入比重"指标,来源于中国科技统计年鉴的基础指标"高技术产业新产品销售收入占主营业务收入比重",但中国统计年鉴2017年的数据中未公布这一指标,这导致课题组无法从中国统计年鉴中继续获取和往年同样的指标数据,因此本版蓝皮书将该指标调整为来源于中国科技统计年鉴的基础指标"高技术产业技术创新效果(高技术产业平均每一个新产品开发项目产生的销售收入)"。

　　与本蓝皮书指标体系中一级指标"过程类指标"、二级指标"创新组织与活力"有关的"国家级企业技术中心数"指标来源于国家发展改革委网站的基础指标"国家级企业技术中心数",考虑到这一指标针对的是具有示范作用、重点工程等企业的技术创新能力,不具有较强的普遍性,因此本版蓝皮书将该指标调整为来源于中国统计年鉴的基础指标"规模以上工业企业新产品开发项目数"。

此外,基于本版蓝皮书"高质量发展"的主题,对以下指标进行调整。一是去掉"城镇(常住)居民人均住房建筑面积"指标(属于本蓝皮书指标体系中一级指标"创新资源类指标"、二级指标"基础设施资源"),因为该指标主要反映了一个地区的住房条件,但仅从住房面积进行衡量难以与强调高质量发展的主题相适应;去掉"信息传输、软件和信息技术服务业行业生产总值"与"中国软件业务百强企业名单企业数量"指标(属于本蓝皮书指标体系中一级指标"创新产出类指标"、二级指标"数字经济"),因为这两项指标主要评价的是第三产业(服务业),难以反映制造业的情况,指标具有局限性。二是增加"建成区绿化覆盖率"(属于本蓝皮书指标体系中一级指标"创新资源类指标"、二级指标"基础设施资源"),因为园林绿化在城市综合实力的竞争中正扮演越来越重要的角色,以公园城市建设推动城市高质量发展是基础设施资源的努力方向;增加"地区企业电子商务销售额"和"地区企业有电子商务交易活动的比重"指标(属于本蓝皮书指标体系中一级指标"创新产出类指标"、二级指标"数字经济"),因为电子商务是信息技术与商务活动融合的产物,以在线化、数字化、智能化为主要特征,具有开放、低成本和高效率等优势,这两个指标能够反映地区数字经济发展情况。

同时,课题组根据调整后的指标,重新统计并计算了2016年的数据,并特别关注此调整主要涉及的六省市排名变化,发现浙江的一级指标得分排名并未发生变化(见图 4-1 至 4-3)。

在上述基础指标以及相关的一级指标和二级指标调整后,浙江、江苏和广东2016年综合指标得分排名有微小变化(见图 4-4),即浙江由上一版蓝皮书的第2名,变为第3名;江苏由上一版蓝皮书的第3名,变为第4名;广东由上一版蓝皮书的第4名,变为第2名。导致变化的原因:首先,三省市的综合得分很接近(无论是调整前还是调整后),因此排名对指标的调整相对比较敏感;其次,2016年广东的"基础设施资源"和"创新组织与活力"二级指标得分上升幅度较大,导致其一级指标排名和综合指标得分排名上升。

以下对2017年浙江创新型经济总体水平、发展情况的评价及六省市创新型经济的比较与趋势分析,凡涉及上述指标调整的,一律按照调整后的数据及排名进行。

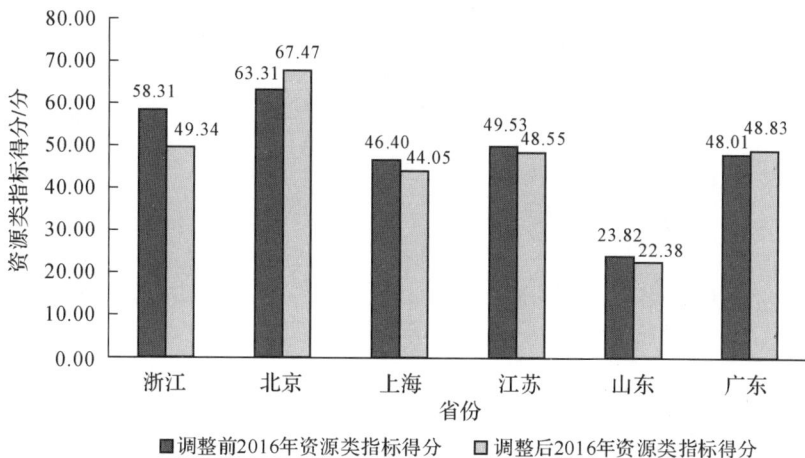

图 4-1　2016 年一级指标中资源类指标得分调整前后对比

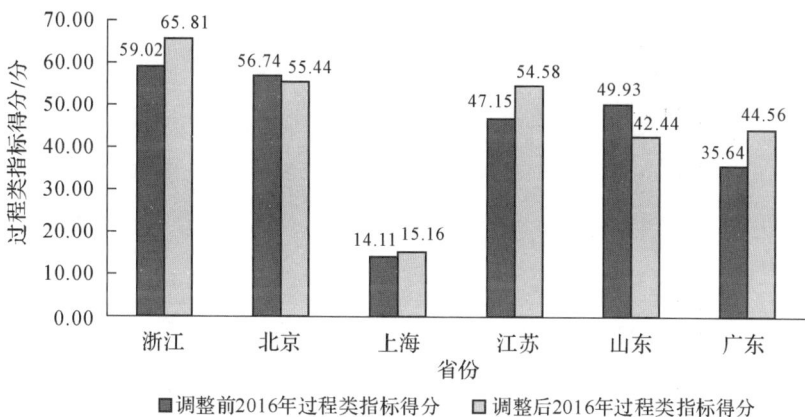

图 4-2　2016 年一级指标中过程类指标得分调整前后对比

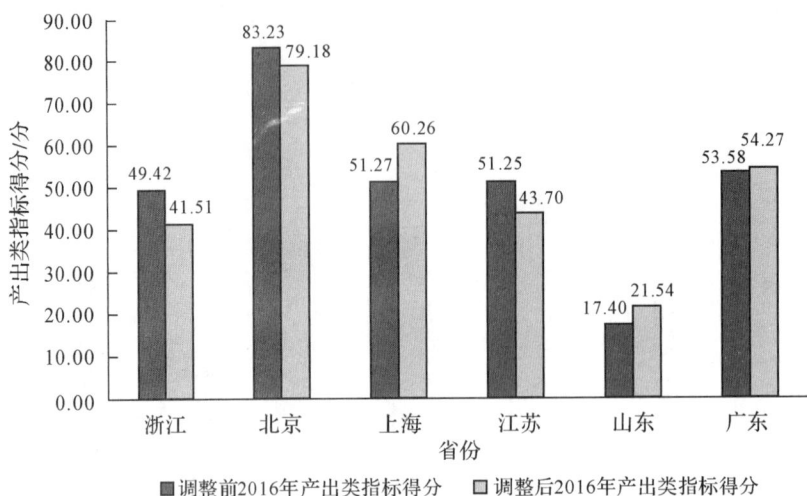

图 4-3　2016 年一级指标中产出类指标得分调整前后对比

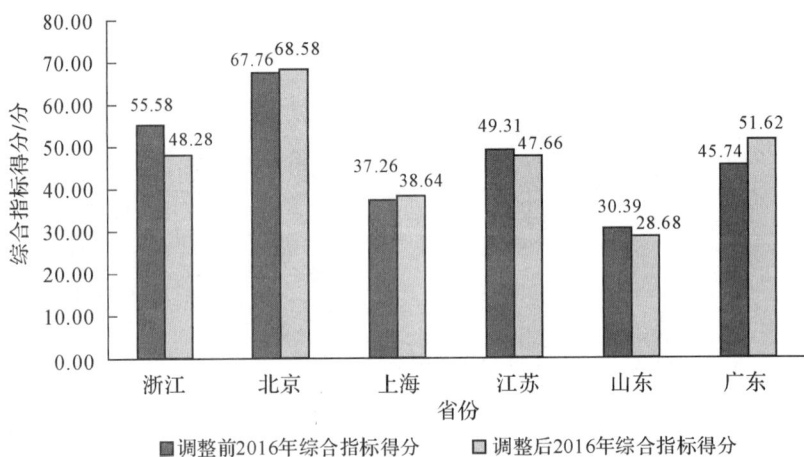

图 4-4　2016 年综合指标得分调整前后对比

4.1　浙江省创新型经济的总体水平

本研究通过建立创新型经济评价体系,选取三类要素综合评价指标,将北京、上海、江苏、广东和山东的创新型经济概况与浙江的创新型经济概况进行横向比较研究。2017 年,六省市的综合得分排名与 2016 年相比发生微小变动,浙江由 2016 年的第 2 名下降至第 3 名,广东由 2016 年的第 3 名上升至第 2 名(见图 4-5)。从创新资源、创新过程和创新产出三方面来看,浙江在资源类和产出类指标上的表现较为平稳,分列第 3 和第 5 位,但在创新过程方面,浙江的得分大幅下降,被北京反超,得分位列第 2(见图 4-6 至 4-8 和表 4-1)。

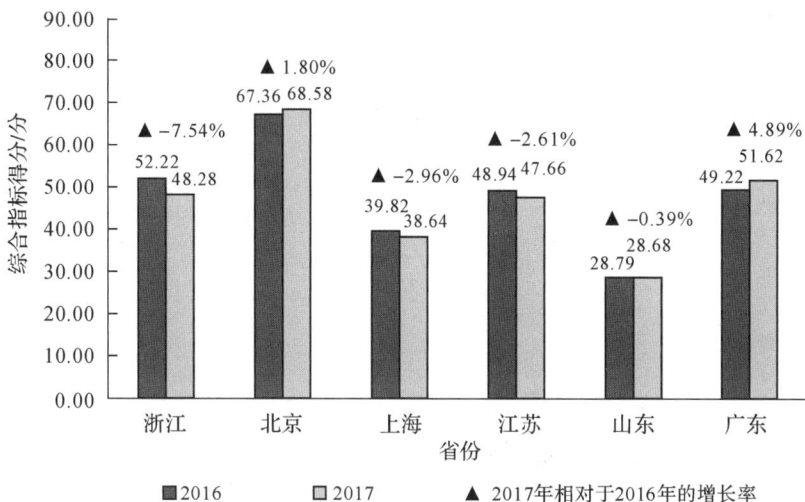

图 4-5　2016—2017 年六省市综合指标得分

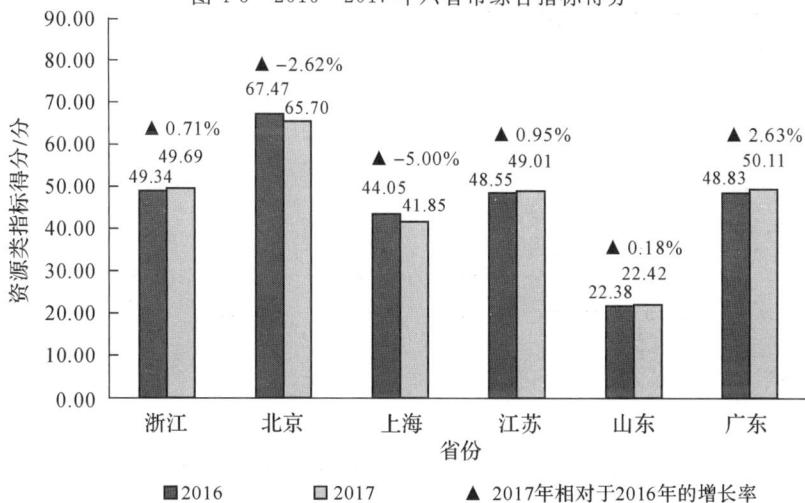

图 4-6　2016—2017 年六省市资源类指标得分

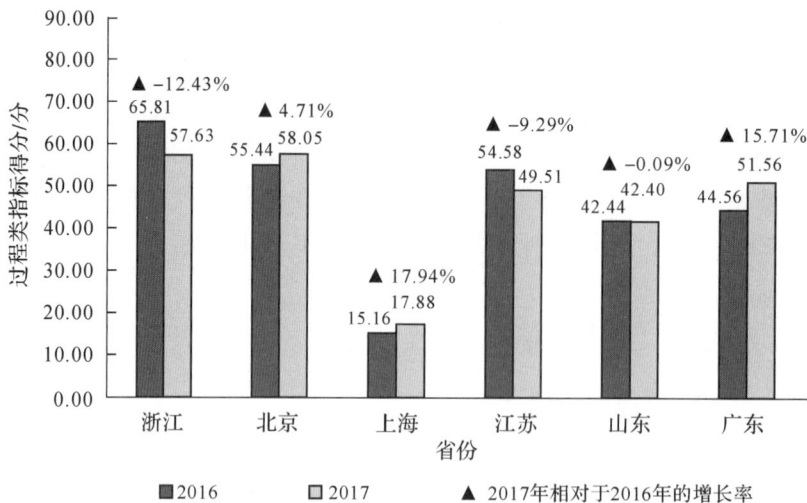

图 4-7　2016—2017 年六省市过程类指标得分

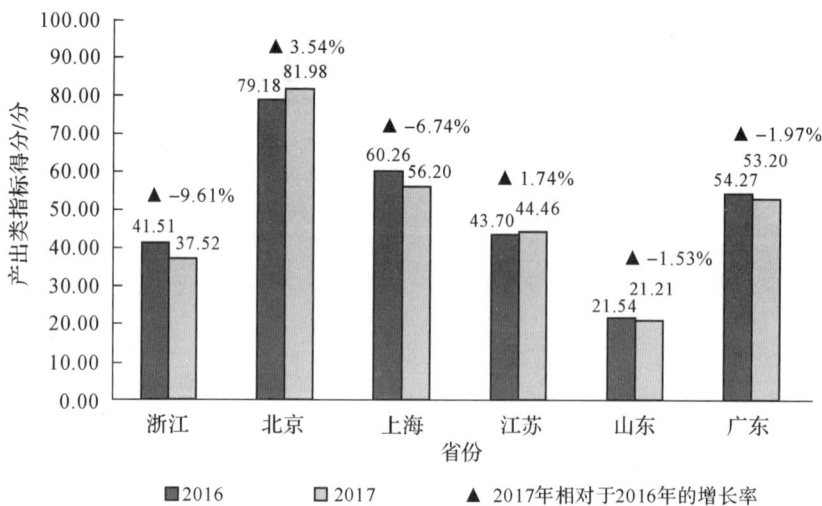

图 4-8　2016—2017 年六省市产出类指标得分

表 4-1　2017 年六省市三类指标得分排序

指标	排序					
	1	2	3	4	5	6
资源类	北京	广东	浙江	江苏	上海	山东
过程类	北京	浙江	广东	江苏	山东	上海
产出类	北京	上海	广东	江苏	浙江	山东
综合	北京	广东	浙江	江苏	上海	山东

说明:根据六省市在各指标上的数据计算得出。

如图 4-9 和图 4-10 所示,2017 年在创新资源类指标所包含的 4 项二级指标——教育资源、技术人力资源、科技投资资源和基础设施资源上,浙江(排名第3)与北京(排名第 1)相比,差距最大的是科技投资资源和基础设施资源,其次是技术人力资源。在教育资源上,浙江的表现在六省市中相对较好,但仍次于北京。通过上述对比可以看出,浙江在技术人力资源、科技投资资源和基础设施资源上存在明显劣势,这成为浙江创新型经济发展的短板。

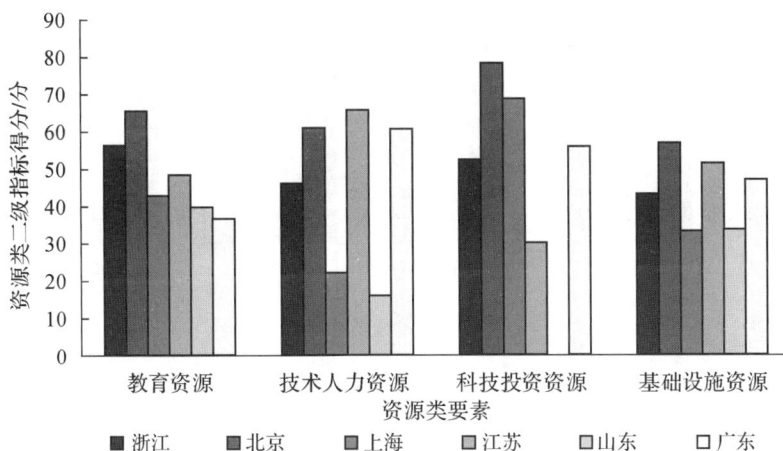

图 4-9　2017 年六省市资源类指标得分

如图 4-11 和图 4-12 所示,2017 年在创新过程类指标所包含的四项二级指标——知识创新、技术商业化、创新开放性与技术独立性和创新组织与活力上,浙江(排名第 2)与北京(排名第 1)相比,优势比较明显的是知识创新和创新组织与活力,但在技术商业化方面,北京明显优于浙江。就浙江自身在四项二级指标

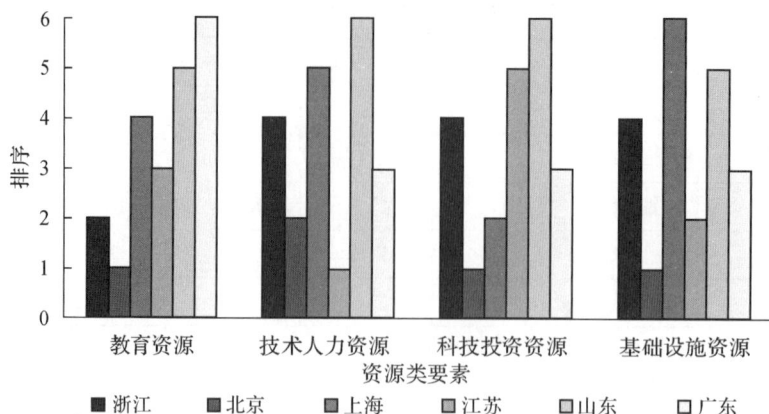

图 4-10　2017 年六省市资源类指标表现排名

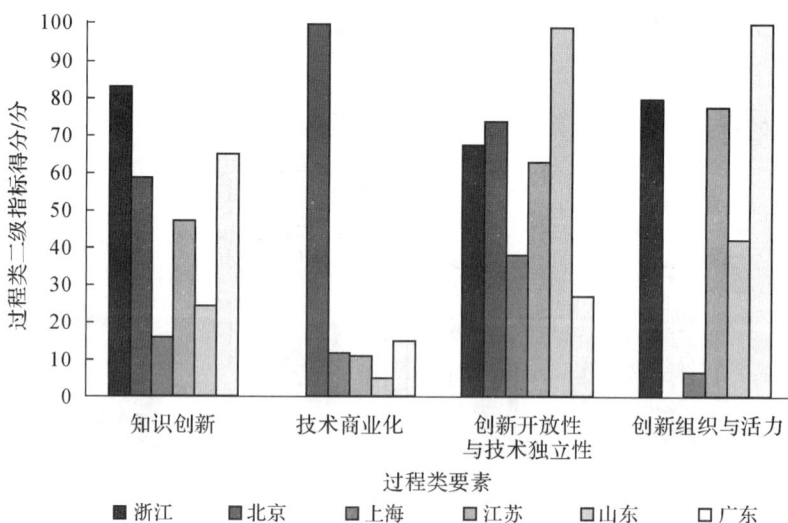

图 4-11　2017 年六省市过程类指标得分

上的排序和得分来看,技术商业化是浙江创新过程类指标的短板。

　　如图 4-13 和图 4-14 所示,2017 年在创新产出类指标所包含的五项二级指标——产业发展、居民生活、经济效益、可持续发展和数字经济上,浙江(排名第5)与北京(排名第 1)相比,差距最大的是产业发展,其次是可持续发展和数字经济,但在经济效益指标上,浙江优于北京。浙江(排名第 5)与上海(排名第 2)相比,差距最大的也是产业发展,其次是可持续发展和数字经济。就浙江自身在五

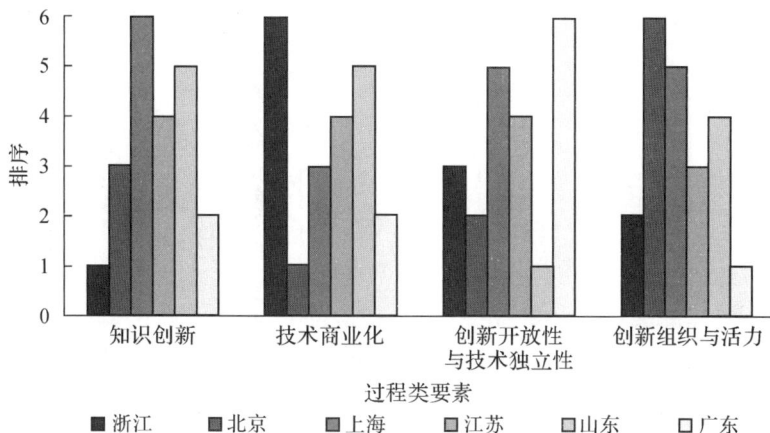

图 4-12　2017 年六省市过程类指标表现排名

项二级指标上的表现来看,浙江在产业发展方面最弱,这主要是由浙江省高新技术产业在国民经济中比重仍然偏低造成的,说明浙江省的产业转型升级迫在眉睫。

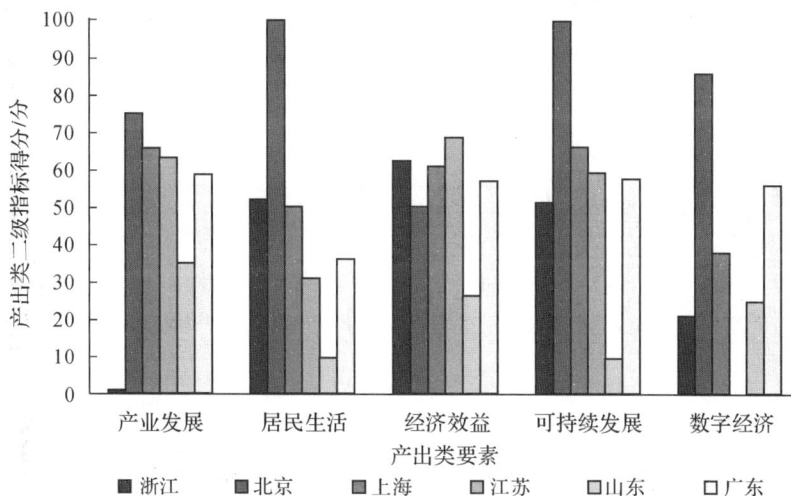

图 4-13　2017 年六省市产出类指标得分

在基础指标方面,2017 年浙江省表现出色的指标包括:资源类指标中的"每万人中等职业学校在校学生数量""规模以上工业企业 R&D 经费支出占主营业务收入比重""每万人拥有图书馆数量";过程类指标中的"每亿元研究开发投入

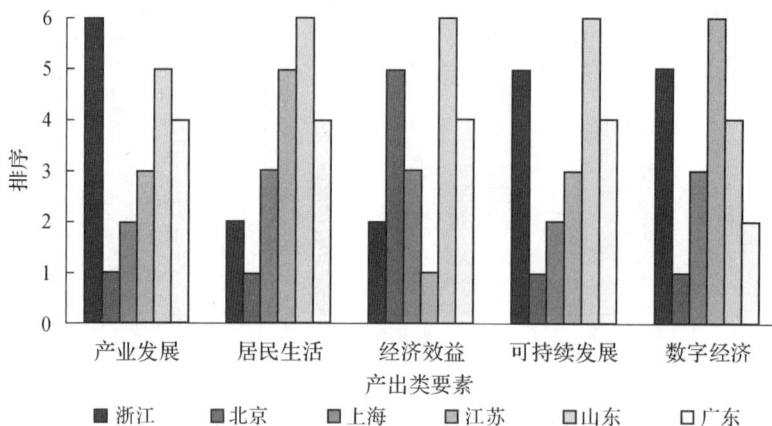

图 4-14　2017 年六省市产出类指标表现排名

所取得的专利数""研究与开发机构每万名 R&D 活动人员科技论文数""规模以上工业企业技术引进经费占本地区 R&D 经费内部支出比重"。浙江在以上指标中的得分在六省市中都排名第 1。

同时,浙江省在以下基础指标方面的表现相对落后,严重影响了其创新型经济的整体表现:资源类指标中的"每万人口普通高等学校在校学生数量""R&D 内部经费占 GDP 的比重""每百家企业拥有的网站数""建成区绿化覆盖率";过程类指标中的"技术市场成交额""规模以上工业企业消化吸收经费与技术引进经费比例";产出类指标中的"高技术产品出口贸易额占商品出口额比重""高技术产业平均每一个新产品开发项目产生的销售收入""规模以上工业企业人均主营业务收入""单位 GDP 综合能耗""地区企业电子商务销售额"。浙江在以上指标上的得分在六省市中排名处于倒数后两位。

从以上分析可以看出,与北京、上海、江苏、广东和山东相比,浙江的创新型经济已基本形成了在教育资源方面的优势,但技术人力资源、科技投资资源和基础设施资源是制约浙江创新型经济发展的因素;而在创新过程方面,浙江的企业有自主创新能力或技术独立性较强,技术创新的效率较高,但属于发明类专利的技术创新较少,另外技术商业化程度低且发展缓慢已成为阻碍浙江创新型经济发展的主要瓶颈;从产出方面来看,浙江在产业发展方面的表现不佳,且产业发展所产生的环境成本较高。

4.2　浙江省创新型经济的发展情况

与《2017—2018 浙江省创新型经济蓝皮书》中的 2016 年评价监测结果相比，2017 年浙江省创新型经济的综合表现在六省市中的名次有所下降，具体体现在资源类和过程类指标上。具体排名如表 4-2 所示。

表 4-2　2016—2017 年浙江省综合指标表现排序纵向比较

指标	年份	
	2016	2017
资源类	2	3
过程类	1	2
产出类	5	5
综合	2	3

说明：根据六省市在各指标上的数据计算得出。

本课题组从 2003 年开始监测浙江省创新型经济的运行状况。纵观 2003 年到 2017 年的 15 年里，浙江省在创新资源、创新过程和创新产出方面发生了较大的变化，并表现出了不同的发展趋势。

在创新资源方面，2003 年浙江排名第 6 位，到 2005 年排名已经上升到第 3 位（如图 4-15 所示），表现出了明显的上升趋势，从 2005 年至 2008 年一直保持着这一排名，说明浙江省在创新资源投入方面取得了较好的成果。但 2009 年排名下滑到第 4 位，并一直延续到 2011 年，2012 年甚至滑落到第 5 位。这一方面说明浙江省的资源投入已不足以支持全省的创新经济发展；另一方面也说明了其他地区资源投入力度在逐渐加强。2013 年浙江在创新资源类指标方面表现良好，上升至六省市第 2 位，并延续该位次至 2016 年，但 2017 年下滑至第 3 位。总体来说，近年来浙江省逐渐重视资源投入力度，并取得了良好成果，但也需要对 2017 年的排名下滑引起重视。

在创新过程方面浙江的排名表现出较大波动，2003 年浙江排名第 2 位，

2006年降到第5位(如图4-16所示),2007年起开始回升,到2008年排名回升至第2位,而到了2009年又落到第4位,2011年有所回升,居于第3位,并保持持续上升趋势,2012年位列六省市第2位,2014年起位列第1位,2017年又回落至第2位。这说明在创新过程中之前制约浙江创新型经济发展的因素已逐渐被克服,但是浙江相比于北京、山东等省市的优势并不明显,尤其应重视自身在技术商业化方面的发展。

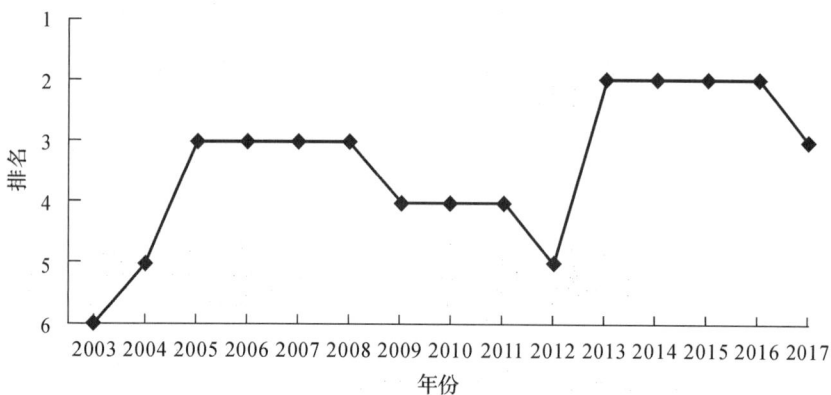

图 4-15 2003—2017年浙江创新资源类指标排名

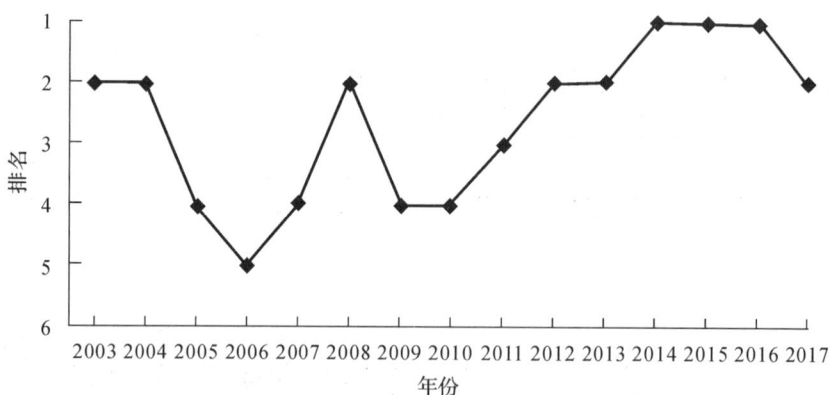

图 4-16 2003—2017年浙江创新过程类指标排名

在创新产出方面,浙江的排名保持了相对平稳的态势,在六省市排名中相对落后。浙江创新型经济发展受到产业转型升级相对滞后的限制,从2003年到

2007 年的排名都是第 4 位,2008 年下降 1 位,一直保持第 5 位,2012 年有所上升但幅度较小,此后一直位列六省市第 4 位,直到 2016 年下滑至第 5 位,2017 年保持在第 5 位(如图 4-17 所示)。

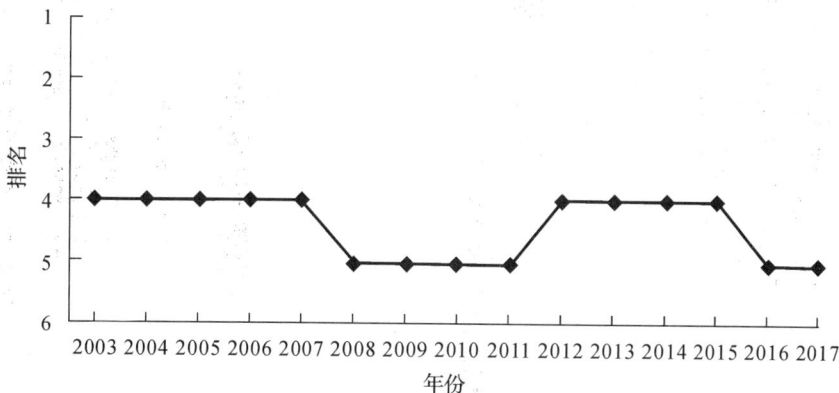

图 4-17　2003—2017 年浙江创新产出类指标排名

说明:图 4-15 至图 4-17 根据 2003—2017 年六省市在各指标上的数据计算得出

进一步考察基础指标可以发现,前些年浙江省创新资源类指标排名有所上升是因为在诸多指标上取得了明显进步,如浙江的 R&D 内部经费占 GDP 比重连年上升,已从 2002 年的 0.61% 上升到 2017 年的 2.45%(见图 4-18),年平均增长率为 12.27%。

某些指标的波动带来了浙江省创新过程类指标得分排名的波动。例如 2004—2006 年浙江省技术市场成交额的减少,与对比省市之间的差距拉大,对浙江省在创新过程方面的排名造成了较大影响(如图 4-19 所示)。2004 年浙江省技术市场成交额达到阶段峰值,为 58.15 亿元,但 2005 年出现大幅下降。2006—2008 年,浙江省技术市场成交额连年上升,2008 年达到 58.92 亿元,创新过程类指标得分的排名也回升到第 2 名。然而,2009 年浙江的技术市场成交额又下降到 56.46 亿元,2010 年技术市场成交额为 60.35 亿元,增长率仅为 6.89%,而江苏则有 130.40%,这成为浙江 2009 年和 2010 年两年创新过程类指标排名屈居第 4 的原因之一。自 2011 年以来,浙江省技术市场成交额增幅明显,尽管绝对值仍旧不高,但却带动了相关指标的增长,进而使浙江省在创新过程方面的排名逐渐上升至六省市第 1 位。

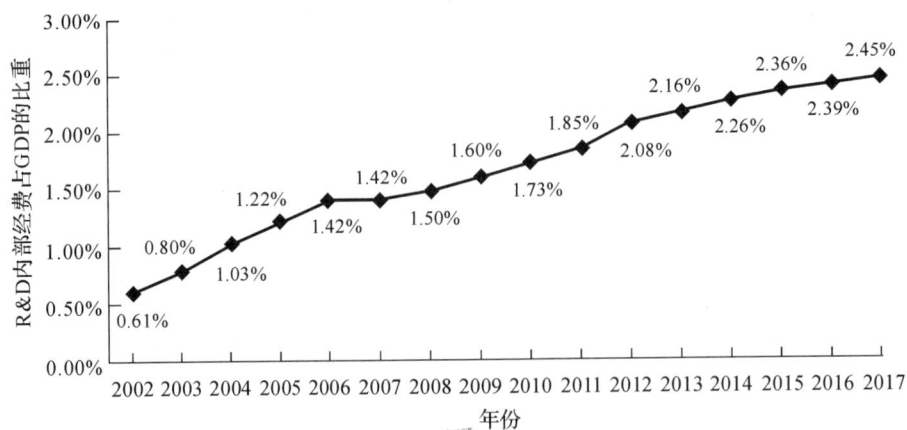

图 4-18　2002—2017 年浙江省 R&D 内部经费占 GDP 比重

数据来源:2003—2018 年的中国统计年鉴;2016—2018 年的中国科技统计年鉴

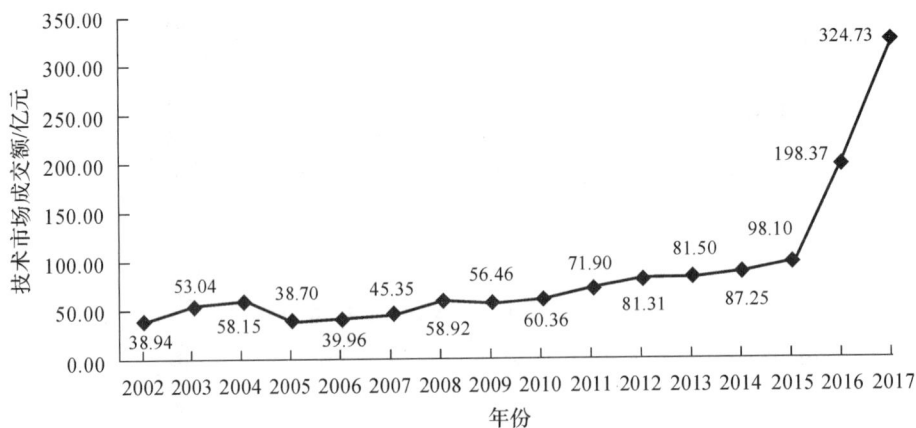

图 4-19　2002—2017 年浙江省技术市场成交额

数据来源:2003—2018 年的中国统计年鉴

关于评价体系所涵盖的各级各类指标的意义及各省市具体表现情况,将在下一节中进行详细陈述和分析。

4.3　六省市创新型经济的比较分析与趋势分析

4.3.1　三级指标

1.资源类指标

➤**教育资源**

指标 1　每万人口普通高等学校在校学生数量

每万人口普通高等学校在校学生数量可反映一个地区教育水平的高低以及为未来发展提供高技术人才的潜力。普通高等学校在校生的数量也反映了该地区教育的吸引力。高等教育可以吸引潜在的在该地区就业的高级人才,普通高等学校毕业生倾向于在他们受教育的地方工作。

如图 4-20 所示,2017 年浙江每万人口普通高等学校在校学生数量位于北

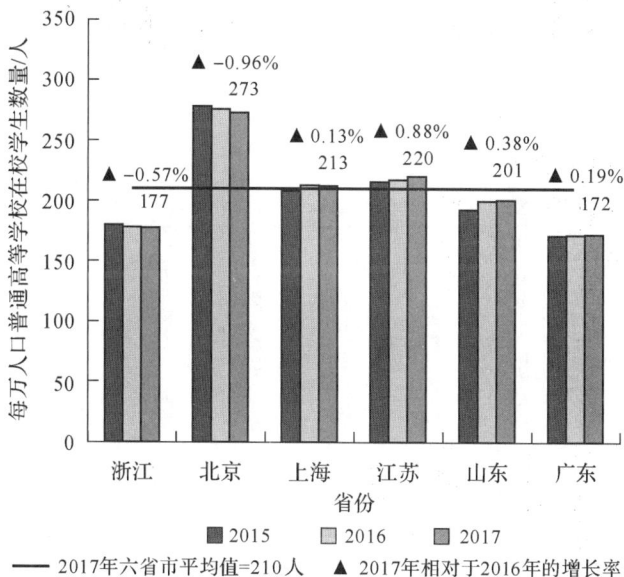

图 4-20　每万人口普通高等学校在校学生数量

数据来源:2016—2018 年的中国统计年鉴

京、江苏、上海和山东之后,排名第5位。浙江的该指标值还未达到210人的六省市平均线。浙江每万人中普通高等学校在校学生数量比2016年减少了0.57%,而上海、江苏、山东和广东则持续保持增长态势。总的来说,浙江的普通高等教育发展水平同北京、上海、江苏等我国教育发达地区相比还有一定差距。要想成为一个教育强省,发挥人才优势,浙江还应继续加大教育投入,为创新型经济的持续发展提供足够的人才资源。

指标2 每万人口中等职业学校在校学生数量

中等职业学校在校学生是一个地区的中等技术人才,每万人口中等职业学校在校学生数量可反映一个地区技术储备人才的水平,对于大中城市来说,在校学生一般倾向于在学校所在地区就业。

如图4-21所示,2017年六省市每万人口中等职业学校在校学生数量平均值为70人,而浙江达94人,远超过六省市平均值,位于北京、上海、江苏、山东和广东之前,排名第1,且是六省市中唯一实现正增长的省份。与指标"每万人口普通高等学校在校学生数量"相比,北京、上海的中等职业学校在校学生数量相对

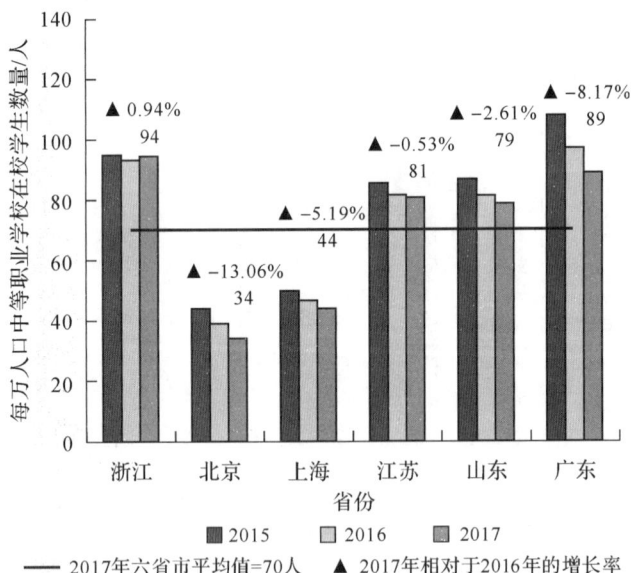

图4-21 每万人口中等职业学校在校学生数量

数据来源:2016—2018年的中国统计年鉴

较少,反映出这两个地方的教育主要集中在高等技术人才的培养上,而浙江、江苏、广东和山东作为制造业大省,对中等技术人才的需求量较大,因此每万人口中等职业学校在校学生数也就比较多,这也反映了人才培养与地区经济发展的特征与需求密切相关。除浙江外,其余五省市的这一指标数量均呈现下降态势,反映出其产业结构转型导致对中等技术人才的需求量在逐渐减少。而浙江的该指标数量较 2016 年有所增加,表明浙江在现有产业结构和民营经济环境下,对中等技术人才的需求依然旺盛。

指标 3　普通高校和中等职业学校师生比

师生比例越高,说明教师资源的投入程度越高。该指标是教育质量的一个方面的反映。

如图 4-22 和图 4-23 所示,教师资源是教育质量的一个反映。除了教师素质以外,师生比例也同样重要,因为它在很大程度上决定了师生互动的程度。2017年,在普通高校师生比这个指标上,浙江表现优异,高于 6.0% 的六省市平均水平线,位于北京、上海、江苏、山东和广东之前,并且实现该指标的连续 3 年增长,

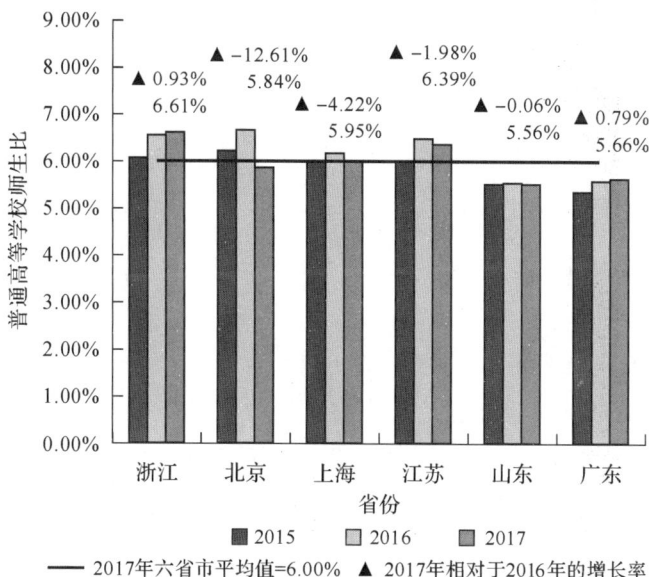

图 4-22　普通高校师生比

数据来源:2016—2018 年的中国统计年鉴

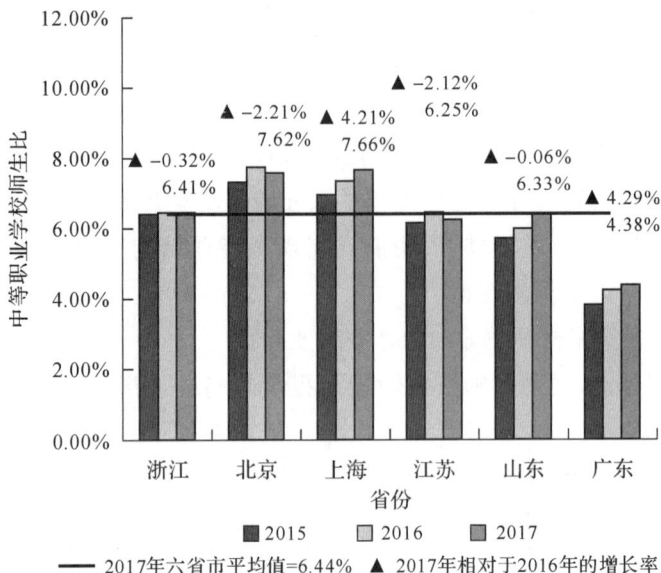

图 4-23　中等职业学校师生比

数据来源：2016—2018 年的中国统计年鉴

首次超过北京，排名第 1。同时，在该指标上六省市之间的差距逐渐减小，反映出各省市都在努力加强高等教育的教师资源。但在中等职业学校师生比这个指标上，北京和上海保持遥遥领先，浙江则表现居中，与 2015 年和 2016 年基本持平，略低于 6.44％的六省市平均水平线，位于北京与上海之后，排名第 3，与前两名差距明显。作为教育大省、教育强省，浙江近年来已经意识到，要提高教育质量就要增加相关的配套资源和设施，其中，教师资源尤为重要，不仅要在量上有所提高，还要进一步优化教师资源。

指标 4　教育经费支出占 GDP 的比重

各地区教育经费总投入包括国家财政性教育经费、社会捐资和集资办学经费、社会团体和公民个人办学经费、学费和杂费、其他教育经费。教育经费总投入占地区 GDP 的比重在一定程度上反映了该地区对教育的重视程度以及未来人才培养的潜力。"财政性教育经费支出占 GDP 的比重为 4％"是衡量一个国家教育投入的重要指标。我国 1993 年首次提出"4％"这个目标，并于 2012 年首次实现。但与发达国家相比，我国的财政性教育经费仍处于偏低水平。当下，追求高质量教育、寻求均衡发展已成为发展义务教育的重要任务。增加教育经费投入,能够助推教育事业稳健发展。

各地区教育经费支出反映的是一个地区在教育上投入的绝对量,教育经费支出占 GDP 的比重则反映一个地区对教育的重视程度。同时,全国经济发展的不平衡决定了全国教育经费支出水平的不平衡。如图 4-24 所示,2017 年浙江的教育经费支出占 GDP 的比重为 2.76%,位于北京、广东和上海之后,排名第 4,较 2016 年略有增长,但明显低于 2015 年。北京在该指标上遥遥领先,反映了其对教育的重视程度非常高,浙江与北京在教育方面的重视程度仍有差距。重视教育可为浙江经济的发展提供有力的支撑。政府应始终认识到教育的重要性,增加对教育的投入,要坚持体制、机制的创新,用制度设计来引导教育投入的增加。

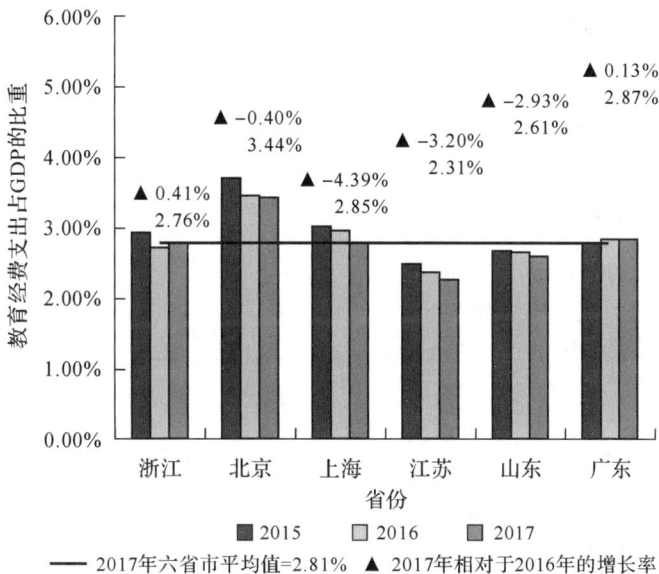

图 4-24 教育经费支出占 GDP 的比重

数据来源:2016—2018 年的中国统计年鉴

> **技术人力资源**

指标 5 每万人中 R&D 人员数

R&D(科学研究与试验发展)是指在科学技术领域,为增加知识总量以及运用这些知识去创造新的应用而进行的系统性、创造性活动。R&D 人员主要包括在研究机构、大中型工业企业、高校中的科技人员,是创新领域的重要群体。他们或者活跃于生产活动和创新活动的第一线,是许多创新成果的直接创造者,或者在研究机构中从事基础创新研究,是创新的基础资源之一。因而科技活动人员数是反映一个地区创新所需人力资源的重要指标。

如图 4-25 所示,2017 年浙江省每万人中 R&D 人员数为 99 人,实现连续 2 年增长,低于北京和上海,位列第 3,但是与北京的差距十分明显,北京仍是中国科技实力最强的地区。同时,2017 年浙江每万人中 R&D 人员数增长率为 6.83%,仅低于广东省,排名第 2,反映出广东省近年重视引进和培养科技人才。但总的来说,浙江省从事 R&D 的人员数量相对较少,但浙江省的高科技企业在不断增加,对科技人才的重视程度在不断增强,科技人才的汇聚能力也在不断增强。浙江省应该进一步加强科技队伍建设,提高科研人员待遇,让浙江的自主创新能力得到更好的发挥。

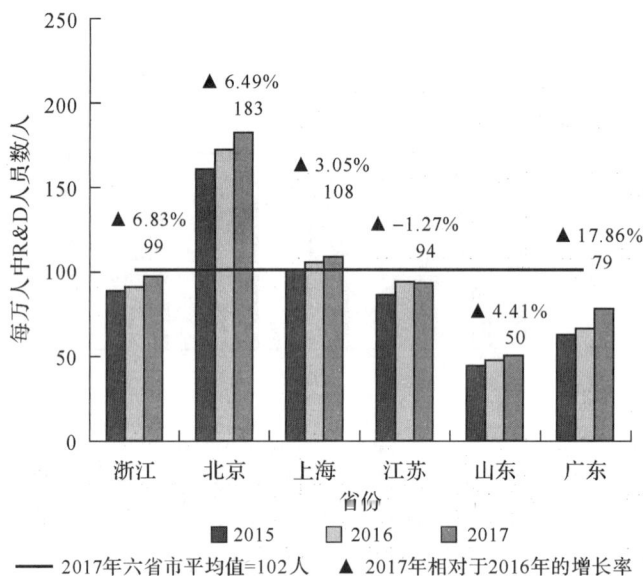

图 4-25　每万人中 R&D 人员数

数据来源:2016—2018 年的中国统计年鉴;2016—2018 年的中国科技统计年鉴

指标 6　R&D 人员全时当量

R&D 人员全时当量是指参加 R&D 项目的人员以及 R&D 项目的管理人员和直接服务人员按全时人员折算的人年数,即 R&D 全时人员(全年从事 R&D 活动累计工作时间占全部工作时间的 90% 及以上人员)的工作量与非全时人员按实际工作时间折算的工作量之和。这个指标是国际上通用的,用于比较科技人力投入和研发人员贡献的表现,是创新的一个重要的资源衡量指标,因此在一定程度上反映了该地区的创新能力。

如图 4-26 所示,2017 年浙江的 R&D 人员全时当量为 398091 人年,低于广东、江苏,居于第 3 位,与 2015 年和 2016 年的位次持平,但与广东和江苏的差距明显。总的来说,浙江的 R&D 人员全时当量保持着较好的增长率,这体现了浙江省近年来对全省科技实力的提升和科研人才的引进和培养保持着较高的重视程度。

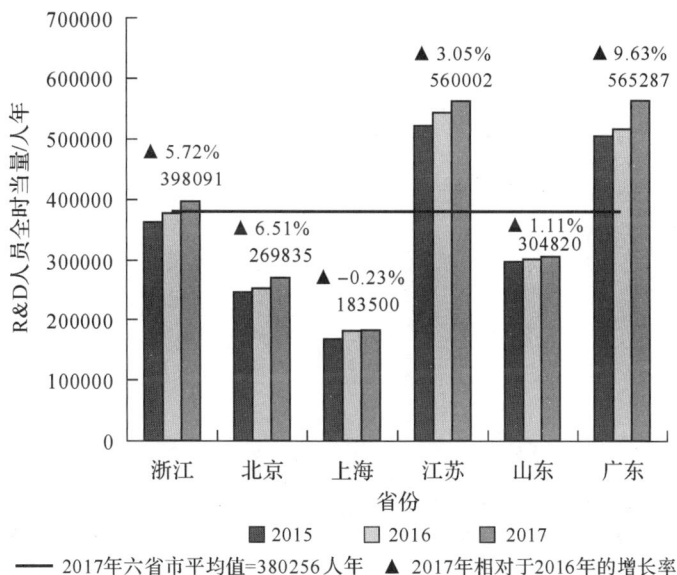

图 4-26　R&D 人员全时当量

数据来源:2016—2018 年的中国统计年鉴

▶ 科技投资资源

指标 7 R&D 内部经费占 GDP 的比重

R&D 内部经费占 GDP 的比重反映了一个社会对研发投入的重视程度,对区域的创新能力有着重要影响。

如图 4-27 所示,无论是 R&D 投入的总量,还是 R&D 内部经费占 GDP 的比重,浙江与先进省市均存在较大的差距,与本省经济发展水平在全国的排名形成明显的"位差"。2017 年,浙江的 R&D 内部经费占 GDP 的比重仅为 2.45%,虽较 2015 年和 2016 年略有增长,但明显低于六省市的平均值 3.28%,在对比的六个省市中排名第 5,尤其与北京存在较大差距。这说明浙江省应当增加研发投入,致力于提高产品的科技含量,提升自主研发能力。与 GDP 的增长相比,浙江对 R&D 投入的增速仍然过慢,投入仍显不够,若继续保持这样的态势,浙江的科研水平和创新能力将受到很大限制,不能适应社会经济发展对科技的多方面需求。与北京、上海等省市相比,浙江在这方面的增长幅度较小,说明浙江省在 R&D 投入上还有上升的空间。

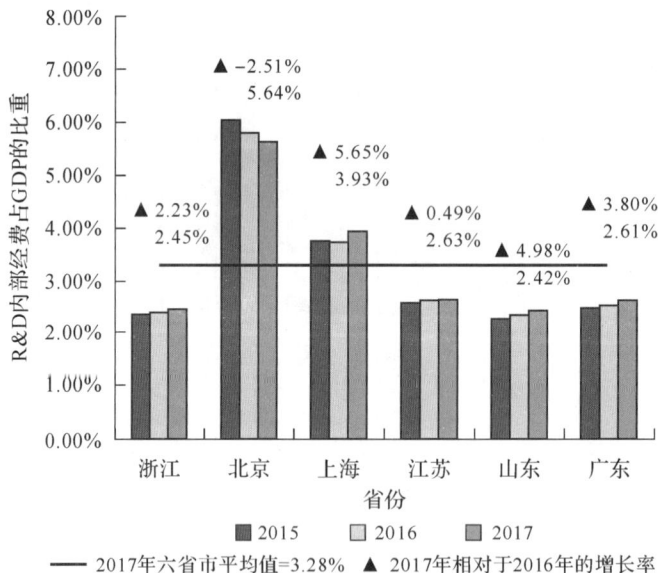

图 4-27　R&D 内部经费占 GDP 的比重

数据来源:2016—2018 年的中国统计年鉴;2016—2018 年的中国科技统计年鉴

指标 8　地方财政科技拨款占地方财政支出的比重

地方财政科技拨款指各省、自治区、直辖市(包括省、地(市)、县三级)地方财政的科技经费,不包括国务院各部门拨给地方各部门的科技经费。地方财政科技拨款占地方财政支出的比重的大小表现了地方政府对当地的科技发展与创新的重视程度。这种宏观的指导一方面鼓励了企业的研发行为,另一方面支持了研究机构的科研创新。地方财政科技拨款是大学、科研机构以及企业研发活动重要的资金来源。

如图 4-28 所示,浙江省地方财政科技拨款占地方财政支出的比重持续缓慢增长,2017 年该比重为 4.03%,与江苏省并列排名第 4,次于广东、北京和上海。但需要注意的是,浙江与位于前 3 名的省市相比差距明显,浙江省各级财政对科技的支持力度仍有提升空间。同时,企业也要不断加强对研究与开发活动的资金投入,形成以政府资金为引导、企业资金为主体、其他资金为补充的科技投入体系,以促进本省创新科技的发展。

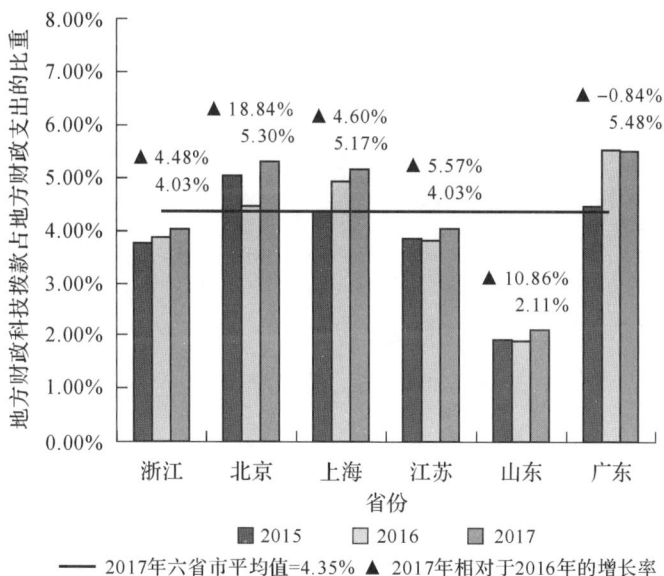

图 4-28　地方财政科技拨款占地方财政支出的比重

数据来源:2016—2018 年的中国统计年鉴

指标 9 规模以上工业企业 R&D 经费占主营业务收入的比重

工业企业 R&D 经费的主要来源是企业内部的销售收入,这个指标反映了企业对研发的重视程度,研发活动使得企业可以开发新产品和服务,从而保持竞争优势。企业的研发活动对创新型经济发展起着关键的作用,因为企业的研发活动反映了该地区企业对于未来的投资程度。R&D 经费支出是一个企业研究开发能力大小的标志。

如图 4-29 所示,2017 年浙江省规模以上工业企业 R&D 经费占主营业务收入的比重为 1.57%,位列六省市第 1,且增长率为 9.57%,保持着良好的势头。浙江省在该指标上表现优异,说明浙江省规模以上的工业企业极其重视科研的投入。同时,浙江省政府大力实施创新驱动和可持续发展战略,持续加大科研投入力度,大力开发新产品,努力建设创新型企业,有力地促进了浙江省经济社会又好又快发展,为全国创新经济发展做出了示范。

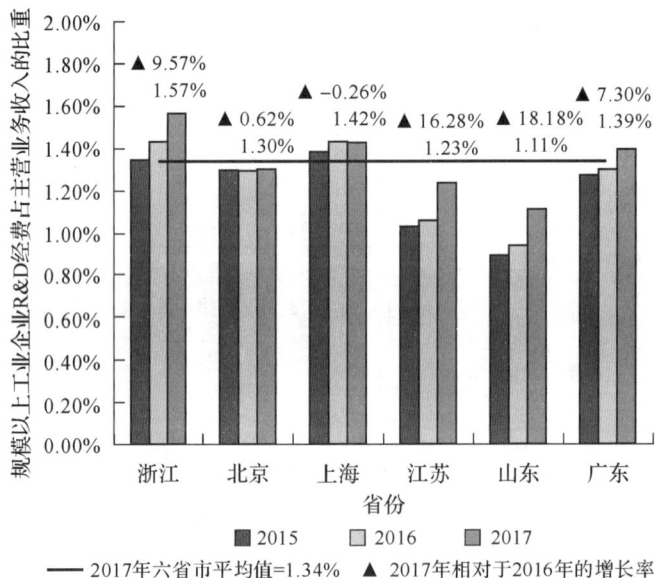

图 4-29 规模以上工业企业 R&D 经费占主营业务收入的比重

数据来源:2016—2018 年的中国统计年鉴

▶ **基础设施资源**

指标 10 *每百家企业拥有的网站数*

企业信息化建设是国家信息化发展战略的重要组成部分,是实施新旧动能转换、保障企业持续健康发展的重要基础和前提。每百家企业拥有的网站数反映了在信息时代信息基础设施建设的普及程度。在创新型经济社会中,建设有效的信息获取渠道将为企业带来极大的竞争优势。

如图 4-30 所示,网站等信息设施的建设与一个地区的信息化水平直接相关。2017 年,浙江省每百家企业拥有的网站数为 56 个,较往年略有减少且低于个数为 62 的六省市平均水平线,列上海、北京、广东和江苏之后,排名第 5。需要注意的是,浙江省在该指标上与排名第 1 的上海差距明显,且近年来该指标持续负增长,说明浙江省应该加强信息化建设,利用好互联网这一工具,以促进企业创新发展。

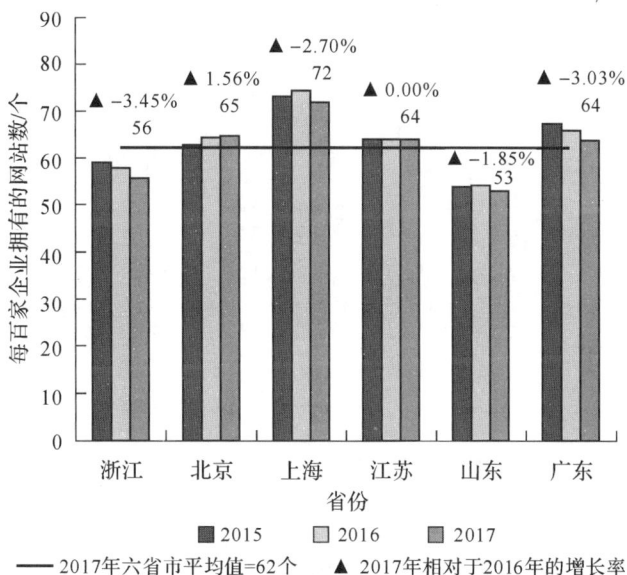

图 4-30 每百家企业拥有的网站数

数据来源:2016—2018 年的中国统计年鉴

指标 11 *建成区绿化覆盖率*

住房条件是反映一个地区人民生活水平的重要因素之一。适合普通居民实际购买力的房价是吸引和保留人才的关键。那些流动性高、高技能或知识型员工通常会选择在住房条件好的地区工作。建成区绿化覆盖率能够反映绿化品质、生态文明建设的程度和地区宜居水平。

建成区的绿化覆盖率可以衡量人民生活的水平和质量。如图4-31所示，2017年浙江省建成区绿化覆盖率为40.40%，较2015年和2016年略有下降，且低于42.75%的六省市平均水平线，列北京、广东、江苏和山东之后，排名第5位。需要注意的是，在该指标上，北京遥遥领先于其他省市，其余五省市差距较小。这说明浙江省的绿化状况有继续改善的空间，需大力推进城市园林绿化建设，使城市形象、生态建设、人居环境得到明显改善，吸引更多高水平人才入住浙江，满足其对生活环境的高要求。

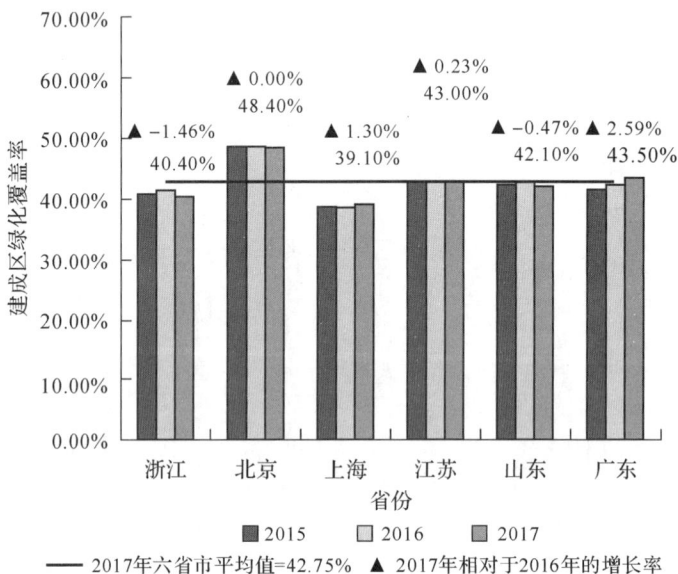

图4-31 建成区绿化覆盖率
数据来源：2016—2018年的中国统计年鉴

指标12 每万人拥有图书馆数量

公共图书馆的数量反映了一个地区公共文明建设的程度和人民的文化水平，也从一个侧面反映了整个地区居民的受教育程度，同时图书馆也是居民重要的信息来源。

　　如图 4-32 所示,2017 年浙江省每万人拥有图书馆数量为 0.0179 个,虽然较 2016 年稍有下降,但仍远远超过六省市平均水平线,遥遥领先于其他五省市,排名第 1。该数据表明在建设文化大省政策的影响下,浙江省的公共图书馆在整体规模、业务、读者服务以及自动化的数字化建设等方面都得到了全面、快速的发展。浙江省在图书馆建设中坚持现代化、数字化和网络化发展,为其他省市做出了良好的示范。

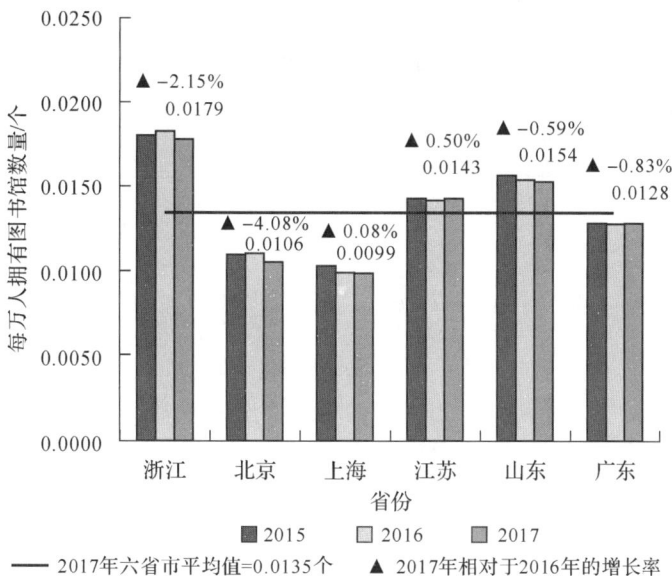

图 4-32　每万人拥有图书馆数量

数据来源:2016—2018 年的中国统计年鉴

2.过程类指标

➢ 知识创新

指标 13　每 10 万人申请授权专利数量和申请授权发明专利数量

专利是对原创性的创造发明及创新的保护,其数量反映了具有商业意义的发明强度。而发明专利是专利中最重要的一种。一个国家、地区、企业所拥有的发明专利数量集中体现了这个国家、地区和企业的自主创新能力。

　　如图 4-33 和 4-34 所示,2017 年浙江省的每 10 万人申请授权专利数量及申请授权发明专利数量分别为 667 件和 175 件。这两个数据较 2016 年皆有较快

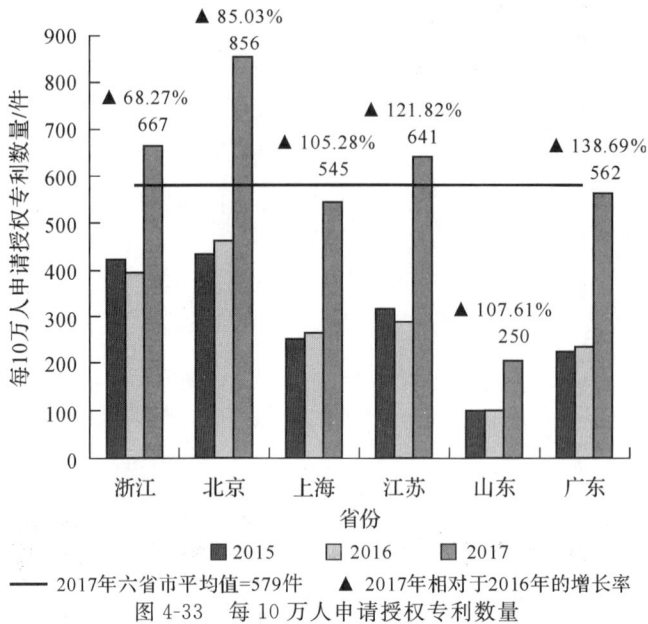

图 4-33　每 10 万人申请授权专利数量

数据来源:2016—2018 年的中国统计年鉴

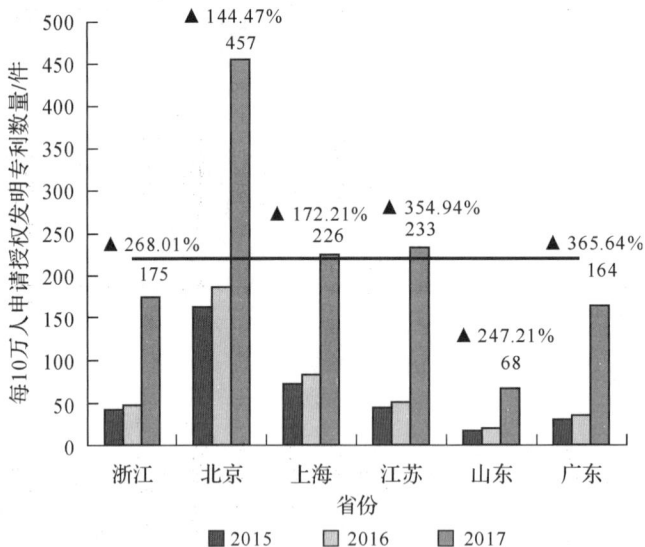

图 4-34　每 10 万人申请授权发明专利数量

数据来源:2016—2018 年的中国统计年鉴

速度的增长。其中,申请授权专利数量仅次于北京,位列六省市第 2 位。而申请授权发明专利数量则位于北京、江苏和上海之后,排名第 4 位。这一方面表明随着专利法制建设的逐步完善,浙江的企事业单位对专利意识的不断加强、企业专利试点示范工作的逐步开展以及专利中介服务机构不断发展,专利工作呈现健康发展的良好局面,保持着良好的上升势头;另一方面浙江的申请授权发明专利数量在绝对量上与位于前两名的北京和江苏仍有较大的差距,说明浙江的专利构成呈现明显特点,创造性较高的发明专利数量有待提高。

指标 14　每亿元研究开发投入所取得的专利数

专利数可以反映一个地区在创新过程中的科技发明强度。考虑到过程效率,在考察专利数时不仅应考虑人均指标,而且应该考虑一定的研发投入下所产生的科技发明强度。这个指标对过程效率具有十分重要的指示作用。

如图 4-35 所示,2017 年浙江每亿元研究开发投入所取得的专利数为 298 件,较 2016 年有了长足的发展,且远高于 190 件的六省市平均水平线,位于六省

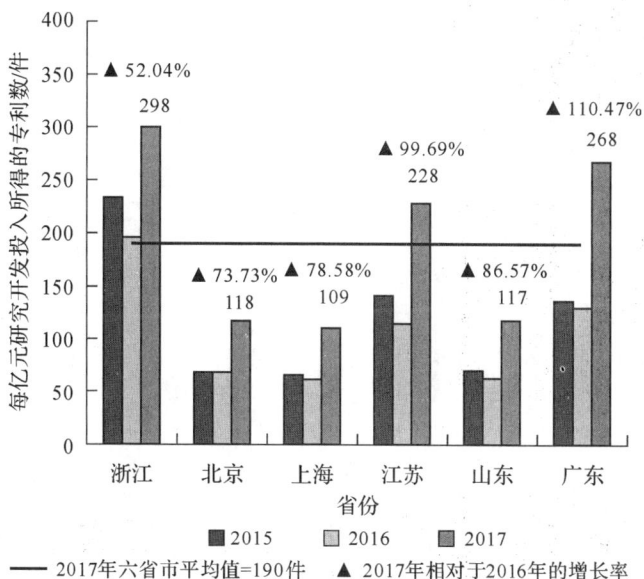

图 4-35　每亿元研究开发投入所取得的专利数

数据来源:2016—2018 年的中国统计年鉴;2016—2018 年的中国科技统计年鉴

市首位。浙江省在专利经费的投入效率上具有一定的优势,连续多年列六省市首位,势头良好,说明浙江省已经完善了以专利制度为保障的产学研紧密结合的技术创新体系、研发与运用相长的专利技术产业化体系、保护有力的专利行政执法体系、高效运转的专利信息和中介服务体系。专利意识的不断增强,不仅使浙江的专利数量得到持续的增长,而且专利的质量也全面提高。

指标 15 研究与开发机构每万名 R&D 活动人员科技论文数

研究与开发机构每万名 R&D 活动人员科技论文数可以在一定程度上反映一个地区在科学技术方面的知识创新成果,也可以反映 R&D 活动人员的能力水平和效率,这些成果可以转化为推动当地创新型经济发展的强大动力。

如图 4-36 所示,2017 年浙江的研究与开发机构每万名 R&D 活动人员科技论文数为 5574 篇,和 2016 年一样,保持着六省市第 1 的位置,说明浙江 R&D 活动人员的论文成果产出和效率较高。但是,2017 年浙江的指标数量较 2016 年有所下降,说明浙江省要持续增大对创新的投入,并且要注重提升科技人员成果的产出量和产出效率。

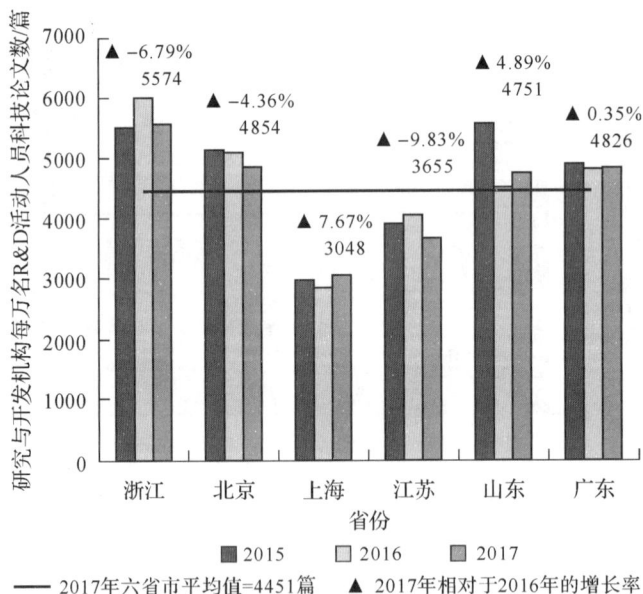

图 4-36　研究与开发机构每万名 R&D 活动人员科技论文数

数据来源:2016—2018 年的中国科技统计年鉴

▶ **技术商业化**

指标 16　技术市场成交额

技术市场成交情况反映了知识产权(如专利、发明等)流动、转移和利用的过程,技术成果的市场化程度。成交金额反映了这些知识产权的市场价值。

如图 4-37 所示,2017 年浙江的技术市场成交额为 324.73 亿元,在六省市中排名第 6,增长率为 63.70%。在总量上,浙江和前两名的北京和广东有着非常明显的差距,甚至与倒数第二名的山东省也存在明显差距。技术市场成交额与该地区整体技术水平、可供交易的技术有效供给信息、技术市场成交价格相关。2017 年,浙江省申请授权专利数量居六省市的第 1 位,技术商品的有效供给比较充足。但现有技术开发成果中具有重大自主知识产权的项目少、技术市场化程度不高等原因导致技术商品的价格和利润率很难提高,因此即使专利授权数量较多也无法推动技术市场成交额的提高。因此,浙江省政府相关部门应该在技术开发的方向和市场定位上做相应的引导,促进技术市场的发展。

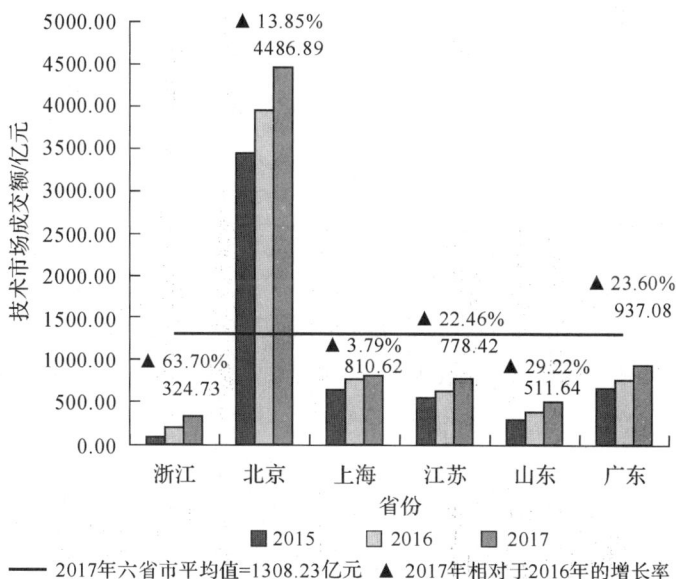

图 4-37　技术市场成交额

数据来源:2016—2018 年的中国统计年鉴

➤ 创新开放性与技术独立性

指标 17 对外技术依存度（规模以上工业企业技术引进经费占本地区R&D经费内部支出比重）

衡量一个国家的技术创新对国外技术依赖程度的指标通常称为对外技术依存度，该指标也是《国家中长期科学和技术发展规划纲要（2006—2020 年）》中作为重要目标强调的指标之一。一般而言，一个国家的技术依存度较高表明该国技术创新对技术引进的依赖程度较强；反之，技术依存度较低则表明该国技术创新中的自主创新成分较大。然而，目前关于该指标的测度仍然没有明确而统一的标准。通常有以下三种表达："技术引进经费加上研发投入经费作分母，技术引进经费作分子所得出的比重"；"技术引进经费与 R&D 经费之比"；"引进技术费用、技术许可费用与整个研究开发和引进技术费用的比例"。本研究认为，以上任何一种方法都难以全面地反映技术依赖程度。例如，引进国外技术装备是目前我国许多企业引进技术的重要甚至是主要形式，而这笔费用经常列入技术改造经费之中。不过，在没有更好的方案的情况下，本研究采用"规模以上工业企业技术引进经费占 R&D 经费内部支出比重"来衡量一个地区的对外技术依存度。一般来说，该指标越低，说明该地区对外技术依存度越低，也越注重自主创新。

如图 4-38 所示，2017 年该指标的六省市平均值为 2.73％，较 2016 年有明显的下降，且六省市在该指标上都呈现出下降的态势。浙江省 2017 年的规模以上工业企业技术引进费用占 R&D 经费内部支出比重为 0.60％，且持续保持下降态势，位列六省市倒数第 1 位。该数据表明浙江省对外技术依存度较低，说明浙江省技术创新中自主创新成分较大。

指标 18 规模以上工业企业消化吸收经费与技术引进经费比例

企业消化吸收经费是指对引进项目进行消化吸收所支付的经费，包括人员培训费，测绘费，参加消化吸收人员的工资、工装、工艺开发费，必备的配套设备费，翻版费等。引进技术的消化吸收是指对引进技术的掌握、应用、复制而开展的工作，以及在此基础上的创新。企业通过消化吸收引进技术，达到掌握引进技术、提高自我创新能力的目的。企业消化吸收经费与技术引进经费比例越高，说明企业对消化吸收投入越多，更有利于培养自主创新能力，也就更有利于增强企

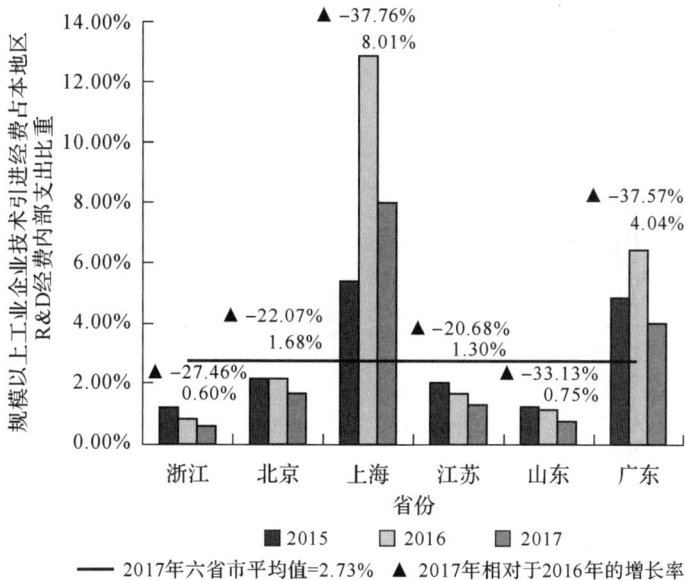

图 4-38　规模以上工业企业技术引进经费占本地区 R&D 经费内部支出比重

数据来源：2016—2018 年的中国科技统计年鉴

业的技术独立性。本研究采用"规模以上工业企业消化吸收经费与技术引进经费比例"作为代理变量。

如图 4-39 所示，2017 年浙江的规模以上工业企业消化吸收经费与技术引进经费比例为 24.92%，较 2016 年下降 34.18%，在六省市中排名第 5。六省市平均值为 34.61%。这一数值与发达国家的水平仍然相差较大。浙江的企业重技术引进、轻消化吸收及再创新的倾向较为明显，消化吸收并没有成为企业增强创新能力的一种手段。仅仅靠引进技术无法形成自主开发能力，也无法维持企业长久的竞争力。企业只有将引进的技术消化吸收，并进行二次创新，才有可能在竞争中处于领先地位。

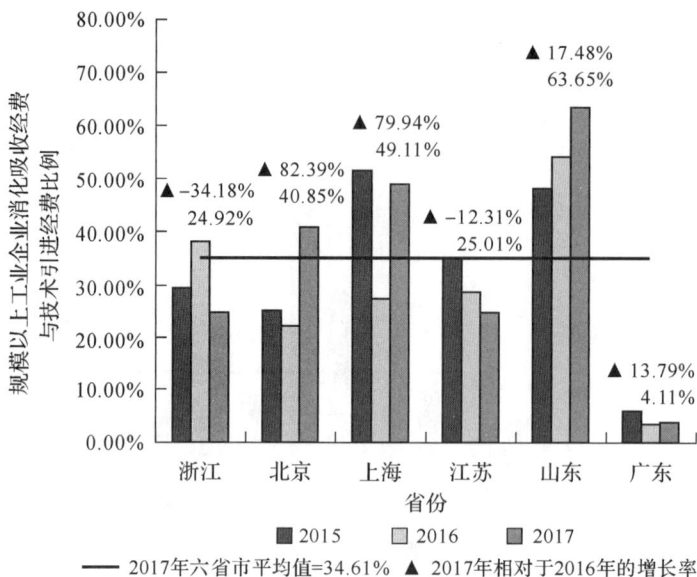

图4-39　规模以上工业企业消化吸收经费与技术引进经费比例

数据来源：2016—2018年的中国科技统计年鉴

▶ **创新组织与活力**

指标19　规模以上工业企业 R&D 项目数

这一指标主要反映各地规模以上企业在创新过程中开展 R&D 项目的情况。在以企业为主体的创新过程中，新产品开发及其他技术创新项目是主要的创新组织形式。因此，创新过程中 R&D 项目的开展情况能从创新组织的角度表现创新过程的进展。

如图4-40所示，2017年浙江的规模以上工业企业 R&D 项目数为69180个，同比增长17.08%，在六省市中继续保持第2名的位置。纵观2015年到2017年，浙江的规模以上工业企业 R&D 项目数持续稳定增长，与领先的省市保持着较小的差距。近年来，在浙江省这个东部沿海经济较为发达的省份，在市场机制的激励下，企业逐步具有了自主创新的意识，并注重开展技术创新活动，加大科研投入。这些意识和相关活动切实提升了浙江的自主创新水平。

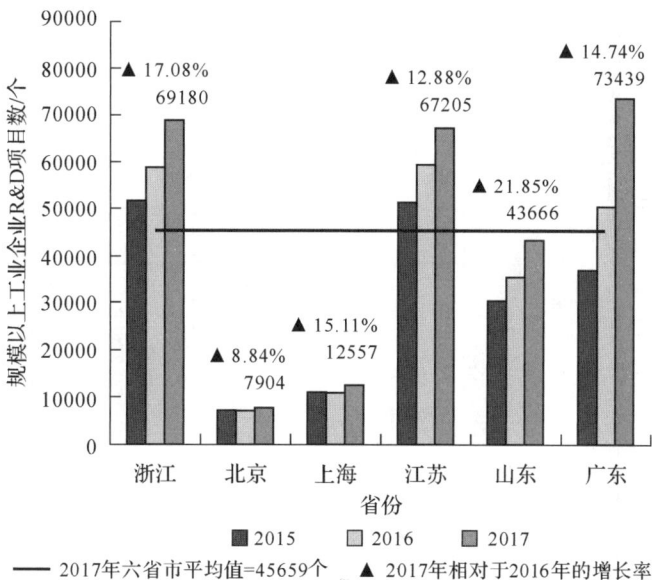

图 4-40　规模以上工业企业 R&D 项目数

数据来源:2016—2018 年的中国统计年鉴

指标 20　规模以上工业企业新产品开发项目数

从广义而言,新产品开发既包括新产品的研制也包括原有老产品的改进与换代。规模以上工业企业新产品开发项目数能够反映一个企业为满足顾客需求,从选择适应市场需要的产品开始,到产品设计、工艺设计以及产品制造活动的情况。

如图 4-41 所示,2017 年浙江的规模以上工业企业新产品开发项目数为72083 个,同比增长 14.19%,远超六省市平均值 51628 个,位于广东之后,在六省市中列第 2 位。从 2015 年到 2017 年,浙江的规模以上工业企业新产品开发项目数始终保持稳定增长,表明浙江的企业产品更新进程加快,产品结构不断优化。这对支撑浙江的经济转型发展发挥了重要作用。

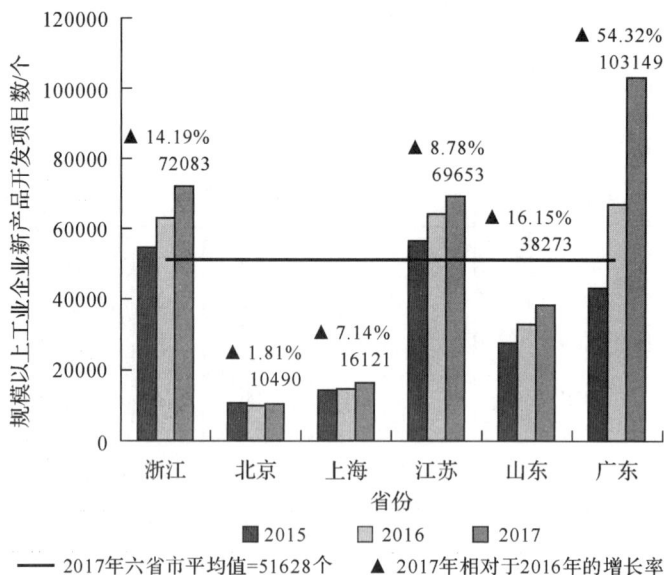

图 4-41　规模以上工业企业新产品开发项目数

数据来源:2016—2018 年的中国统计年鉴

3.产出类指标

➤ 产业发展

指标 21　高技术产品出口贸易额占商品出口额比重

高技术产业通常都处于价值链的高端。高技术带来的高附加值是企业进行技术创新活动的主要推动力量。能源、土地等资源瓶颈已经严重阻碍了我国经济的快速增长,用高技术提高资源的利用率、发展集约型经济,是我国产业结构调整的根本原因所在。

如图 4-42 所示,2017 年浙江的高技术产品出口额占商品出口额比重为6.50%,与 2015 年和 2016 年相比略有增长,但仍远低于六省市 25.41%的平均水平线,位列六省市倒数第 1 名。浙江高技术产品出口无论是整体规模,还是占出口总额的比重,都与江苏、北京、上海和广东四省市存在明显差距。浙江省作为制造大省,出口的产品多为低附加值产品,科技含量不高。当前浙江的高新技术产业发展落后,产业结构有待进一步优化,这些严重影响了浙江经济的可持续发展。

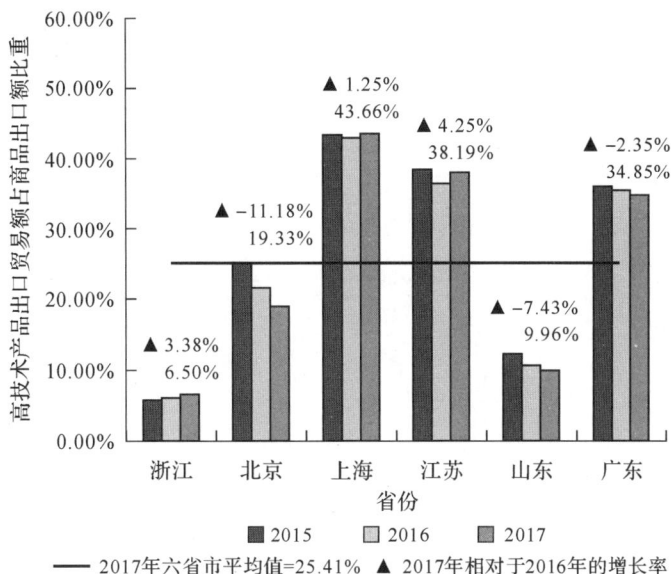

图 4-42　高技术产品出口贸易额占商品出口额比重

数据来源：2016—2018 年的中国统计年鉴；2016—2018 年的中国科技统计年鉴

指标 22　高技术产业技术创新效果（高技术产业平均每一个新产品开发项目产生的销售收入）

新产品开发是指从研究选择适应市场需要的产品开始，到产品设计、工艺设计，直到投入正常生产的一系列决策过程。高技术产业平均每一个新产品开发项目产生的销售收入能够反映新产品开发的成效，能够更深层次地体现科技进步水平。

如图 4-43 所示，2017 年浙江省高技术产业平均每一个新产品开发项目产生的销售收入为 0.0474 亿元，较 2016 年下降 6.28%，且远低于六省市的平均水平线，位列六省市倒数第 1 位。这表明浙江省高技术产业技术创新效果不显著，产出效益较低。浙江作为东部沿海经济较发达的省份之一，更应该提高高技术产业技术创新效率，带动浙江经济健康、有序发展。

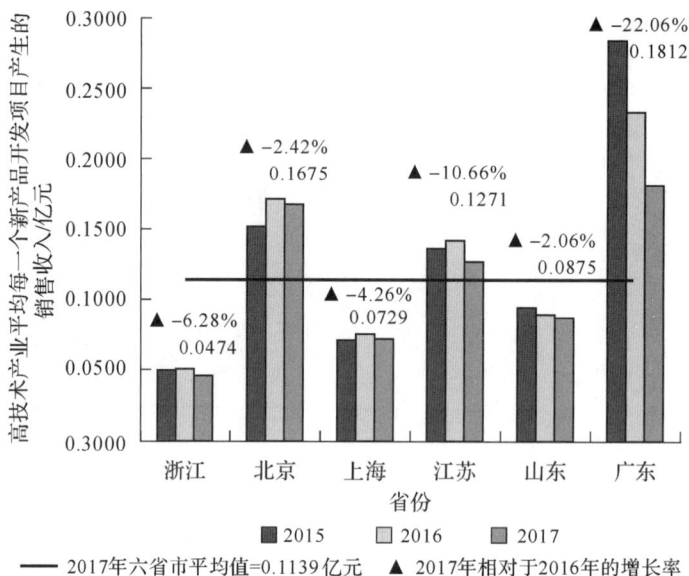

图 4-43　高技术产业平均每一个新产品开发项目产生的销售收入

数据来源：2016—2018 年的中国科技统计年鉴

指标 23　规模以上工业企业人均主营业务收入

在设计评价指标体系时,本研究期望以规模以上工业企业人均主营业务收入来评估企业的发展状况。规模以上工业企业是指年主营业务收入在 2000 万元以上的工业企业。规模以上工业企业人均主营业务收入是衡量一个地区经济社会发展水平的重要指标,本研究使用该指标作为衡量创新型经济产出的产业发展指标之一。

如图 4-44 所示,2017 年浙江规模以上工业企业人均主营业务收入为 98.07万元,同比增长 3.43%,但仍远低于 149.55 万元的六省市平均水平线,仅高于广东,排名倒数第 2。纵观 2015 年到 2017 年,六省市规模以上工业企业人均主营业务收入都在逐步提升,浙江省提速表现居中,从绝对值来看与北京、上海、山东和江苏有着较大的差距,这也呼应了在高技术产业技术创新效果指标中浙江表现较差的情况,说明浙江的企业经营效率有待进一步提高。

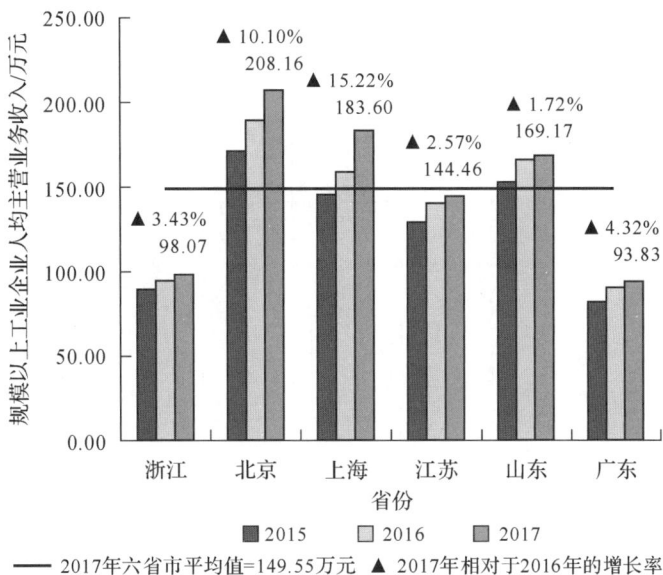

图 4-44　规模以上工业企业人均主营业务收入

数据来源：2016—2018 年的中国统计年鉴

➤ 居民生活

指标 24　城镇登记失业率

城镇登记失业率指城镇登记失业人员与城镇单位就业人员（扣除使用的农村劳动力、聘用的离退休人员、港澳台及外方人员）、城镇单位中的不在岗职工、城镇私营业主、个体户主、城镇私营企业和个体就业人员、城镇登记失业人员之和的比值。在经济运行良好、保持不断增长的情况下，失业率也会维持在较低的水平。失业率反映了某一地区整体的就业情况。低失业率有助于社会的和谐发展，是衡量政府执政水平的重要指标。

如图 4-45 所示，2017 年浙江的城镇登记失业率为 2.70%，略低于 2.82% 的六省市平均值，在六省市中排名第 4。相较于 2016 年，浙江的城镇登记失业率下降了 6.9%，在六省市中下降幅度最大，但与城镇登记失业率为 1.4% 的北京市相比仍有一些差距。浙江省要深入实施人才强省战略，加强高层次、高技能人才队伍建设，推进更高质量的就业创业，进一步降低失业率。

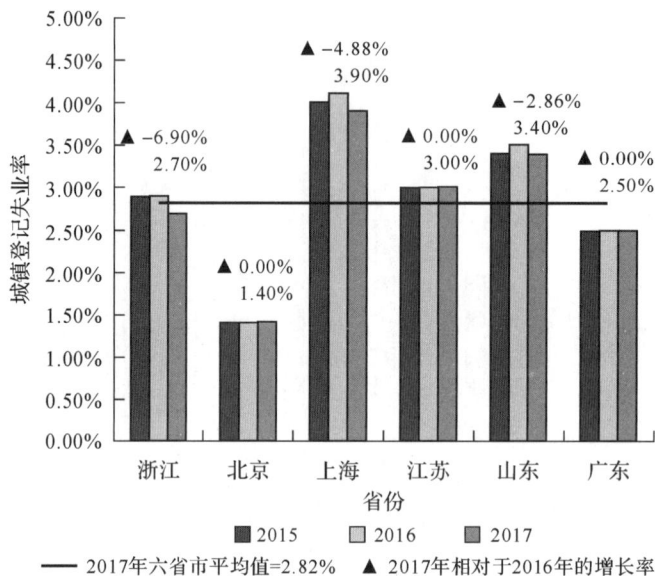

图 4-45 城镇登记失业率

数据来源：2016—2018 年的中国统计年鉴

指标 25 城镇居民人均可支配收入

城镇居民人均可支配收入指被调查城镇居民家庭在支付个人所得税之后的实际收入。在经济运行良好、保持不断增长的情况下，人均可支配收入也会随之提高。人均可支配收入的高低反映了购买力的强弱，进而反映了人民生活质量的高低。

如图 4-46 所示，浙江城镇居民人均可支配收入保持稳步增加，2017 年浙江城镇居民人均可支配收入为 51260.70 元，相较于 2016 年增长了 8.52％，略高于六省市平均水平线。纵观 2015 年到 2017 年，浙江在六省市中仅次于上海和北京，持续保持第 3 的位置，这说明城镇居民人均可支配收入与当地经济水平有着密切关系。浙江居民收入的连年可持续增长、平衡性增长，直观反映出浙江经济持续保持着活力，同时也表明浙江由于民营经济活跃，老百姓就业机会增多，其收入也因此保持稳定增长。

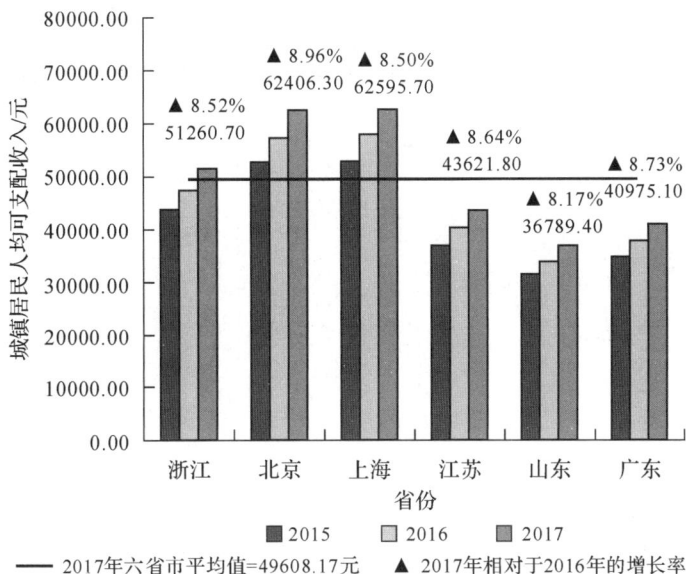

图 4-46　城镇居民人均可支配收入

数据来源：2016—2018 年的中国统计年鉴

▶ **经济效益**

指标 26　人均地区生产总值

一个地区的生产总值是该地区所有常住单位在一定时期内生产活动的最终成果。从价值形态看，它是所有常住单位在一定时期内所生产的全部货物和服务价值超过同期投入的全部非固定资产货物和服务价值的差额，即所有常住单位增加值之和。人均地区生产总值是反映该区域经济活力的最重要指标之一。

如图 4-47 所示，2017 年浙江人均地区生产总值与 2016 年相比增加了 8.41%，达 92057 元，次于北京、上海和江苏，排名第 4，且低于六省市平均值。作为民营经济较发达、市场化程度较高的省份，浙江应继续推动经济向形态更高级、分工更优化、结构更合理的方向演进，助力浙江实体经济发展，保持浙江经济平稳向好态势。

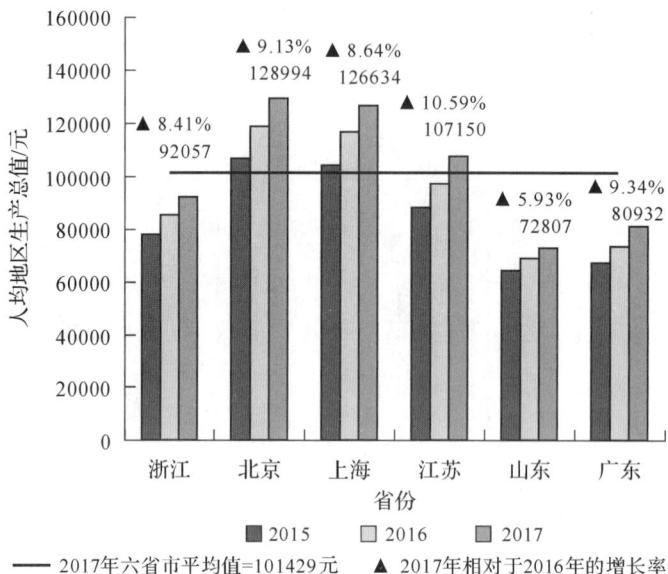

图 4-47　人均地区生产总值

数据来源:2016—2018 年的中国统计年鉴

指标 27　*贸易顺差(逆差)*

在一定的单位时间里(通常按年度计算),贸易的双方互相买卖各种货物,互相进口与出口,若甲方的出口金额大于乙方的出口金额,或甲方的进口金额少于乙方的进口金额,其中的差额,对甲方来说,就称为贸易顺差,反之,对乙方来说,就称为贸易逆差。贸易顺差太大并不一定好,贸易顺差过大是一件危险的事情,意味着本国经济的增长比过去几年任何时候都更依赖于外部需求,对外依存度过高。巨额的贸易顺差还会带来外汇储备的膨胀,给人民币带来了更大的升值压力,也给国际上贸易保护主义势力以口实,认为巨额顺差反映的是人民币被低估。这会增加人民币升值压力和金融风险,为人民币汇率机制改革增加成本和难度。

如图 4-48 所示,2017 年浙江的贸易顺差相对于 2016 年下降了 1.74%,为 1956.80 亿美元,但远高于六省市平均水平线。2015—2017 年,北京和上海始终保持贸易逆差。不同省份之间贸易顺差(逆差)的差异与不同地区的地位和出口物品的性质有很大关联。在当今世界经济局势严峻的情况下,低附加值、低技术含量的企业将面临巨大的挑战。浙江的企业应继续思考如何优化出口的商品结构，以产业升级、产品创新和开辟新的出口市场来实现出口转型。

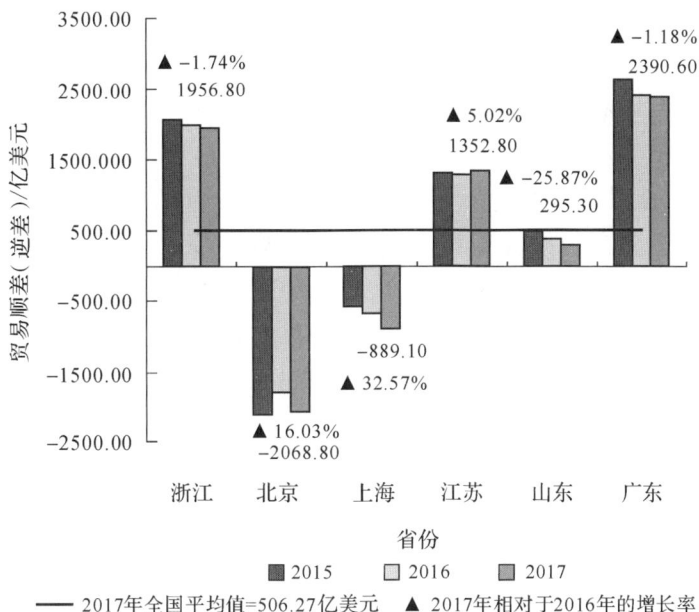

图 4-48　贸易顺差（逆差）

数据来源：2016—2018 年的中国统计年鉴

➤ 可持续发展

指标 28　单位 GDP 工业废水、废气、固体废物排放量

工业废水包括生产废水、生产污水及冷却水，是指在工业生产过程中产生的废水和废液，其中含有随水流失的工业生产用料、中间产物、副产品以及在生产过程中产生的污染物。

工业废气是指人类在生产过程中排出的有毒、有害气体，特别是化工厂、钢铁厂、制药厂、炼焦厂和炼油厂等排放的废气，其气味大，严重污染环境和影响人体健康。

工业固体废物指报告期内企业在生产过程中产生的固体状、半固体状和高浓度液体状废弃物，包括危险废物、冶炼废渣、粉煤灰、炉渣、煤矸石、尾矿、放射性废物和其他废物等。

　　单位 GDP 工业废水、废气、固体废物排放量即以工业废水、废气、固体废物排放量分别除以当年当地 GDP 总量。计算单位 GDP 废水、废气、固体废物排放量是为了间接地衡量当地经济发展所付出的环境代价,该指标数值越大说明经济发展对环境产生的潜在破坏越大,而在发展经济过程中有效控制对环境的破坏,实现经济与环境的和谐是创新型经济的重要特征,对于一个地区实现可持续发展有着重大的影响。

　　如图 4-49 至图 4-51 所示,2017 年,浙江单位 GDP 工业废水排放量达 8.77 万吨/亿元,在六省市中排名第 2,高于 7.31 万吨/亿元的六省市平均值,同比下降 3.84%,下降速度放缓;单位 GDP 工业废气排放量达 0.0015 万吨/亿元,同比下降 14.79%,在六省市中与广东并列排名第 3,略低于 0.0016 万吨/亿元的六省市平均值;单位 GDP 工业固体废物排放量达 0.0866 万吨/亿元,同比下降 3.97%,在六省市中排名第 3,低于 0.1171 万吨/亿元的六省市平均值。浙江的单位 GDP"三废"(工业废水、废气、固体废物)排放量指标表现居中,在六省市中环境污染代价偏高,而且这些指标均远高于发达国家标准。不过,从近几年的整

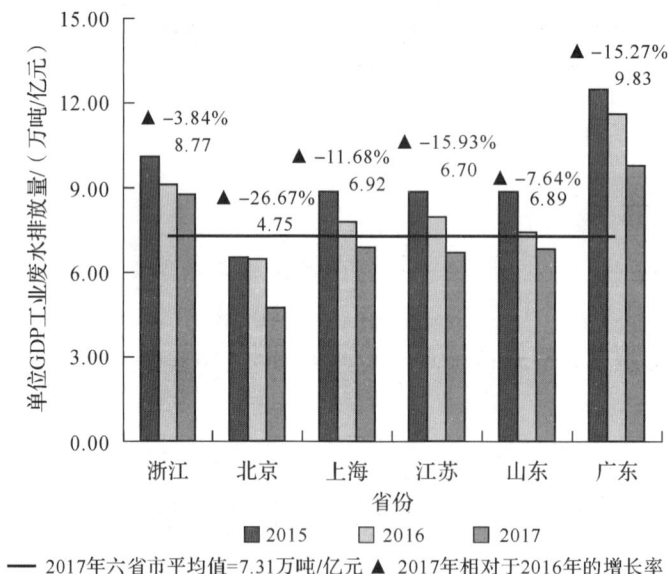

图 4-49　单位 GDP 工业废水排放量

数据来源:2016—2018 年的中国统计年鉴

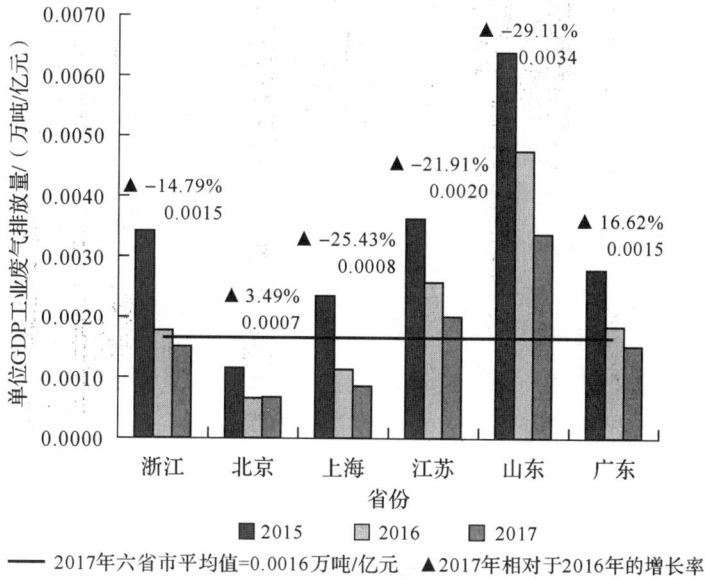

图 4-50　单位 GDP 工业废气排放量

数据来源:2016—2018 年的中国统计年鉴

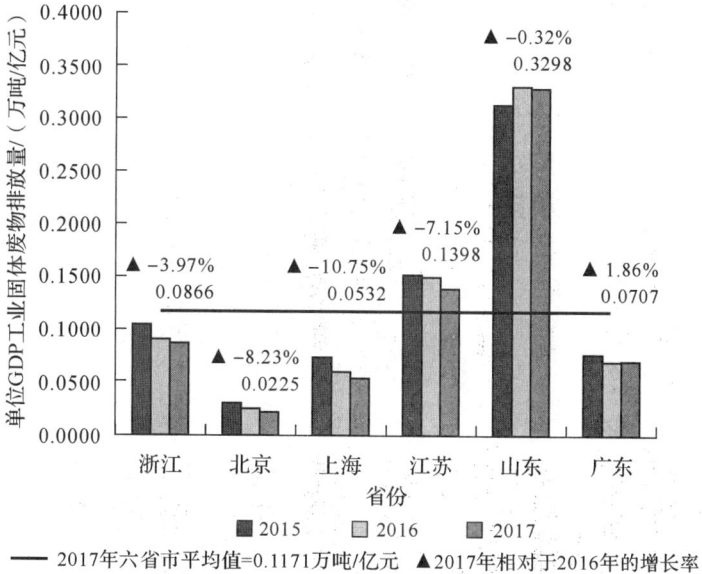

图 4-51　单位 GDP 工业固体废物排放量

数据来源:2016—2018 年的中国统计年鉴

体趋势来看,六省市的"三废"排放量基本保持递减,但是浙江的减速排名并不理想。经济高增长产生的环境污染代价是不容忽视的。尽管政府已经意识到这一点,企业也已将环境成本作为经济发展要考虑的重要因素,但效果并不是十分显著。浙江省有大量中小民营企业,它们的环境保护意识相对较为薄弱。这样的发展模式将会给浙江带来突出的环境问题。我们要认清浙江省资源环境面临的形势,立足实际、提高认识、加强规划、强化治理,积极促进经济、社会与环境的和谐、可持续发展。

指标 29 单位 GDP 综合能耗

计算该指标的主要目的是衡量当地国民经济发展所付出的能源成本。在当今建设资源节约型社会的形势下,控制能源消耗规模、提高能源利用效率是各个地区在经济建设中的重要任务之一。

如图 4-52 所示,2017 年浙江省单位 GDP 综合能耗相对于 2016 年下降了 5.33%,为 0.4062 吨标准煤/万元,但还高于六省市的平均值。单位 GDP 能耗是综合反映能源经济效益与社会发展的主要指标之一。2015 年到 2017 年,六省市在

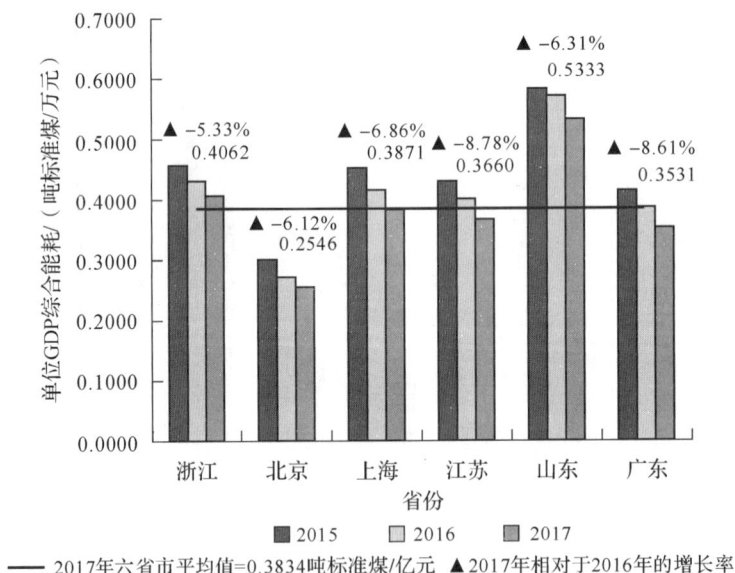

图 4-52 单位 GDP 综合能耗

数据来源:2016—2018 年的中国统计年鉴

这一方面的指标持续下降,这不仅是技术进步带来的节能效应,而且还离不开"节能减排"等意识的普及和相关活动的深入推广,有利于地区经济可持续发展。

▷ **数字经济**

指标 30　地区企业电子商务销售额

作为数字经济最活跃、最集中的表现形式之一,电子商务正全面引领我国数字经济的发展。同时,电商产业在促进全面开放、推动深化改革、助力乡村振兴、带动创新创业等方面也发挥了积极作用,已成为我国经济发展的新动能。网络零售的持续大规模快速发展,对制造业提出了快速发展和智能化运行的需求,推动了制造业产业模式和企业组织形态的变革。地区企业电子商务销售额能够反映电子商务发展的规模,以及消费群体的网络消费意识,体现地区企业数字化转型的程度。

如图 4-53 所示,2017 年浙江的地区企业电子商务销售额为 6831.30 亿元,较 2016 年下降 0.23%,远低于六省市平均水平线,排名仅高于江苏,列六省市第 5 名。浙江省作为民营经济最活跃的省份之一,要充分利用好电子商务带来的

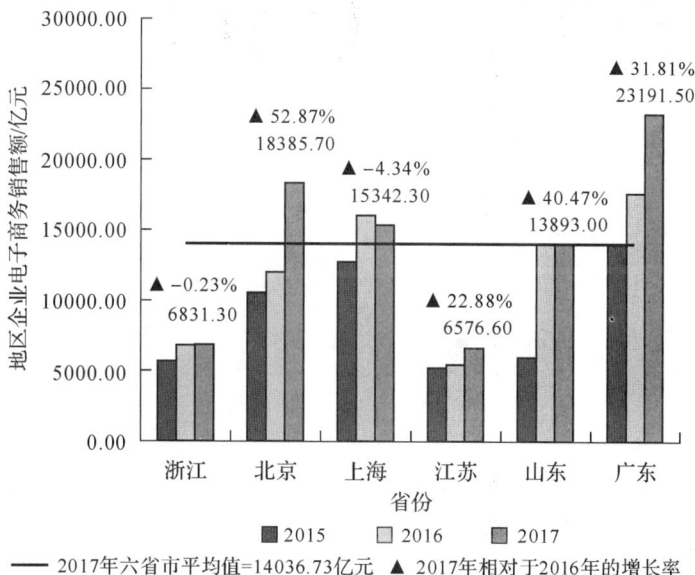

图 4-53　地区企业电子商务销售额

数据来源:2016—2018 年的中国统计年鉴

机遇,积极进行电子商务模式创新,强调电子商务与实体经济的融合发展。一方面,要做强做大电子商务产业,将电子商务打造成为浙江经济持续发展的支柱产业之一;另一方面,要注重发挥电子商务在促进浙江经济从规模速度型向质量效率型、从"野蛮电商"向"智慧电商"的转变,形成线上线下融合发展的良好状态,并以此来推动整个浙江经济的提升发展。

指标 31 地区企业有电子商务交易活动的比重

电子商务交易活动已经广泛渗透到国民经济的各个行业。地区企业有电子商务交易活动的比重能够反映当前地区电子商务市场发展的水平。该项指标值越高,表明在该地区的经济活动中电子商务渗透程度越高,电子商务对传统产业的影响越大。

如图 4-54 所示,2017 年浙江的地区企业有电子商务交易活动的比重较 2016 年下降 14.77%,为 12.70%,略高于六省市平均值 11.60%,仅次于北京,排名六省市第 2 位,但与北京差距明显,仍有很大的发展空间。随着经济全球化和全球信息化进程的加速,互联网和电子商务已经成为引领社会经济发展的主

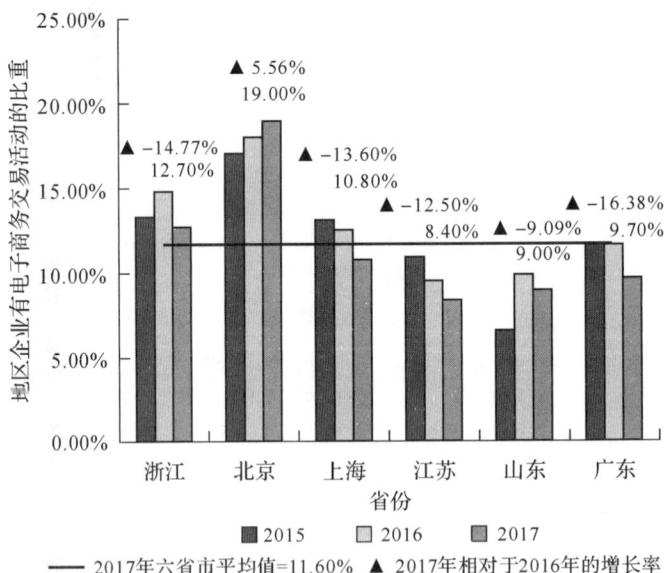

图 4-54　地区企业有电子商务交易活动的比重

数据来源:2016—2018 年的中国统计年鉴

导力量。电子商务的实质是商业模式的创新,浙江省要意识到发展电子商务对促进外贸转型升级的重要性,要破除传统市场的路径依赖,把电子商务作为战略性产业来进行培育,加快电子商务园区建设,大力培育一批跨境贸易电子商务服务商,创新电子商务融资产品和服务方式,加速构建电子商务产业链,不断增强浙江省发展电子商务的综合竞争力。

4.3.2 二级指标

1.资源类指标

▶ **教育资源**

如图 4-55 所示,2017 年在教育资源方面,北京仍然处于绝对的领先地位,浙江排名第 2 位,江苏第 3 位,上海第 4 位。从得分来看,浙江在教育指标上与排名第 1 的北京差距较大的原因主要是在每万人口普通高等学校在校学生数量(第 5)和教育经费支出占 GDP 的比重(第 4)方面表现不佳,且相较 2016 年,浙江的每万人口普通高等学校在校学生数量还有所下降。但是,相比上海、江苏、山东、北京的教育经费支出占 GDP 的比重这个指标在 2017 年有所下降,浙江则有小幅增长。近年来,浙江不断加大对教育的重视程度,对人才的有力保障也促进了经济的发展。

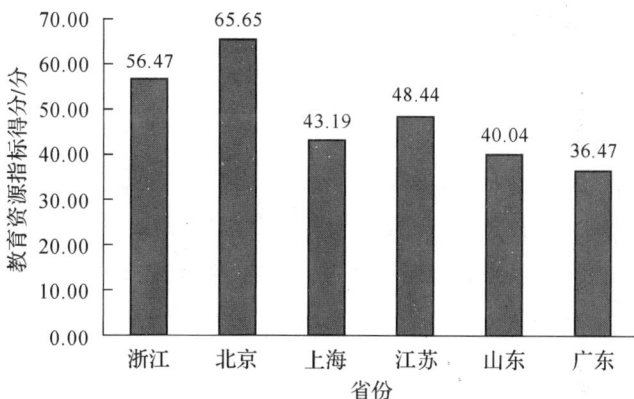

图 4-55　2017 年教育资源指标得分

说明:根据 2017 年六省市在教育资源指标上的数据计算得出

> **技术人力资源**

如图 4-56 所示,2017 年六省市在技术人力资源的表现方面,江苏、北京、广东位列前 3 位,浙江排名第 4。其中,北京在每万人中 R&D 人员数方面表现突出,大幅领先于上海(第 2 名);广东和江苏则在 R&D 人员全时当量方面表现突出。这两个指标是重要的技术人力资源衡量指标,在一定程度上可以反映区域的创新能力。近些年,浙江省虽然持续加大在技术人力资源方面的投入,且每万人中 R&D 人员数和 R&D 人员全时当量的年增长率均超过 5%,但与江苏、北京、广东这些领先省市之间的差距仍然明显。

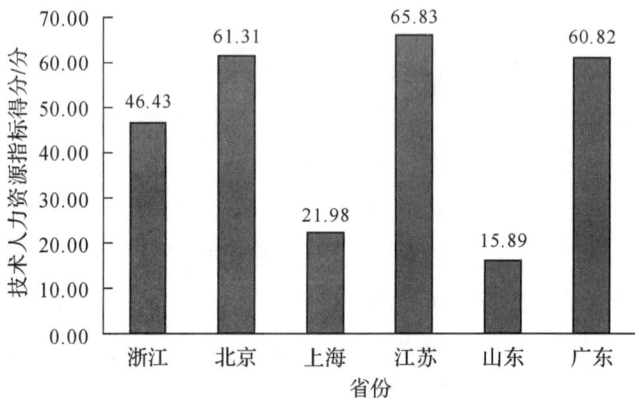

图 4-56　2017 年技术人力资源指标得分

说明:根据 2017 年六省市在技术人力资源指标上的数据计算得出

> **科技投资资源**

如图 4-57 所示,在科技投资资源方面,2017 年北京、上海和广东排名前 3 位,浙江位列第 4。具体而言,浙江省在规模以上工业企业 R&D 经费占主营业务收入的比重方面表现相对突出,位列第 1,相较 2016 年增长了近 10%。但是,在 R&D 内部经费占 GDP 的比重和地方财政科技拨款占地方财政支出的比重方面,浙江的排名均比较靠后,且与六省市的平均水平存在较大差距。总的来说,浙江省整体科技投入比例相对偏低,对科技投入的重视程度仍需不断提高。

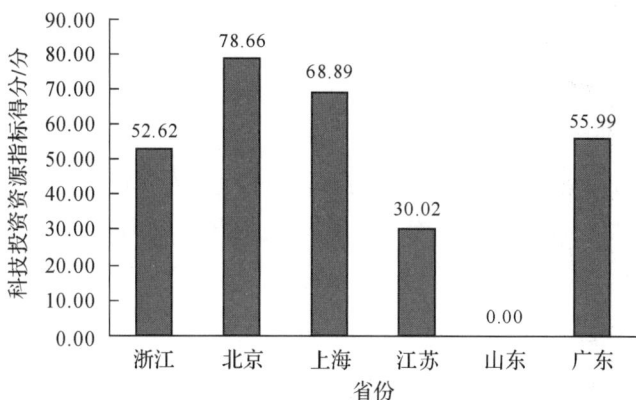

图 4-57　2017 年科技投资资源指标得分

说明：根据 2017 年六省市在科技投资资源指标上的数据计算得出

> 基础设施资源

如图 4-58 所示，在基础设施资源方面，北京、江苏、广东分列前 3 位，浙江位列第 4 名。浙江在每万人拥有图书馆数量方面表现突出，这有利于促进人民文化水平的提高，但与 2016 年相比，2017 年浙江的该指标有小幅下降。在每百家企业拥有的网站数和建成区绿化覆盖率方面表现不佳是浙江在基础设施资源方面总体表现靠后的主要原因。良好的硬软件环境是创新型经济发展的重要基

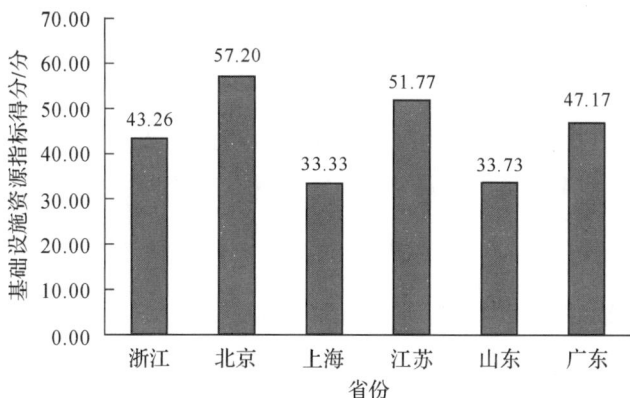

图 4-58　2017 年基础设施资源指标得分

说明：根据 2017 年六省市在基础设施资源指标上的数据计算得出

础,浙江省在这方面仍需不断加强。

2.过程类指标

➢ 知识创新

如图 4-59 所示,2017 年在知识创新方面,浙江凭借较高的专利申请授权量、每亿元研究开发投入所取得的专利数和研究与开发机构每万名 R&D 活动人员科技论文数,在六省市中排名第 1,且相比广东(第 2)有较大的领先优势。具体来看,北京无论是在申请授权专利数量还是申请授权发明专利数量方面都大幅领先,浙江在这个方面仍有较大的进步空间。但浙江在研发效率方面表现突出,在每亿元研究开发投入所取得的专利数量方面远领先于在申请授权专利数量上处于优势的北京。总体来说,发明专利数量反映了一个地区原创性知识的创新程度,浙江省在此方面仍需提高重视程度。

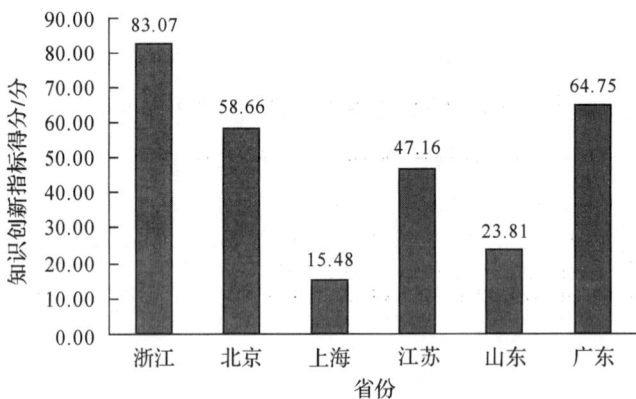

图 4-59 2017 年知识创新指标得分

说明:根据 2017 年六省市在知识创新指标上的数据计算得出

➢ 技术商业化

技术商业化仅有一项指标,即技术市场成交额。如图 4-60 所示,2017 年北京的这个指标在六省市中仍具有绝对领先优势,而浙江依旧排名最末,主要原因是浙江的现有技术开发成果中具有重大自主知识产权的项目较少,导致技术商品的价格和利润率很难提高,市场成交额也就难以提高。技术创新的一大要义就是先进技术的商业化。商业化既是技术创新的动力也是其支撑力。浙江省应尽快跳出"自主知识产权项目缺乏—技术市场成交额低—自主创新动力和投入不足—自主知识产权项目缺乏"的恶性循环。

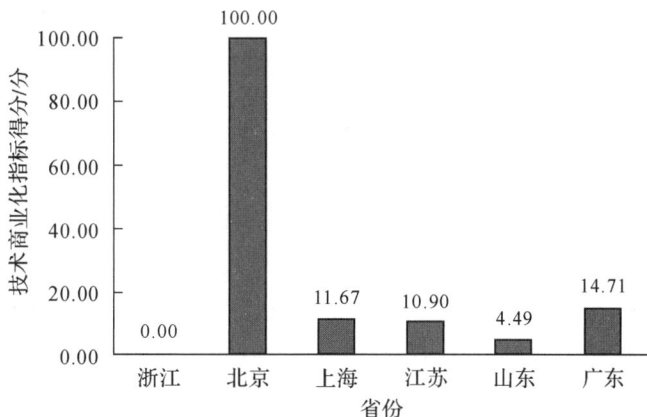

图 4-60　2017 年技术商业化指标得分

说明：根据 2017 年六省市在技术商业化指标上的数据计算得出

➤ 创新开放性与技术独立性

如图 4-61 所示，2017 年在创新开放性与技术独立性方面，山东处于绝对的领先地位，北京排名第 2，浙江位列第 3。浙江在规模以上工业企业技术引进经费占本地区 R&D 经费内部支出比重指标上表现良好，但在规模以上工业企业

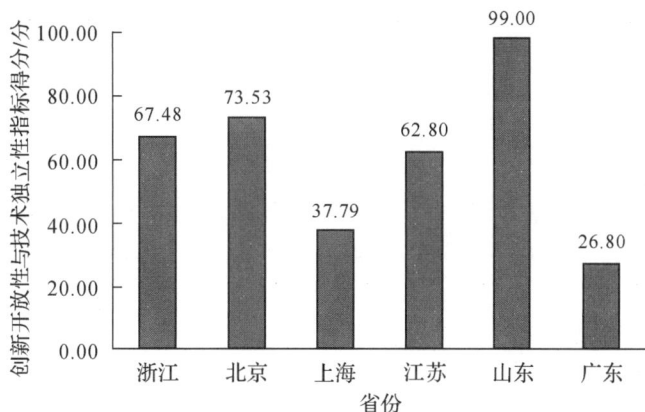

图 4-61　2017 年创新开放性与技术独立性指标得分

说明：根据 2017 年六省市在创新开放性与技术独立性指标上的数据计算得出

消化吸收经费与技术引进经费比例方面仅位列第5,说明浙江省对外技术依存度较低,但是消化吸收能力有待提高。针对浙江省科技自主创新能力不太强、优质创新资源较为缺乏、创新平台建设相对滞后、科技创新投入力度不够等短板,浙江应实施创新驱动战略,积极推进杭州国家自主创新示范区创建工作。这些举措有利于科技综合实力的提高,为浙江省建成创新型省份和科技强省打下坚实基础。

➤ **创新组织与活力**

如图 4-62 所示,2017 年浙江在创新组织与活力方面排名第 2,广东位列第 1。具体来看,浙江在规模以上工业企业 R&D 项目数和规模以上工业企业新产品开发项目数上均有较好的表现,都仅次于广东,且保持了较高的增长率,这与浙江省以非公有制经济为主体有密切关系。浙江的中小民营企业在发展中不断壮大,表现出了相当大的组织创新性与活力。

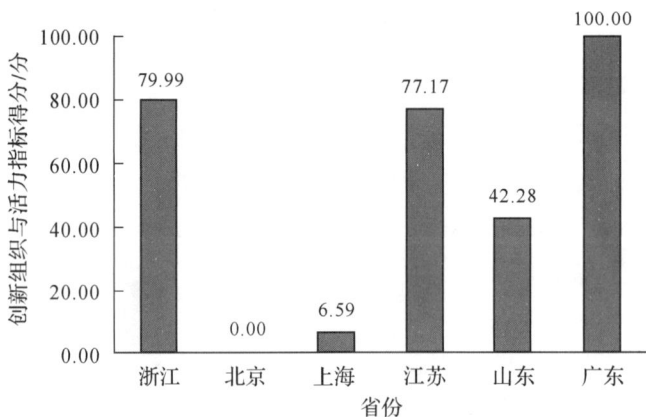

图 4-62 2017 年创新组织与活力指标得分

说明:根据 2017 年六省市在创新组织与活力指标上的数据计算得出

3.产出类指标

➤ **产业发展**

如图 4-63 所示,2017 年浙江在产业发展指标上仍然处于劣势,与先进省份差距明显。浙江在高技术产品出口贸易额占商品出口额比重和高技术产业技术创新效果(高技术产业平均每一个新产品开发项目产生的销售收入)方面均位于末位,这使得总体的得分处于倒数第 1 的位置。北京、上海、江苏则凭借其颇具规模的高技术产业和较高的人均主营业务收入分列前 3 位。浙江在此指标上的绝对劣势地位再次印证了浙江省创新型经济发展的最大制约瓶颈是产业结构落后。

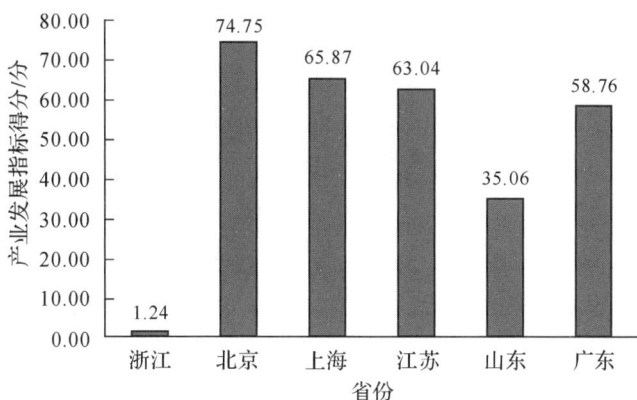

图 4-63　2017 年产业发展指标得分

说明:根据 2017 年六省市在产业发展指标上的数据计算得出

➤ **居民生活**

　　如图 4-64 所示,2017 年北京是六省市中拥有最低的城镇登记失业率和次高的城镇居民人均可支配收入的,总排名第 1,浙江位列第 2。上海依然具有最高的城镇居民人均可支配收入和最高的城镇登记失业率。但相比 2016 年,2017年上海的失业率下降了近 5%。总体来说,六省市的失业率都持平或有所下降,而人均可支配收入上升了 8%~9%,说明各省市近年来对居民生活质量的重视程度都有所提高。在这方面浙江仍需不断向北京靠拢。

➤ **经济效益**

　　如图 4-65 所示,尽管浙江在人均地区生产总值方面仅位列第 4,且低于六省市的平均值,但数额巨大的贸易顺差使得浙江在经济效益的总体表现上位列第2,江苏位列第 1。在今后一段时间里,浙江的企业,尤其是低附加值、低技术含量的企业将面临严峻的挑战,贸易顺差第 2 的局面可能被打破。一些企业已开始考虑转型升级,思考如何以产品创新、开辟新的出口市场来实现出口转型。

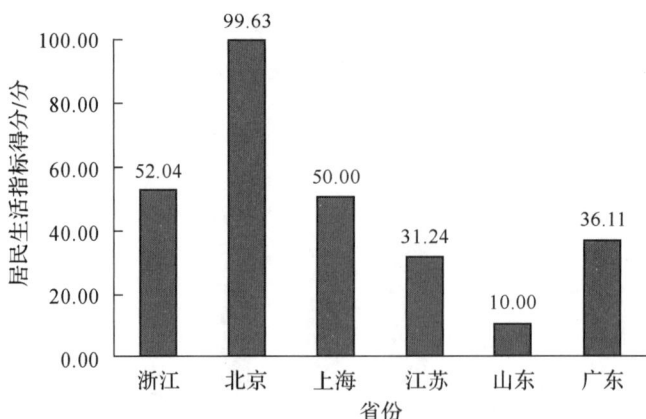

图 4-64　2017 年居民生活指标得分

说明:根据 2017 年六省市在居民生活指标上的数据计算得出

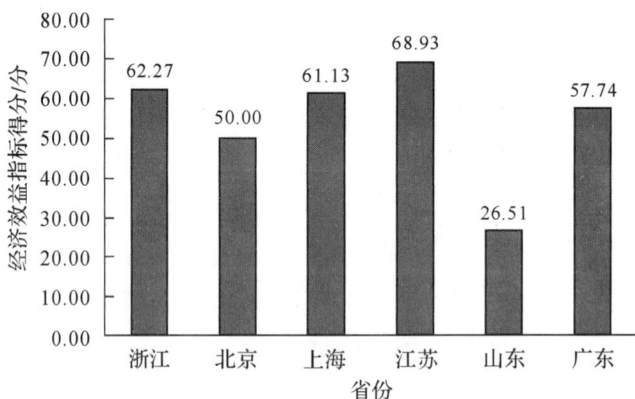

图 4-65　2017 年经济效益指标得分

说明:根据 2017 年六省市在经济效益指标上的数据计算得出

➤ 可持续发展

如图 4-66 所示,2017 年北京在控制工业废水、废气、固体废物排放以及提高能源利用效率方面遥遥领先于其他省市,位列第 1。除山东外,其余四省市得分差异相对较小。由于浙江在节能减排指标上的表现都处于中下等,因而总评仅位于第 5 位。这说明经济发达省份已经将企业的发展与环境紧密联系在一起,努力向可持续方向发展。浙江应加快产业转型升级,淘汰落后产能,从根本上改变粗放增长的经济模式。

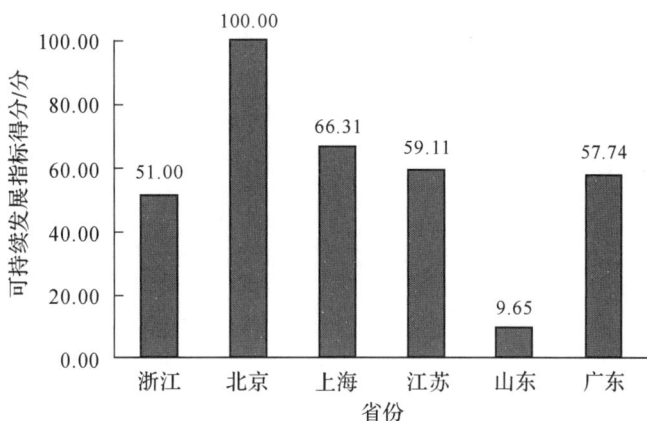

图 4-66　2017 年可持续发展指标得分

说明:根据 2017 年六省市在可持续发展指标上的数据计算得出

▶ **数字经济**

如图 4-67 所示,虽然浙江在地区企业有电子商务交易活动的比重上位列第 2,但由于地区企业电子商务销售额的绝对数值较低,浙江在数字经济方面的整体表现不佳,仅位列第 5。北京则凭借次高的地区企业电子商务销售额和最高的地区企业有电子商务交易活动的比重,位列第 1。浙江是一个中小企业较多的省份,发展电子商务有其自身地理优势。浙江的中小企业应抓住机遇,加快实现企业信息化。

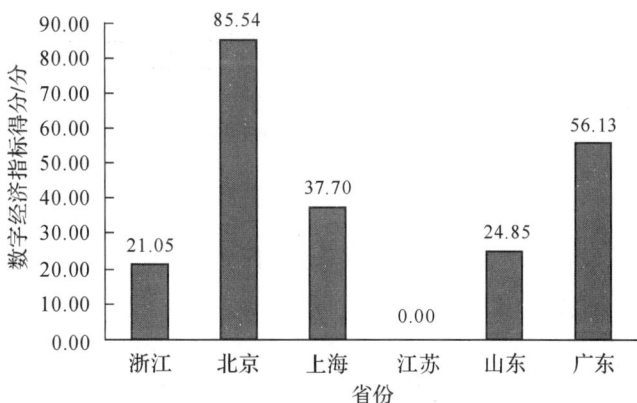

图 4-67　2017 年数字经济指标得分

说明:根据 2017 年六省市在数字经济指标上的数据计算得出

4.3.3 一级指标

1.资源类指标

2017 年浙江在教育资源方面位列第 2,但在技术人力资源、科技投资资源和基础设施资源方面相对落后,北京则一如既往地保持领先地位。一直以来,浙江、江苏、广东在该指标的得分上差距甚微。如图 4-68 所示,与 2016 年相比,尽管浙江在得分上取得了小幅增长,但在该指标名次上却有所下滑,位列第 3,与领先省份之间仍存在一定差距。

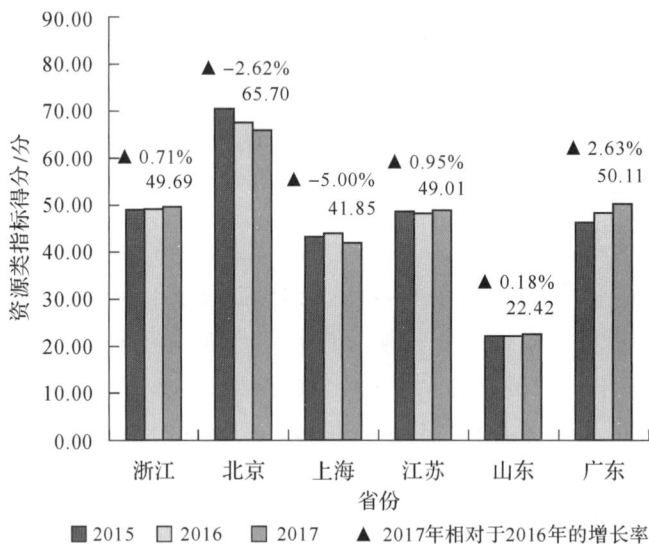

图 4-68　资源类指标得分

说明:根据 2015—2017 年六省市在资源类指标上的数据计算得出

2.过程类指标

如图 4-69 所示,2017 年浙江在过程类指标上的得分大幅下降,下滑到了第 2 位,次于北京。而上海在过程类指标方面表现不佳,仍位居最末,但是增长率却高达近 18%,为六省市中最高。浙江在知识创新和创新组织与活力方面的优势使得浙江在创新过程类指标中表现较为突出,但商业转化能力和消化吸收能力不强,以及以发明类专利为代表的基础、自主、高水平技术创新能力较弱。因此,浙江的当务之急是提高技术的高水平自主研发能力和商业转化能力。浙江省政府要继续大力培育技术市场,建立有利于激发科技人员自主创新和企业家成为技术开发主体的积极性的新机制,建立有利于技术成为商品和加速技术—商品转化进程的政策环境和体制,建立有利于营造以保护知识产权为核心的技术市场法制环境,建立有利于组织技术市场与其他社会主义生产要素市场有效互动和良性运行的机制,建立有利于成果转化服务的技术市场基础条件设施,包括信息平台、孵化器和科技服务中介设施建设及专业人才的培养等。

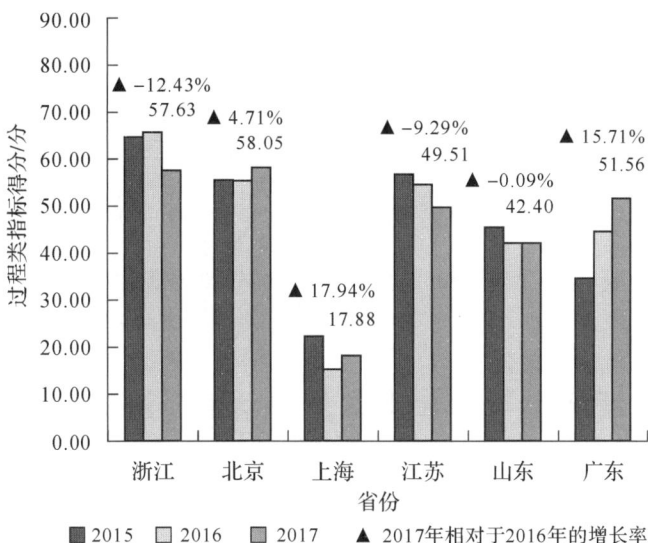

图 4-69　过程类指标得分

说明:根据 2015—2017 年六省市在过程类指标上的数据计算得出

3.产出类指标

如图 4-70 所示,2017 年浙江在产出类指标上在六省市中排名第 5,与上年持平。虽然浙江在经济效益和居民生活指标上的排名较靠前,但是浙江在可持续发展和数字经济指标上排名第 5,在产业发展指标上排名最末。而北京在产出类指标上具有明显优势,除经济效益指标外,其他产出类指标均名列前茅,因而在总体上也远远领先于其他省市。

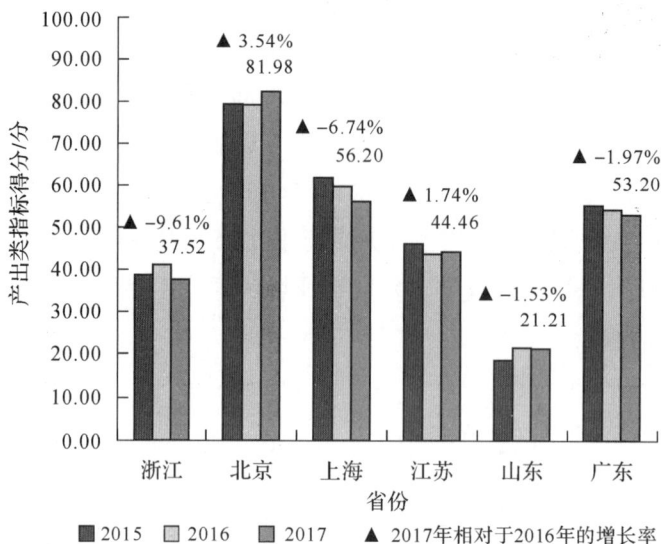

图 4-70　产出类指标得分

说明：根据 2015—2017 年六省市在产出类指标上的数据计算得出

4.4　浙江省与马萨诸塞州创新型经济的比较分析

　　马萨诸塞州位于美国东北部，是新英格兰地区的一部分，中文里通常称其为"麻省"。该地区拥有世界上两大著名高校：哈佛大学和麻省理工学院。马萨诸塞州特别重视创新型经济的发展，将创新作为地区经济发展的动力。美国参议员约翰·克里和进步政策研究所技术与新经济政策项目负责人罗伯特·阿特金森曾在美国《波士顿环球报》上发表了一篇题为《新经济的领先者》的文章，称赞马萨诸塞州在创新型经济方面在全国甚至全世界的领先地位。马萨诸塞州是创新型经济发展的标杆，本书特将其 2017 年的创新型经济评价体系与浙江省的创新型经济评价体系进行比较，以此指导浙江省创新型经济的发展方向。

4.4.1　马萨诸塞州创新型经济评价简介

　　在美国乃至全世界关于创新型经济评价的实证研究中最具影响力的莫过于美国麻省技术联合会推出的麻省创新型经济评估报告。美国麻省技术联合会是美国联邦政府特许成立的以麻省创新型经济发展为主要研究对象的独立研究机构。自从 1997 年以来,该组织一直跟踪麻省创新型经济的运行情况,每年提供一份关于经济运行情况的定量分析报告 *Index of the Massachusetts Innovation Economy*,为推动该地区创新型经济的平稳发展做出了贡献,在国际范围内产生了重大影响,受到许多国家和地区政府以及学术界的广泛关注。迄今为止,该报告已经发布 21 年。麻省对创新型经济的评价采取了美国国家科学基金会(NSF)对创新一词的定义:把科学或技术知识转化为产品、过程、系统和服务,以促进经济发展,创造财富,并改善国家的生活水准。在 2017 年的报告中,其指标体系包括 3 个维度(创新影响、创新活动、创新能力),由 6 个一级指标(经济影响、研发情况、技术发展、商业发展、资本情况、人才情况),22 个二级指标和若干三级指标构成(见图 4-71)。下面将具体介绍。

1. 创新影响—经济影响(innovation impact—economic impact)

指标 1　行业部门的就业与工资(employment and wages in industry sector)

技术与知识密集型行业不断增加的就业率给马萨诸塞州创新经济的发展带来了竞争优势以及未来增长的潜力。这些行业通常具有较高的报酬,并在其所在区域创造了大量的工作机会。这些行业包括医疗保健、金融服务、商业服务、第二阶段后教育、软件与通信服务、科学技术与管理服务、生物制药与医疗器械、计算机与通信硬件、多元化工业制造、国防制造与仪表业以及先进材料。

下设 2 个三级指标,即关键行业的就业增长(employment growth in key sectors)和关键行业的就业和年平均工资(employment and annual average wage in key sectors)。

指标 2　职业与工资(occupations and wages)

马萨诸塞州强调创新型经济的一个重要的原因是创新经济能够创造中等和较高收入的工作机会,并且能够为居民提供不断上升的生活水平。部分职业高于平均水平的就业率表明了技能的竞争优势。

下设 2 个三级指标,即职业平均工资(average wages by occupation)、职业的就业集中度和年薪(occupations by employment concentration and annual pay)。

马萨诸塞州创新型经济评价体系

- 创新影响
  - 经济影响
    - 行业部门的就业与工资
      - 关键行业的就业增长
      - 关键行业的就业和年平均工资
    - 职业与工资
      - 职业平均工资
      - 职业就业集中度和年薪
    - 家庭收入
      - 家庭收入同比变化
      - 各家庭收入水平所占比例
      - 家庭收入中等水平
    - 产出
      - 关键行业产出
      - 关键行业产出增长率
      - 关键行业人均产出
    - 出口
      - 十大目的地与价值
      - 出口占GDP的百分比
      - 出口总值
      - 汇率变动
- 创新活动
  - 研发情况
    - 研发
      - 研发支出占GDP的比例
      - 研发支出总额
      - 非营利组织及学术界的研发支出
      - 研发活动执行者的分布
    - 学术论文产出
      - 研发支出
      - 每百万人科学与工程学术论文产出
      - 每百万研发费用科学与工程学术论文产出
      - 每千名科学与工程博士学术论文产出
    - 专利
      - 每百万人专利数
      - 实用专利变化百分比
      - 实用专利授权数
  - 技术发展
    - 技术专利
      - 各类别技术专利数
      - 各领域每百万人技术专利数
      - 技术专利数及其占专利总额份额
    - 技术许可
      - 被执行的技术许可和选择数
      - 从被执行的技术许可和选择中获得的收入
    - 小企业创新研究和技术转让奖励
      - 各州小企业创新研究/技术转让奖励资金
      - 各机构对小企业创新研究/技术转让奖励
      - 小企业创新研究/技术转让奖励总数
  - 商业发展
    - 商业形成
      - 新增的商业机构数量
      - 商业机构数量的净变化
      - 初创公司数量
    - 首次公开发行和收购兼并
      - 首次公开发行数量
      - 风险支持的IPO
      - 参与公司数量
- 创新能力
  - 资本
    - 学术及卫生健康研发联邦基金
      - 联邦资助的研发基金
      - 每千美元GDP联邦资助的研发基金
      - 国家卫生研究院（NIH）研发资助基金
      - 州医院收到1亿美元以上的国家卫生研究院资助基金
    - 学术研究行业基金
      - 科学与工程学术研究的行业资助
      - 科学与工程领域各川各行业学术研发资金所占份额
      - 2015年每10万美元GDP科学与工程学术研究的行业赞助金额和增长率
    - 风险投资
      - 各行业的风险投资
      - 风险资本投资
      - 各阶段的风险投资
  - 人才
    - 劳动力教育水平
      - 劳动力受教育程度
      - 按教育程度划分的就业率
      - 大学生占劳动年龄人口比例
      - 19—24岁人口高中教育水平
    - 教育中的公共投资
      - 每千人获得中学以上学历的人数
      - 平均每个小学生的教育支出
      - 州高等教育拨款
    - 科学、技术、工程及数学领域职业选择与学位
      - 临时非永久居民的科学与工程学位授予比例
      - 每百万人生命科学专业毕业生数
      - 每百万人STEM领域各级别学位授予数
    - 人才流动与吸引
      - 净移民占人口百分比
      - 受过高等教育的成年人移民比例
      - 国内和国际移民人数
    - 住房支付能力
      - 房价指数
      - 家庭收入超过30%花费在住房上的家庭所占比例
      - 家庭收入超过30%用于住房成本的家庭所占比例
    - 基础设施
      - 宽带速度与接入数
      - 工业电价
      - 大城市平均通勤时间

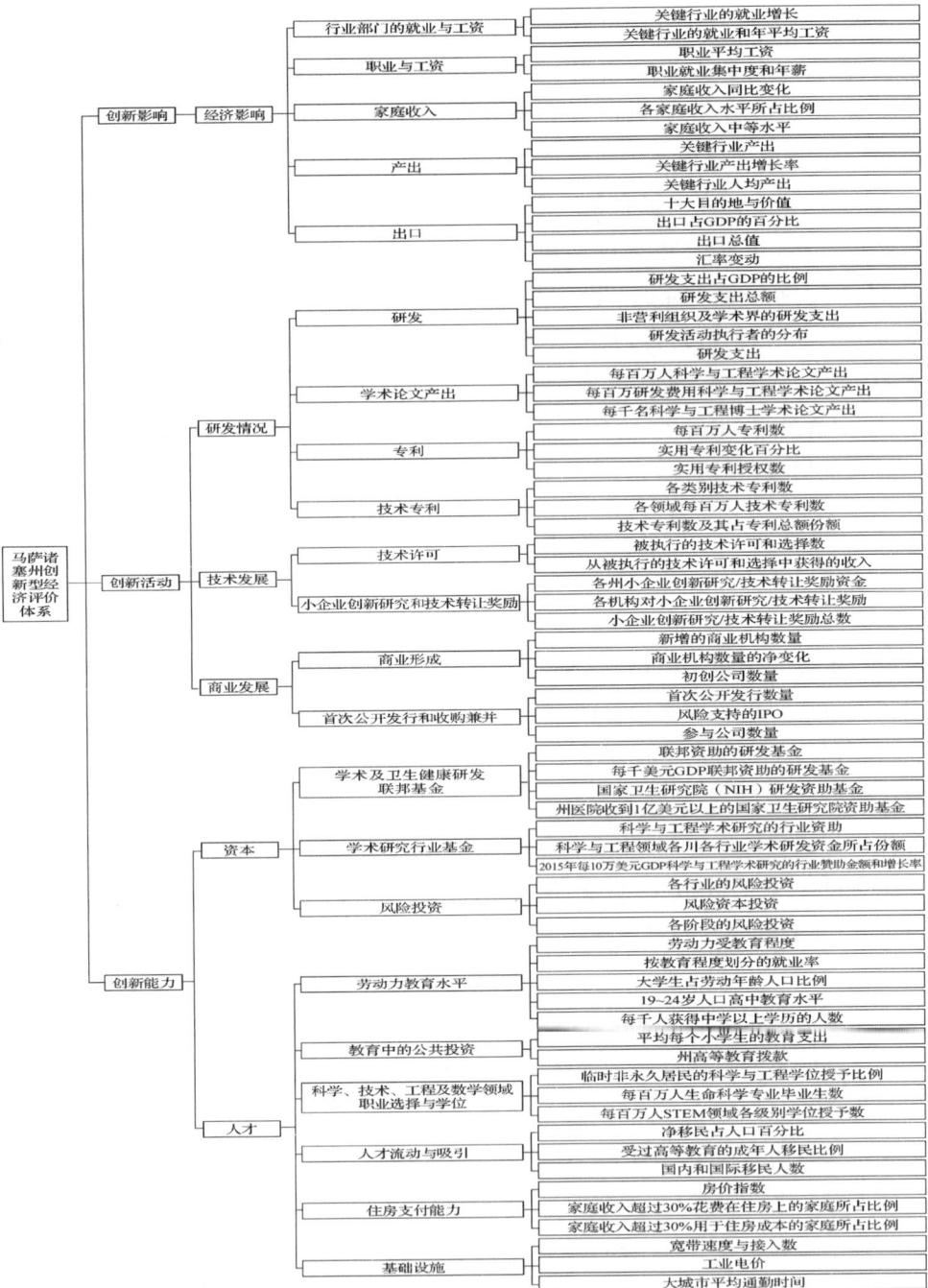

图 4-71　马萨诸塞州创新经济评价体系(2017)

指标 3　家庭收入（household income）

考虑通货膨胀之后，中等家庭年收入的增加表明了居民生活水平的提高。中等家庭年收入已经成为反映居民生活水平的基本经济指标，同时也能反映该州的财务状况。

下设 3 个三级指标，即家庭收入同比变化（household income percentage change from previous year）、各家庭收入水平所占比例（percentage of households by income level）以及家庭收入中等水平（median household income）。

指标 4　产　出（output）

产出是生产者向社会提供有形的物资产出和无形的服务产出，有形的物资产出包括食品、机器设备、日常用品等；无形的服务产出包括医疗、信息服务、金融服务、旅游服务等。

下设 3 个三级指标，即关键行业产出（output in key sectors）、关键行业产出增长（output growth in key sectors）以及关键行业人均产出（output per capita in key industry sectors）。

指标 5　出　口（exports）

出口代表了马萨诸塞州的全球竞争力。供应日益显露出来的全球市场，可以促进就业和销售，增加创新密集型公司的市场占有率。此外，市场多样化提供了应对任何特定的地区的经济衰退或经济萧条的反周期的缓冲。

下设 4 个三级指标，即马萨诸塞州出口的十大目的地与价值（Massachusetts exports：top ten destinations and value）、出口占 GDP 的百分比（exports as percentage of GDP）、出口总值（total value of exports）以及汇率变动（change in exchange rate）。

2.创新活动—研发情况（innovation activity—research）

指标 6　研发（research and development）

马萨诸塞州研发活动的花费是科技类企业规模的反映。虽然并不是所有的新想法或者新产品都来源于研发活动，但研发代表了一个地区知识创造的能力。

下设 5 个三级指标，即研发支出占 GDP 的比例（R&D spending as percent of GDP）、研发支出总额（total R&D expenditures）、非营利组织及学术界的研发支出（R&D expenditures from non-profits & academia）、研发活动执行者的分布

(distribution of R&D by performer)以及研发支出(R&D expenditures)。

指标7 学术论文产出(academic article output)

研发费用是研究的投入,而出版则是基础研究的产出。该指标也是对马萨诸塞州研究者参与全球学术领域的测量。

下设 3 个三级指标,即每百万人科学与工程学术论文产出(science and engineering (S&E) academic article output per million residents)、每百万研发费用科学与工程学术论文产出(science and engineering (S&E) academic article output per million R&D $)以及每千名科学与工程博士学术论文产出(science and engineering (S&E) academic article output per 1,000 S&E doctorate holders)。

指标8 专利(patents)

专利反映了一个地区对创新想法和产品的法律保护。专利对于研发密集型行业也非常重要,因为公司的成功取决于发展和保护通过研发活动产出的核心竞争力。因此,繁荣的专利活动意味着企业有效地将研发产出转化为商业行为。

下设 3 个三级指标,即每百万人专利数(patents per million residents)、实用专利变化百分比(percent change in utility patents)以及实用专利授权数(utility patents issued)。

指标9 技术专利(technology patents)

按技术类别划分的人均专利数量能够揭示马萨诸塞州发明家最活跃的领域以及知识创造方面的比较优势,而知识创造是创新和商业创造的重要来源。根据与马萨诸塞创新经济的关键产业的联系,对参与这一比较的专利类别进行了选择和分类。

下设 3 个三级指标,即各类别技术专利数(technology patents by category)、各领域每百万人技术专利数(technology patents per million residents by field)以及技术专利数及其占专利总额的份额(technology patents and share of total patents)。

3. 创新活动—技术发展(innovation activity—technology development)

指标 10　技术许可(technology licensing)

技术许可提供了一种简便的方式,将在非营利组织,如医院、高校或其他非营利研究机构产生的智力财产引入公司、企业中,将技术商业化。许可费用是智力财产在商业市场的体现,也是通过该智力财产形成的产品或服务带来的收入。不断增加的许可费用非常重要,因为这些许可费用最终又投资于非营利组织的研发活动中,进而形成一个循环的过程。

下设 2 个三级指标,即被执行的技术许可和选择数(technology licenses and options executed)以及从被执行的技术许可和选择中获得的收入(revenues from technology licenses and options executed)

指标 11　小企业创新研究和技术转让奖励(small business innovation research (SBIR) and small business technology transfer (STTR) awards)

小企业创新研究项目是一个有高度竞争性的联邦批准项目,可以使得小企业进行概念证明的研究(阶段一),以及在第一阶段基础上进行复制发展的第二阶段。

下设 3 个三级指标,即各州小企业创新研究/技术转让奖励资金(SBIR/STTR awards funding)、各机构对小企业创新研究/技术转让奖励(SBIR & STTR awards agency)以及小企业创新研究/技术转让奖励总数(SBIR & STTR awards)。

4. 创新活动—商业发展(innovation activity—business development)

指标 12　商业形成(business formation)

新商业的形成是创造就业机会和行业增长的关键因素,它通常占据美国30%～45%的新工作机会。在创新经济中,新商业的形成在发展和商业化转型技术的过程中扮演了一个特别重要的角色。

下设 3 个三级指标,即新增的商业机构数量(business establishment openings)、商业机构数量的净变化(net change in number of business establishments)及初创公司数量(start-up companies initiated)。

指标 13　首次公开发行和收购兼并(Initial Public Offerings (IPO) and Mergers & Acquisitions (M&A))

首次公开发行和收购兼并代表了公司在发展过程中获取资金以支持其持续

运营和增长的方式,这也是早期投资者通过股权投资最终撤离资金的方式。首次公开发行公司数量是有高增长潜力的公司数量的一项指标。一个公司的成功上市反映了投资者对公司增值、持续增长能够产生令人满意的投资回报率的信心。收购兼并则是在迅速成长的公司中的企业家和投资者为寻求多元化,加快新产品开发,或通过扩大销量或市场占有率获得所需资金折现的另一重要途径。然而,在许多并购存在的环境中,有失去若干工作岗位的重大风险,这是消除和巩固冗余功能及重新布局办事处或工作地点的结果,特别是如果收购的公司是一个外州的公司。

下设 3 个三级指标,即首次公开发行数量(number of initial public offerings (IPO))、风险支持的 IPO(venture backed IPOs)以及参与公司数量(number of participating companies)。

5. 创新能力—资本(innovation capacity—capital)

指标 14 学术及卫生健康研发联邦基金(federal funding for academic, and health research and development (R&D))

研究型高校以及其他的学术中心在马萨诸塞州创新经济中非常关键,因为基础科学、技术的研究成果能够在私有部门进行商业化,并且能够为经济的发展提供高素质的人才。联邦基金在支持学术及卫生健康研发过程中起到了非常重要的作用。

下设 4 个三级指标,即联邦资助的研发基金(federal funding for R&D)、每千美元 GDP 联邦资助的研发资金(federal funding for R&D per $1,000 GDP)、国家卫生研究院(NIH)研发资助基金(National Institutes of Health (NIH) R&D funding)以及马萨诸塞州医院收到的 1 亿美元以上的国家卫生研究院资助基金(Massachusetts hospitals receiving $100milion NIH funding)。

指标 15 学术研究行业基金(industry funding of academic research)

学术研究行业基金是度量行业与高校关系的指标,也能体现出行业与相关学术领域的关联程度。同时,行业基金资助的高校研究能够培养行业所需的相关学者专家。

下设 3 个三级指标,即科学与工程学术研究的行业资助(industry funding for academic research in S&E)、科学与工程领域各州各行业学术研究资金所占份额(industry share of states' total academic R&D funding in S&E)以及 2015 年每 10 万美元 GDP 科学与工程学术研究的行业资助金额和增长率(rank in 2015 and growth rate in industry funding for academic research in S&E per $100,000 GDP)。

指标 16　风险投资(venture capital)

风险投资企业是基金重要的来源,对于创新型企业的创立和发展非常重要。在创新经济中,风险投资的趋势一般是呈增长形式。另外,风险投资企业还能为新企业提供商业战略上的支持。当然,私人投资,如天使投资也非常重要,但是在马萨诸塞州的指标体系中没有涉及,因为这个比较难以度量。

下设 3 个三级指标,即各行业的风险投资(VC investment by sector)、风险资本投资(venture capital investment)以及各阶段的风险投资(VC investment by stage)。

6. 创新能力—人才(innovative capacity—talent)

指标 17　劳动力教育水平(educational attainment)

劳动力的受教育水平直接影响和支持一个地区创新经济的发展。雇佣关系中不断增强的技术技能需求促使劳动力人口不断地提高自身素质。

下设 5 个三级指标,即劳动力受教育程度(educational attainment of working—age population)、按受教育程度划分的就业率(employment rate by educational attainment)、大学生占劳动年龄人口比例(college attainment of working age population)、19~24 岁人口高中教育水平(high school attainment of persons 19~24)以及每千人获得中学以上学历的人数(post-secondary degrees conferred per 1,000 people)。

指标 18　教育中的公共投资(public investment education)

投资小学、初中和高中教育对于以后进一步进行高等教育或者在未来培养创新能力都非常重要。公共教育资源投入的增加会吸引其他州或者全球其他地区和国家的人才前往马萨诸塞州深造,并很可能在毕业之后继续留下来工作。

下设 2 个三级指标,即平均每个小学生的教育支出(per pupil spending)以及州高等教育拨款(state higher education appropriations)。

指标 19　科学、技术、工程及数学领域职业选择与学位(science,

technology，engineering and math（STEM）career choices and degrees）

科学技术提供了有前景的工资收入和高质量的生活，而马塞诸塞州高收入、高质量的生活正是依赖于科学、技术及工程领域经济系统的能力。该指标关注两个领域的变化趋势，一个是工作、计算机及信息科学，另一个是健康与生命科学。

下设 3 个三级指标，即临时非永久居民的科学与工程学位授予比例（S&E degrees conferred to temporary non-permanent residents）、每百万人生命科学专业毕业生数（life-science major graduates per 1 million residents）以及每百万人 STEM 领域各级别学位授予数（degrees granted in STEM fields all degree levels per 1 million residents）。

指标 20 *人才流动与吸引*（talent flow and attraction）

移民既是创新经济驱动的，也是一个地区吸引力的表现。一个地区如果具有较高的教育水平、较多的教育经费投入和教育设施，就会吸引人才和各类劳动力的流入。这种人才的流动形成一个正向的循环，不断地刺激马萨诸塞州创新型经济的发展，从而又进一步地吸引更多的人才加入马萨诸塞州。

下设 3 个三级指标，即净移民占人口百分比（net migration as a percentage of population）、受过高等教育的成年人移民比例（relocation by college educated adults）以及国内和国际移民人数（domestic & international migration）。

指标 21 *住房支付能力*（housing affordability）

生活质量与住房支付能力结合影响着马萨诸塞州对人才的保留情况。如果住房价格增加，能够购买住房的人减少，将不利于地区人才的保留。

下设 3 个三级指标，即房价指数（housing price index）、家庭收入超过 30％ 花费在住房上的家庭所占比例（percent of households spending at least 30％ of income on housing）以及家庭收入超过 30％用于住房成本的家庭所占比例（households spending 30％ or more of income on housing costs）。

指标 22 *基础设施*（infrastructure）

基础设施是指为社会生产和居民生活提供公共服务的物质工程设施，是用于保证国家或地区社会经济活动正常进行的公共服务系统。它是社会赖以生存发展的一般物质条件。

下设 3 个三级指标，即宽带速度与接入数（broadband speed and access）、工业电价(industrial electricity prices)、大城市平均通勤时间(average metropolitan commute time)。

4.4.2　评价指标对比及分析

1. 资源类指标分析

在浙江省创新型经济的评价体系中,我们将资源类指标分为了 4 个部分,即教育资源、技术人力资源、科技投资资源和基础设施资源,下设 12 个三级指标。而在马萨诸塞州创新型经济评价体系中,资源类指标主要分布在创新能力部分,对此,我们进行对比分析。

(1)教育资源

浙江省创新经济的评价体系选择了学生数量、师生比、教育经费投入等指标来衡量创新型经济中的教育资源,而马萨诸塞州则选择了劳动力受教育程度、19～24 岁人口高中教育水平以及每千人获得中学以上学历的人数等指标。从指标选择上看,马萨诸塞州更强调中等教育的发展。中等教育水平在一定程度上影响着人口的基础素质以及职业选择,是更前端的教育资源。

(2)技术人力资源

浙江省创新型经济评价体系中的技术人力资源指标仅包括了每万人中 R&D 人员数和 R&D 人员全时当量这两个指标,而马萨诸塞州的技术人力资源评价指标则包括了科学、技术、工程及数学领域职业选择与学位、人才流动与吸引等指标。浙江省的评价体系着重于地区创新型经济目前的状态,而马萨诸塞州更看重发展的潜力,重视未来技术人力资源的持续性。人力资源是一个存量概念,但存在着一定的流动性,因此动态地看待技术人力资源能够更准确地反映地区创新经济的发展。

(3)科技投资资源

浙江省创新型经济评价体系中的科技投资资源指标包括 R&D 经费占 GDP 的比重、地方财政科技拨款占地方财政支出的比重以及规模以上工业企业 R&D 经费占产品主营业务收入的比重 3 个指标,而马萨诸塞州则选取了风险投资、学术研究行业基金及学术及卫生健康研发联邦基金等指标。两个地区均选取了政府对研发的投入作为评价指标。马萨诸塞州更强调研发过程的基础研究,而浙江省则更重视在企业实际商业化过程中的研发。

（4）基础设施资源

浙江省创新型经济评价指标体系中的基础设施资源指标包括每百家企业拥有的网站数、建成区绿化覆盖率、每万人图书馆拥有量3个指标，而马萨诸塞州从2016年起除了原有的住房能力指标外，纳入了基础设施这一指标，其包括宽带速度与接入数、工业电价以及大城市平均通勤时间3个指标，逐步重视基础设施对创新型经济的带动作用。

2.过程类指标分析

浙江省创新型经济评价指标体系中的过程类指标主要分为知识创新、技术商业化、创新开放性与技术独立性以及创新组织与活力4个指标。这些指标主要对应于马萨诸塞州创新型经济评价体系的创新活动部分。下面对两个地区评价体系中的过程类指标进行分析。

（1）知识创新

浙江省创新型经济评价指标体系中的知识创新指标包括每10万人申请授权专利数量和申请授权发明专利数量、每亿元研究开发投入所取得的专利数、研究与开发机构每万名R&D活动人员科技论文数，而马萨诸塞州在这一方面的指标包括：研发、学术论文产出、专利以及技术专利。两个地区在这个二级指标上比较类似，主要创新点还是集中在专利和科技论文方面。

（2）技术商业化和创新开放性与技术独立性

浙江省创新型经济评价指标体系中的技术商业化指标主要选取了技术市场成交额这一指标。创新开放性与技术独立性指标包括规模以上工业企业技术引进经费占本地区R&D经费内部经费比重、规模以上工业企业消化吸收经费与技术引进经费比例。对于马萨诸塞州而言，在这两个指标上没有明确的区分，而是对创新活动中的技术发展与商业发展部分进行了评价。其技术发展指标主要包括技术许可、小企业创新研究和技术转让奖励，而商业发展指标则包括商业形成、首次公开发行和收购兼并。浙江省创新型经济评价指标体系在这一部分涉及的指标并不多，而马萨诸塞州则从投融资角度、行业细分角度、企业发展角度都做出了相应的评价。

（3）创新组织与活力

浙江省创新型经济评价指标体系在这个指标上选择了规模以上企业 R&D 项目数和规模以上工业企业新产品开发项目数 2 个三级指标，而马萨诸塞州没有特别的指标对创新组织与活力进行评价。

3. 产出类指标分析

浙江省创新型经济评价指标体系中的产出类指标包括产业发展、居民生活、经济效益、可持续发展、数字经济 5 个二级指标，这一部分主要对应于马萨诸塞州的创新影响部分。

（1）产业发展与可持续发展

浙江省创新型经济评价指标体系中的产业发展指标包括高技术产品出口贸易额占商品出口额比重、高技术产业技术创新效果（高技术产业平均每一个新产品开发项目产生的销售收入）、规模以上工业企业人均主营业务收入 3 个指标，可持续发展指标则包括单位 GDP 工业废水、废气、固体废物排放量，单位 GDP 综合能耗 2 个指标。这 2 个二级指标马萨诸塞州都没有涉及。马萨诸塞州对于产业的关注体现在整个指标体系中，从一开始就设定了关注 10 个重点行业。但该州忽略了创新型经济发展过程中可能涉及的环境问题。当然，这也与马塞诸塞州主要发展高科技产业有关，这种智力密集型行业几乎对环境没有影响。因此，浙江省在创新型经济发展过程中要特别注重产业的转型升级，要以高端知识密集型产业发展为方向，最大限度地减少对环境造成的损害。

（2）居民生活

浙江省创新型经济评价指标体系中的居民生活指标包括城镇登记失业率和城镇居民人均可支配收入 2 个指标，而在马萨诸塞州的评价体系中有行业部门的就业与工资、职业与工资、家庭收入 3 个指标。两个地区的指标类似，只是马萨诸塞州更强调细分重点行业的就业率与工资。

（3）经济效益

浙江省创新型经济评价指标体系中的经济效益指标包括人均地区生产总值和贸易顺差（逆差）2 个指标，而马萨诸塞州则包括产出和出口两大指标。虽然两个地区指标不同，但是就测度而言，都能够很好地反映地区创新型经济所带来的经济效益。

（4）数字经济

浙江省创新型经济评价指标体系中的数字经济指标包括地区企业电子商务销售额和地区企业有电子商务交易活动的比重2个指标,而马萨诸塞州的评价体系尚未将数字经济纳入创新型经济指标体系的考量。

4.4.3 对比结论

将浙江省创新型经济评价指标体系与马萨诸塞州创新型经济评价指标体系进行对比,主要是以马萨诸塞州作为创新型经济发展的标杆,在指标选取上寻求新的思路。但是,在实际的过程中需要考虑两地发展的实际情况,有所偏重地选择指标。从上一节的分析中可以看到,两地的指标存在以下特点:

（1）浙江省创新型经济评价指标属静态范畴,注重对当前情况的描述与评价,而马萨诸塞州则偏重于指标的动态性,用发展的眼光看待指标的变化情况。马萨诸塞州的评价指标体系内涵"潜力"因素,使得其创新体系更具有延续性。

（2）浙江省创新型经济评价指标更注重整体性,而马萨诸塞州则注重细分产业。马萨诸塞州在评价一开始就提出了重点关注的十大行业,这些行业与马萨诸塞州创新经济的发展密切相关。

（3）区域特点决定了指标的选取。浙江省创新型经济评价指标体系选择了创新组织与活力、发展成本等作为指标,而马萨诸塞州则没有类似的指标。这主要是因为浙江省的创新型经济还处于基础阶段,在发展过程中可能会出现对环境造成污染的情况。而创新组织与活力的选取也与中国特色有关。

实 践 篇

第5章　技术创新驱动，探索增量领域

高质量发展的内核是技术创新，技术创新也是企业保持竞争优势和创造价值的内生变量，是经济增长的原动力（许庆瑞等，2002）。在跨界经济时代，日益动荡的市场和竞争环境给我国企业的生存和发展带来了新的挑战，如何利用技术创新寻找新增量是企业最为关心也是亟待解决的问题。

本章共分为五个部分。在5.1中，我们将给出涉及的概念，如两种技术创新类型、三种增量类型、三种路径类型的描述界定以及相关的理论基础；在5.2中，我们将首先对吉利汽车进行简介，然后通过对吉利汽车历年的专利数量、结构与盈利结构等进行分析，从整体层面讨论吉利如何对引进技术实施逆向工程并不断实现内部技术创新，从而获得国内的技术主导权，并将这个过程归纳为二次创新型路径；在5.3中，我们将首先对领克汽车进行简介，然后通过领克汽车的发展历程，讨论吉利如何利用从沃尔沃获得的外部技术创新，通过领克汽车开拓中高级汽车市场，并将这个过程归纳为合作蛙跳型路径；在5.4中，我们将首先对阿里云进行简介，然后通过阿里云的发展历程，讨论阿里云如何从阿里金融的云计算系统逐渐转型为独立的服务企业，并创造了国内的云计算服务需求，我们将这个过程归纳为价值创造型路径；在5.5中，我们将对以上内容进行总结。

5.1　本章的分析框架

国内后发企业是如何提高其技术创新能力的？现有研究指出，有两种主要方式：内部技术创新（in-house technology innovation）和外部技术创新（external alliance technology innovation）（Fan，2006）。其中内部技术创新主要指企业通过自身内部的 R&D 获得创新能力，进而提升创新绩效，实现对领先企业的追赶

（吴晓波等，2013），实现技术范式迭代乃至完成超越的过程（吴晓波等，2009）。对引进技术实施逆向工程并由此在内部进行技术创新，也属于内部技术创新的一种，本章中的吉利汽车案例正是这种情况。外部技术创新的界定与企业内部的 R&D 相对应。此概念最早可以追溯至 Henry W. Chesbrough（2003）提出的开放式创新（open innovation），即认为"企业与周围环境间的边界是多孔、可渗透的，知识可以在二者间进行流动。更为具体的表现是，企业可以将来自外部企业、消费者、供应商等的创意、技术、创新产品进行商业化"。在本章的界定中，我们对这个概念作更为精确的描述："外部技术创新是指企业通过与外部联盟的合作这一互补途径，实现技术引进，完成技术本土化的技术创新过程。"

对于增量的界定在现有文献中还较少出现，但与这种增量相关的学术概念很多，例如颠覆式创新（disruptive innovation）中的新市场破坏现象（chritensen, et al.，2007）、新兴技术（emerging technology）（Marc, et al.，2008）以及制造业服务化（Andy, 2009）等，其中最关键之处在于能够根据现有业务与技术创新提出全新的价值主张，从而创造需求。

因此，本章根据案例资料抽取出了三个维度（技术、市场与需求）的增量构念，即技术突破、市场拓展与需求创造。其中，"技术突破"指的是"企业通过自主研发实现了流程技术、卡脖子技术、关键共性技术等技术的范式突破，使得企业完成技术范式的迭代"（吴晓波等，2008）；"市场拓展"较容易理解，指的是"企业通过技术创新对现有业务的市场份额进行扩张，或在现有业务范围内扩大低端市场或高端市场的市场份额占比"；"需求创造"指的是"企业利用技术创新提出了与原有业务完全不同的价值主张，为消费者创造了新的消费需求，创造了具有开辟一片全新市场潜力的新业务"。

本章根据现有研究，将技术创新分为内部技术创新与外部技术创新，将增量分为技术突破、市场拓展以及需求创造三种增量。本章以吉利汽车、领克汽车和阿里云三个案例为主体，归纳了传统技术的行业代表（吉利）与新兴技术的行业代表（阿里云）如何通过技术创新寻找新增量的三条路径，即"二次创新型路径""合作蛙跳型路径""价值创造型路径"，并通过这些案例描述了企业如何通过这些路径获得持续性的竞争优势与价值增长（如图 5-1 所示）。

值得说明的是，由于我国企业大部分属于后发企业，其实现高质量发展的过程可以被认为是在现有范式下向更远的技术轨迹延伸的过程（吴晓波等，2008），

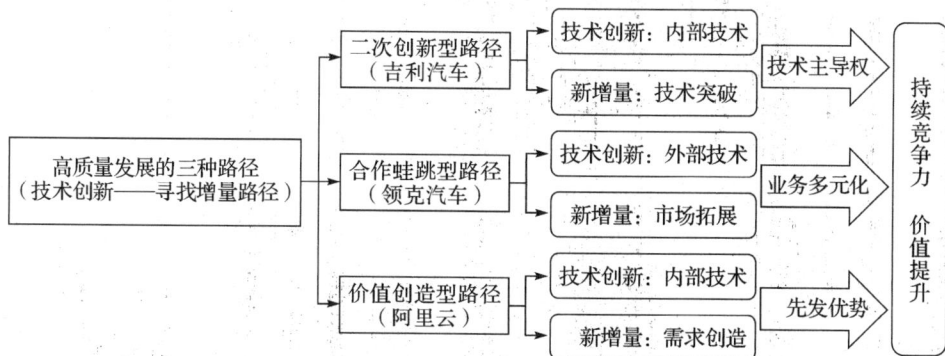

图 5-1   技术创新寻找新增量的三条路径

本章中提到的"技术创新——寻找增量路径"的意义并非指出中国企业应成为高质量发展的企业,因为在既定的线性技术范式下,企业实现更远的技术轨迹延伸——高质量发展是一个板上钉钉的必然结果。因此在后发情景下,"中国企业如何实现高质量发展"这一问题应当被更为精准地定位为"中国企业如何快速实现高质量发展",这本质上是一个如何改变技术轨迹延伸的相对速度的问题。

接下来,本章将基于这些与技术、增量相关的构念界定与理论基础,在对三个案例(吉利汽车、领克汽车与阿里云)进行分析的基础上总结出企业利用技术创新寻找增量的路径。

5.2   吉利汽车:二次创新型路径

本节首先介绍二次创新型路径的相关理论基础,然后以吉利汽车为主要案例对该路径作进一步说明。通过对吉利汽车历年的专利数量、结构与盈利结构等进行分析,从整体层面讨论吉利汽车如何对引进技术实施逆向工程并不断实现内部技术创新,并将这个过程归纳为二次创新型路径。

5.2.1   吉利汽车案例的理论基础

考虑到我国企业的后发情景,高质量发展可以看作是现在具有低阶能力的企业向具有高阶能力发展的渐进过程。更为学术的观念是,高质量发展的过程可以被认为是在现有范式下向更远的技术轨迹进行延伸的过程。正如前文所提到的,本章中提到的"技术创新——寻找增量路径"的意义并非指出中国企业应如何成为高质量发展的企业,因为在既定的线性技术范式下,企业实现更远的技术轨迹延伸——高质量发展几乎是一个板上钉钉的必然结果。我们的重点不在于判断企业是否会向高阶能力发展,而是总结管理规律以帮助企业缩短迈向高阶能力的时间。

现有的理论指出,"技术追赶是在一个既定的、唯一的技术轨道上的相对速度问题,而技术创新是方向明确的累计过程"(Lee & Lim, 2001),企业在追赶的过程中,通过技术创新实现技术突破、市场拓展或需求创造,从而更快地实现高质量发展。因此本章基于追赶理论来阐释"技术创新——寻找增量路径",从而为中国企业的未来发展提供参考。

我们从技术追赶的角度来分析高质量发展。先是存在一条先行者走过的路径,后发者追赶的最简单路径应当与这条路径所包含的阶段相同,由于缺少了探索路径的过程,后发者沿着这条路径发展的时间比先行者短,这就是改变相对速度的第一条路径,如图 5-2 所示(时间长短以箭头长度给出)。

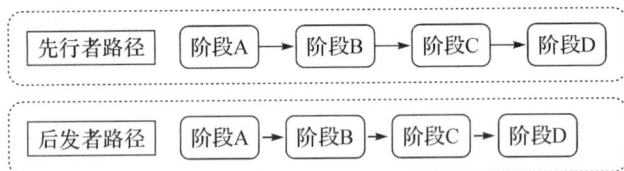

图 5-2　二次创新型路径

因为技术创新的积累本质上是企业知识积累的过程,为了更为契合本章的案例,根据情景化原则(Tsni, 2006),本章将这条路径概括为"二次创新型路径",并将这种路径定义为:"后发企业通过内部技术创新,相较于先行者更快速地完成知识积累,从而实现技术突破,获得了技术维度的新增量。"值得说明的是,二次创新理论强调对引进技术的创新,本节分析的一个隐性假设就是企业已经完成了对技术的引进(因为后发者沿着先行者路径演化必然需要完成先行者的技术引进,这是我们的分析基础),在此基础上进行内部技术创新。

5.2.2   吉利汽车简介

浙江吉利控股集团有限公司于 1997 年进入轿车生产领域，成立了吉利汽车公司（以下简称"吉利汽车"）。其总部设于杭州，在临海、宁波、上海、兰州、湘潭等地建有汽车制造工厂，拥有约 40 万辆整车制造的年产能。自 2012 年以来，吉利汽车连续 8 年入选世界 500 强名单，从最开始的 475 位到 2019 年的 220 位，8 年间持续上升了 255 位。由于其快速的后发历程、自主技术创新能力与产品高附加值，本章选择吉利汽车作为"二次创新型路径"的案例描述。吉利汽车的发展历程如图 5-3 所示。

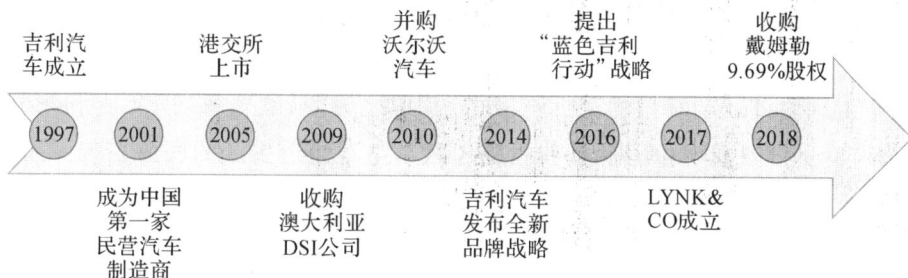

图 5-3   吉利汽车发展历程①

5.2.3   从内部技术创新实现技术突破

专利是反映技术创新的重要指标，其在一定程度上能反映企业技术创新程度和知识水平与结构，对制造业企业的高质量发展有很强的推动力。本节从专利视角分析吉利汽车发展壮大的阶段性技术创新特征。二次创新理论指出，后发制造业的发展将先后经历技术引进、技术本土化、技术功能性改进三个阶段（吴晓波，1995）。吉利汽车 1997—2007 年的发展，可以用二次创新理论概括为通过成本竞争的发展，其 2007 年以后的发展，可以概括为以技术突破为基础的高质量发展。本质上，吉利汽车的发展过程是企业二次创新乃至一次创新的过程，其转折点是吉利以 2007 年 5 月的《宁波宣言》为标志的战略转型。接下来，我们将用纵向的专利申请数与几年来专利申请数的变化来描述这个转型过程（见图 5-4）。

---

① 盖世汽车研究院.吉利汽车业务研究报告[R],2019.

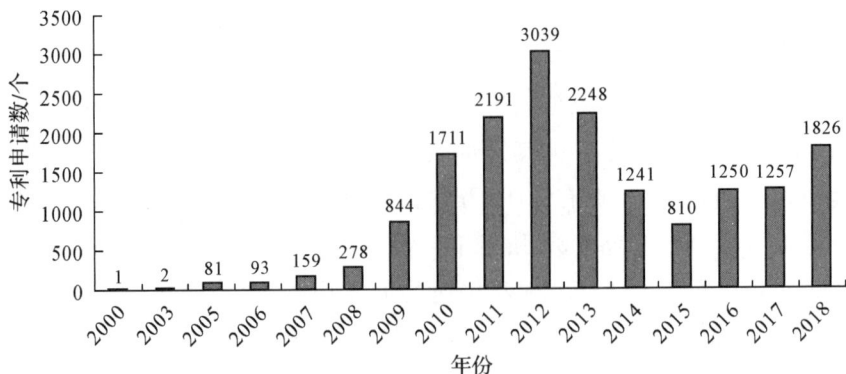

图 5-4　吉利汽车历年专利申请状况[①]

图 5-4 反映了吉利汽车专利申请数量的发展态势。吉利汽车技术创新的起点在于对国内外成功车型的分拆与模仿,其称之为"描红"。1997 年吉利汽车通过解构"奔驰""红旗"等车型,初步搭建了汽车整车制造生产的底盘系统、零部件体系等。1998 年吉利汽车建立了第一条生产线。1999 年吉利汽车的年产量达到 1600 辆,并全部实现销售。

1999 年吉利汽车开始研发第一款自主开发的发动机。2002 年吉利汽车实现了发动机产业化。2002 年吉利汽车启动自动变速箱的自主研发工作。2005 年吉利汽车完成了自动变速箱产业化,实现了国内自动变速箱技术的突破。2003 年吉利汽车开始研发电动助力转向系统(EPS)。2004 年吉利汽车成功自主研发中国的第一台电动助力转向器,同年获国家一项发明专利与实用新型专利,为后续汽车及其关键部件的内部技术创新奠定了基础。

2007 年 5 月,吉利汽车开始实施战略转型,这一转型主要以《宁波宣言》[②]为标志,吉利汽车开始从成本竞争向品质竞争转变,用我们今天的观点来看,即进入了高质量发展阶段,逐步实现从"技术吉利"向"品质吉利"的战略转型。

从图 5-5 中不难看出,2007 年以后吉利汽车的实用新型专利申请数开始快速增长,边际增长率高于其他类型的专利,这说明吉利汽车在完成二次创新后获

---

① 王晓义,陈洁云. 专利技术支撑宁波汽车制造业高质量发展的路径探索——以吉利汽车为例[J]. 宁波经济(三江论坛), 2019(11):11-15.

② 2007 年 5 月 18 日,吉利汽车的吉利远景系列全球上市仪式在宁波基地举行,吉利远景和经销商联合发表《宁波宣言》,做出品牌战略转型的决定。

得了相关技术的知识积累,从而具备了技术突破的可能性。这种变化与吉利汽车从成本竞争向品质竞争的战略转型密切相关,实用新型专利申请数量的暴增意味着吉利已对现有技术有了相当程度的功能性理解。

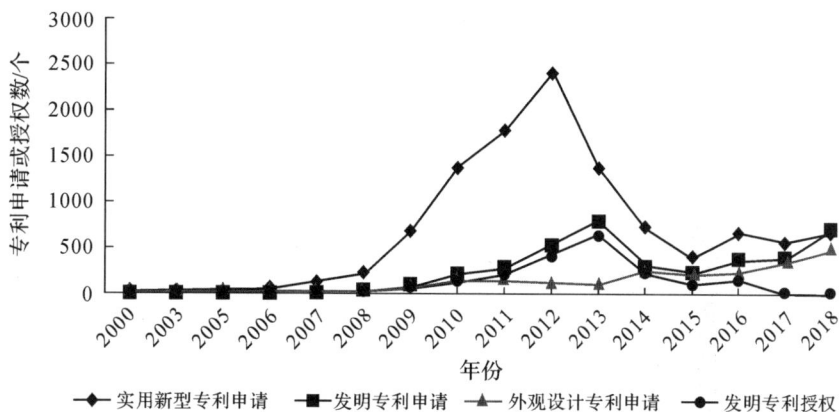

图 5-5　吉利汽车专利结构发展态势①

中价值与高价值专利的数量也在 2008 年后同步快速上升,吉利汽车的技术研发由此进入数量和质量同步增长的阶段。本书采用的高、中、低价值专利的分类依据为:高价值专利包括有 PCT 国际申请的授权专利、有过运营(许可、诉讼、无效、质押、保险、外购等)或获奖历史的授权专利、公司重要产品/技术关联的专利(基础专利、核心专利、关键专利等)、针对竞争对手/产品布局的专利;中价值专利包括公司普通产品/技术关联的授权专利;低价值专利包括为追求数量而编写的无对应产品的授权专利、无效专利(未授权或已失效的专利等)。

经过战略转型,吉利汽车的产量与销量稳定增长,高质量发展的一个重要指标——产品品质和用户满意度持续提高。例如在 2007 年由中国质量协会与全国用户委员会公布的全国轿车用户满意度测评调查报告中,吉利自由舰车型获得了所在细分车型的第一名。此外,在质量可靠性测评中,吉利自由舰也占领榜首的位置②。

---

①　王晓义,陈洁云. 专利技术支撑宁波汽车制造业高质量发展的路径探索——以吉利汽车为例[J]. 宁波经济(三江论坛),2019(11):11-15.

②　中国质量协会,全国用户委员会.全国轿车用户满意度测评调查报告[R],2007.

　　经过前期发展,吉利汽车的专利申请数在 2012 年达到一个顶峰后下滑,在整体下滑的态势中,如图 5-5 和 5-6 所示,发明专利的申请数 2012—2013 年仍在上升,2012 年以后下降幅度最大的是低价值专利申请数,高价值专利申请数 2012—2013 年仍在上升。而且中价值专利申请数在 2015 年后开始大幅上升。2012 年出现的专利申请数下滑反映出吉利汽车在现有技术范式中做出的技术创新已进入边际递减状态,接近了现有范式的天花板。对此,吉利汽车需要做出不同于原有范式的技术创新,进而获得新的业务增量点。

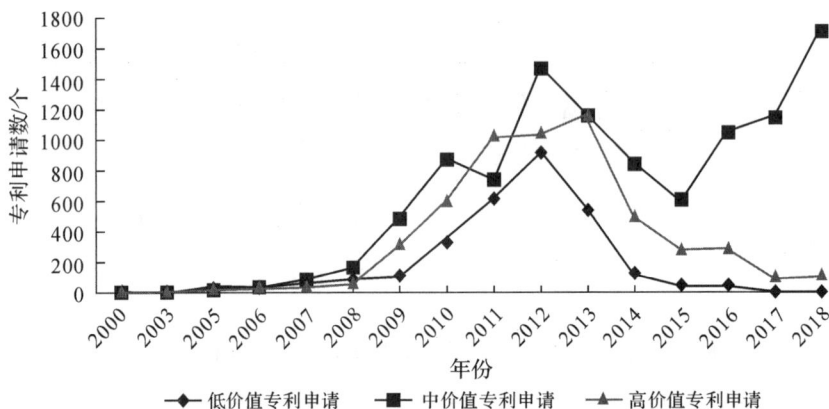

图 5-6　吉利汽车不同价值专利申请变化态势①

　　内部技术创新带来的红利不止表现在销量上,还有吉利汽车附加值的攀升,具体体现在吉利汽车 2009 年以后的净利率、毛利率逐年上升且远高于行业水平,如图 5-7 所示。

　　吉利汽车的成长离不开内部技术创新,在本节中我们将吉利汽车的内部技术创新以专利数量进行体现。吉利汽车以其 1997—2007 年的二次创新作为知识积累,2007 年后量变引发质变,使得其对原有的流程技术、市场技术、共性技术、卡脖子技术实现突破。这是知识积累带来的技术维度新增量。另一个较为具体的证据是吉利汽车的技术主导权——新能源技术。在纯电动汽车技术上,吉利实现了电机技术、电池技术与电控技术的自主化,2018 年其电池续航里程

　　①　王晓义,陈洁云.专利技术支撑宁波汽车制造业高质量发展的路径探索——以吉利汽车为例[J].宁波经济(三江论坛),2019(11).

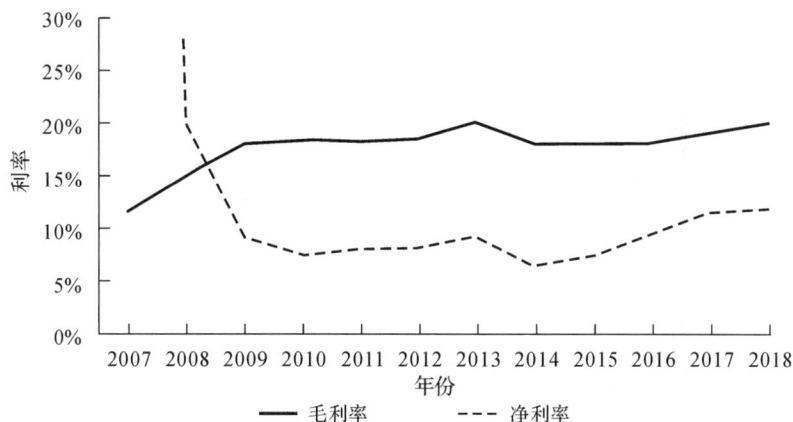

图 5-7 2007—2018 年吉利汽车毛利率与净利率

达到了 400km。

总的说来,吉利汽车通过二次创新实现对引进技术的解构,再到内部技术突破(技术维度新增量)获得技术主导权的过程,仍然是在现有技术轨迹下按照既有路径发展的过程,只是这个过程的相对速度较先发企业更为迅速,我们将这条路径概括为"二次创新型路径"。

5.3 领克汽车:合作蛙跳型路径

本节首先介绍合作蛙跳型路径的相关理论基础,然后以领克汽车为案例对该路径作进一步说明。基于领克汽车的发展历程,本节讨论了吉利集团如何利用从沃尔沃获得的外部技术创新,通过领克汽车开拓中高级汽车市场,并将这个过程归纳为合作蛙跳型路径。

5.3.1 领克汽车案例的理论基础

后发者面临先行者给出的路径时,可以选择通过外部联盟获得的外部技术创新替代自身内部的技术创新,这意味着后发企业可以在一定程度上遵循发展路径,但跳过了某个阶段,从而节省了时间,加快了实现高质量发展的相对速度,如图 5-8 所示。

| 先行者路径 | 阶段A | → | 阶段B | → | 阶段C | → | 阶段D |
| 后发者路径 | 阶段A | → | | | 阶段C | → | 阶段D |

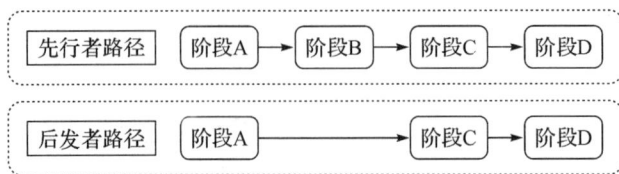

图 5-8　合作蛙跳型路径

结合本章的案例,根据情景化原则,本章将这条路径概括为"合作蛙跳型路径",并将这种路径定义为"后发企业通过外部联盟实现外部技术创新,从而具有开拓新市场的潜力,获得了市场维度的新增量"。

5.3.2　领克汽车简介

领克汽车公司(以下简称"领克汽车")是由吉利控股集团、吉利汽车公司与瑞典沃尔沃汽车公司(以下简称"沃尔沃")合资成立的定位于中高级车市场的独立合资公司,其中由吉利汽车公司持股50%,沃尔沃汽车公司持股30%,吉利控股集团持股20%。沃尔沃与吉利汽车通过相互授权的方式实现技术共享并进行零部件采购。吉利汽车与沃尔沃共同成立了 CEVT(China Euro Vehicle Technology)中心。该中心目前是领克汽车的工程和设计团队的总部所在地。吉利汽车和沃尔沃联合开发了 CMA(Compact Modular Architecture)平台与汽车动力系统,并进行与汽车相关的基础理论研究,例如数学、物理、材料、计算机等。

5.3.3　从外部技术创新实现市场开拓

2007 年以前吉利汽车的主要竞争方式为成本竞争,市场定位也主要为低级车型。为了在现有业务范围内扩大高端市场的市场份额占比,吉利面临的两个难题是:(1)在现有研发模式下开发中高级车型成本较高,难以保证高附加值的多元化生产需求;(2)现有品牌价值难以支撑中高级车型较高的售价。

对于第一个难题,先发汽车制造企业的解决方法是开发模块化整车平台。例如,国际各大车企均已配备各自的模块化平台,模块覆盖在产各车型及各级市场。模块化平台的优势十分明显。首先,模块化平台能够将零部件通用化率提升至70%以上,大大缩短新车型的研发周期及研发成本;其次,企业不同车型之间能够实现不同类型车型的平台共享,从而可提升企业车型的延展性。例如,大众的 MQB 平台和 MLB Evo 平台、奔驰的 MFA 平台、宝马的 UKL 平台、通用的 Global Delta /D2XX 平台、丰田的 TNGA 平台、沃尔沃的 SPA 平台都是有名的代表性模块化平台。

以大众公司为例,众多子品牌车型的设计、生产被整合为横置发动机、纵置发动机、后置发动机、中置发动机以及电动车,共计五个模块化平台。据大众汽车官网介绍,大众汽车可以通过模块化、架构化,实现 A00 或 C 级车的模块通用,并且在相同模块下可进行不同的性能调校。更为具体的,相较于传统的造车平台,模块化平台制造有如下两个优势。

(1)传统的造车平台对应的车型只能是单一级别的车型,只有底盘件共用,这极大地约束了车型的尺寸;模块化平台对应的车型可小幅拓展,对应车型的尺寸约束较小。

(2)模块化平台可以覆盖与拼接任何车型,且不约束整车的尺寸和性能。

通过模块化平台,大众、奥迪等已实现在高质量发展的品牌中覆盖多个级别的车型,实现用一个平台进行跨车型、跨产品生产,极大地降低了不同车型的开发成本,提高了零部件的通用率,并且实现了批量化的大规模生产。大众汽车凭借 MQB 等模块化和平台化衍生不同的车型,满足了不同需求的消费群体,并迅速盘踞各个利基市场。

针对第一个难题,虽然吉利汽车依然可以采用我们前文中提到的"二次创新型路径",但耗费时间较长,此时更好的解决方案是直接利用外部技术创新,帮助企业以"蛙跳"跨过这个耗时较长的阶段,使得企业可以直接利用外部技术创新成果来拓展市场业务,获得市场维度的新增量。

2010 年吉利控股集团完成了对沃尔沃公司的全部股权收购。在收购完成后,吉利和沃尔沃之间在技术创新方面展开合作,其重要事件罗列如表 5-1 所示。

表 5-1　吉利收购沃尔沃与模块化平台历程

时间	技术整合措施	内容
2010 年	收购沃尔沃	吉利控股集团正式完成对沃尔沃的全部股权收购
2011 年	引入沃尔沃技术	沃尔沃在张家口投建了发动机基地主体工程
2011 年	设立沃尔沃中国区总部	沃尔沃中国总部在上海嘉定成立
2012 年	签订技术转让谅解备忘录	吉利旗下品牌被允许使用沃尔沃汽车授权的技术
2013 年	成立 CEVT	瑞典 CEVT 研发中心成立,共同开发紧凑型模块化基础架构(CMA)
2015 年	产品落地	吉利博瑞上市
2017 年	CMA 平台投产	CMA 平台首款车型领克 01 上市

其中,吉利汽车与沃尔沃汽车双方联合成立欧洲研发中心,共同打造 CMA 紧凑型模块化基础架构。这里的模块化技术即为本章主要强调的外部技术创新。

CMA 平台搭建了吉利汽车与沃尔沃汽车的次代中级车的模块化体系基础,满足了沃尔沃汽车和吉利汽车对未来产品的多元化需求,确保沃尔沃和吉利之间可以实现平台共享(如零件、模块等),具体的工作共享说明见图 5-9。

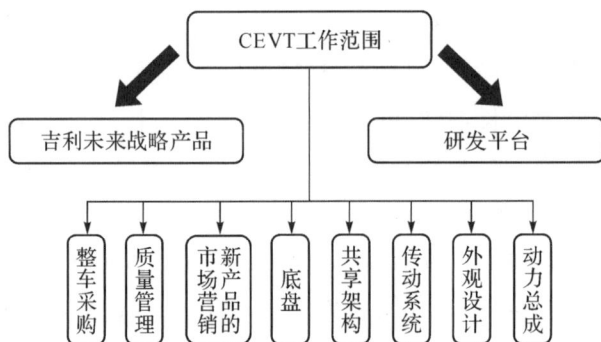

图 5-9　工作共享说明[1]

更为重要的是,正如前文讲到的,缺乏模块化架构是吉利汽车进行业务市场拓展的瓶颈,但通过与沃尔沃合作,吉利获得了以"蛙跳"越过这个阶段的外部技

---

① 盖世汽车研究院.吉利汽车业务研究报告[R],2019.

术创新成果。正如领克汽车官网写道的:"CMA 中级车的基础模块架构使得领克汽车可以研发从 A0 到 B 级的所有车型,此外沃尔沃最新的动力总成科技和自动驾驶等技术都逐渐被导入到我们的产品研发中。"领克汽车正是吉利依靠"合作蛙跳型路径"实现的市场拓展成果。以 CMA 平台的升级版 BMA(B-segment Modular Architecture)平台为例,更为具体的高质量发展成果罗列如下。

(1)模块化平台提高了公司的零件通用化率,提升了部件质量,降低了研发成本。未来 BMA 架构体系下的零部件通用化率最高可达 70%,助力减少研发过程中的重复验证工作,并保证供应商部件质量的稳定。

(2)研发成本降低 20%～30%,研发周期缩短 30%～50%。一般而言,传统新车研发周期在 36～40 个月,采用模块化平台后,研发成本比传统平台降低了 20%～30%,新车研发周期更是减少到了 18～24 个月[①]。

(3)传统能源与新能源车型的同步开发。CMA 平台的升级版 BMA 平台添加了对新能源车型的技术支持,能够迅速同步开发各类混合动力车型。

这种外部技术创新同时也解决了前文提到的第二个难题"现有品牌价值难以支撑中高级车型较高的售价"。通过与沃尔沃签订合资协议,成立合资品牌领克(LYNK&CO),在沃尔沃的品牌价值加持下,领克汽车获得了对标中高级车型市场的能力。在销量上,2018 年领克 01 型车共销售 78235 辆,领克全系销售 12 万辆,全年销售占比 8.02%。领克汽车相较吉利汽车的销售占比从 2017 年 12 月的 4%,持续提升至 2019 年 2 月的 8.71%(见图 5-10)。

通过外部技术创新"跳过"知识积累的某阶段,获得了市场业务拓展能力(市场维度的新增量),我们将这个过程归纳为"合作蛙跳型路径"。

---

① 　盖世汽车研究院.吉利汽车业务研究报告[R].2019.

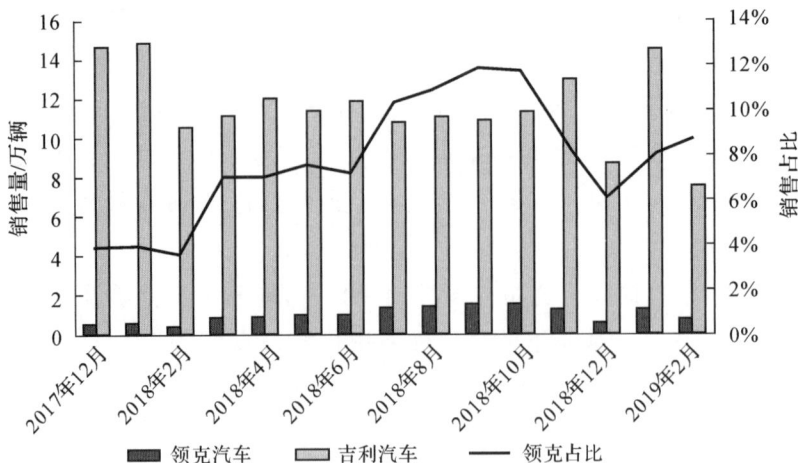

图 5-10　2017—2019 年领克汽车、吉利汽车销量占比趋势①

5.4　阿里云:价值创造型路径

本节首先介绍价值创造型路径的相关理论基础,然后通过对阿里云发展历程的分析,讨论阿里云如何从阿里金融的云计算系统逐渐转型为独立的服务企业,并创造了国内的云计算服务需求。我们将这个过程归纳为价值创造型路径。

5.4.1　阿里云案例理论基础

前文中已经对两种发展路径进行了描述,接下来我们进入第三种路径的推导:后发者面临先行者给出的路径时,既可以选择自身内部的知识积累,也可以选择将通过外部联盟获得的外部技术创新用于替代自身内部的技术创新。但以上两种逻辑都是按照先行者的既有路径为基础进行推导的,那么,此时就出现了一个更为有趣的路径,即不按照先行者的路径进行发展,而是自身创造出一条新的路径朝着高质量发展进步。现已有相当多的理论指出这种现象的存在,例如颠覆式创新理论中的新市场破坏现象(Schmidt & Durehl,2008)、新兴技术

---

① 盖世汽车研究院.吉利汽车业务研究报告[R].2019.

(Rotolo，et al.，2015)以及制造业服务化(周大鹏，2013)等，其中最重要之处在于能够基于现有业务与技术创新提出全新的价值主张，从而创造新的需求。这显然是一种可以缩短发展时间、改变相对速度的途径，如图 5-11 所示。

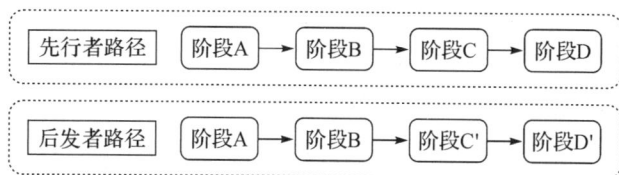

图 5-11 价值创造型路径

在本章中，这种路径被命名为"价值创造型路径"。本章将其定义为"企业基于内部技术创新，在现有技术范式下，沿着既定技术轨迹提出了全新的价值主张，从而创造了需求维度的新增量"。

5.4.2 阿里云简介

阿里云计算有限公司创立于 2009 年，是阿里巴巴集团旗下的子公司，其服务对象为制造、金融、政务、交通、能源等多行业企业，其中包括诸多行业领导者，例如中国联通、中石化、飞利浦、华大基因等。在面对淘宝"双 11"促销活动、12306 春运购票等数据处理难题时，阿里云表现优异。根据 IDC 2019 年的报告[①]，阿里云以 19.6% 的市场占有率位列亚太市场第一，在全球云计算市场中，阿里云位列全球第三。由中国工程院院士王坚带头研发的中国第一套自主研发的云计算大规模操作系统——飞天(Apsara)就诞生在阿里云。这项重大的内部技术创新可以将遍布全球各地的服务器串联为一台超级计算机，以在线公共服务的形式提供计算资源。

本章选择阿里云这一中国新兴技术行业的代表作为典型案例，来描绘"价值创造型路径"。

5.4.3 从内部技术创新实现需求创造

根据 IDC 2019 年的数据[②]，阿里云在中国云计算市场占据第一的市场份额。

---

① IDC，2019 年全球云计算报告[R]．2019．

② IDC，2019 年全球云计算报告[R]．2019．

阿里云在中国市场中是如何占领统治地位的? 本章将其归因于先发优势。虽然早在 2006 年亚马逊 AWS 就提出了 S3 存储服务、SQS 与 EC2 虚拟机服务(这通常被认为是云计算服务的开端),但在国内这一市场尚未出现。通常而言,对于大多数企业来说,硬件采购和租用 IDC 机房是主流的信息技术基础设施构建办法。此外,宽带、交换机、软件安装、网络配置、虚拟化等工作仍需要专业人员负责,发生故障时,调试的反应、延误周期也较长。这样的做法导致成本大幅增加,而成本最优的方案是将计算能力放在云端,企业按照需求使用计算能力,共同承担成本。正是由于云计算,之前的流程可以被认为封装在一个黑箱中,企业不必自行搭建这个黑箱或了解其中原理就可以直接进行利用。这种整体的服务化需求,在中国市场中正是由阿里云创造并逐渐成熟的,即从早期单一功能、不稳定且缺乏统一定义的计算服务发展为我们现在所认知的安全、稳定且具备完整延展性的云计算服务。这其中的内在机制我们可以理解为,内部技术创新使得新兴技术(指具有潜力改变一个产业或创造新产业的技术)(Rotolo, et al., 2015)发展成熟,并创造了全新的市场需求。但在最初,阿里巴巴仅仅是把云计算技术作为自身业务的技术支撑模块,至于这种技术的商业化则是一种价值主张的改变。

云计算业务的诞生与阿里巴巴的淘宝业务有关。在淘宝"双 11""618"等促销活动期间,大量消费者蜂拥抢购,订单量暴增,但活动结束后,订单量减少到正常水平。这使得平台的计算能力需要具备高度的动态性——促销前的快速扩容,促销后的快速降容,按需使用。此外,电商业务还面临着大并发量的业务数据处理难题带来的高问题处理成本。

在当时的阿里巴巴的信息设备中包含着大量 IOE(IBM 小型机、Oracle 商业数据库与 EMC 集中式存储),并且按照当时淘宝、支付宝等产品用户的增长速度,阿里巴巴的百 TB 级别 Oracle 集群也很快就无法支撑业务发展。阿里巴巴当时的一个尝试是把数据迁移到 Greenplum,但 Greenplum 无法解决百台机器规模下的瓶颈难题,这约束了阿里巴巴的业务增长。当时的阿里巴巴首席架构师王坚认为,不论是 Oracle 还是 Greenplum 都不是大规模、高动态计算的最佳方案,最佳方案应该是自主研发的(具有自主控制权的)大规模分布式数据处理架构,这就是飞天系统的雏形。

但正如前文所提到的,云计算技术实际是一种新兴技术,虽然有着巨大的市场潜力,但很多都还处于理论阶段,商业化难度非常高,更缺乏统一的市场认知与标准。正如阿里云创始员工聂万泉曾在访谈中提到的:"前期的阿里云是摸着石头过河,没有人明确指出云计算是什么,从最初的虚拟化主机到后来的飞天系统,再到现今的云计算,阿里云从技术驱动转变为技术市场双驱动的模式。"

这种技术商业化的困难也直接导致了当时的市场几乎对云计算技术没有需求。阿里云计算有限公司在 2009 年从阿里巴巴的技术支撑业务部门转型为服务企业后面临的难题在于不被市场认可,难以获得订单。为了解决这个问题,马云让阿里金融成为阿里云的第一个客户,帮助阿里云发现错误并成长。2010 年4 月阿里金融部分产品在飞天系统上线时,经常出现不稳定的故障以及数据错误等情况。

解决这些问题的方法在于内部技术创新。本节将其重大技术创新事件梳理如下:

• 2009 年,阿里巴巴启动"云梯"计划,开始攻克同时调度 5000 台服务器技术架构的 5K 项目。

• 2013 年 6 月,5K 项目进入最终的稳定性测试阶段。经过断电测试,完全成功,云梯系统未丢失任何数据。

• 2013 年 8 月,阿里云突破了同一集群内 5000 台服务器同时进行计算的限制,突破了历史,标志着飞天云计算操作系统的成功。

• 2019 年,阿里云拥有了百万台级服务器的串联能力,同一集群内可达 1万台的规模,10 万个进程达到毫秒级响应。

值得一提的是,在 2019 年的淘宝"双 11"促销活动中,全部核心业务由阿里云支撑,订单创纪录地达到了 54.4 万笔/秒,当日的数据处理量达到 970PB,阿里云支撑住了"双 11"的世界级流量海啸。

通过内部技术创新,飞天云计算操作系统攻克了计算资源调度、存储管理与多源异构数据计算等多个卡脖子技术,这些技术的突破,使阿里云实现了跨数据中心的资源调度管理。在完成可供商业化的技术创新后,阿里云开始提供不同的价值主张来创造市场需求。从 2011 年 7 月开始,阿里云大规模对外提供计算、存储、数据库与网络等核心服务。截至目前,飞天系统已为全球各地的数十亿用户提供云计算服务,并面向数十个行业提供解决方案。

阿里云不但为自身提供了新增量,还以跨界的形式为其他产业创造了增量,例如:在交通行业,有阿里云支撑的杭州城市大脑项目目前实时指挥着1300余个红绿灯路口,极大地减轻了杭州的交通拥堵状况;在制造行业,阿里云帮助企业计算上千个参数的最优解,提高了制造的良品率;在政务行业,浙江"最多跑一次"工程在飞天云计算操作系统的支持下,打造了全省一体化建设的公共数据平台,形成了公共信用电子证照等信息库,极大简化了办事流程,居民只需要一张身份证就可通办300余项民生事项。

在云计算行业,阿里云也并非没有竞争者,但由于先发优势的存在,阿里云仍然能够以技术优势与成本优势占领国内市场的统治地位。2013年,UCloud等第三方云计算服务企业成立,AWS公司进入中国市场。阿里云的应对措施是,在2014年开始第一次降价服务,直到今天阿里云仍旧维持定期的降价频率,阿里云的先发优势与资源优势开始体现出来。在先发优势下,阿里云维持着自身的统治地位。2015年,铁路12306购票网站采用飞天系统服务方案,在春运高峰时承担了75%的计算流量。此外,2015年阿里云在云服务行业首次发起数据保护倡议,承诺保护用户的数据。2016年8月阿里云发布人工智能ET,以云计算技术为基础进军AI产业。其代表作"ET大脑"已经在多个领域落地,例如环境、农业、工业、医疗等。

总的说来,阿里巴巴通过内部技术创新实现知识积累,但不同于"知识积累型路径",阿里巴巴并未只是把这种技术作为自身业务的支持基础,而是提出了不同的价值主张,即通过阿里云将这种技术服务于外部企业,从而创造了中国云计算市场的需求,阿里云成为先发者并在这个市场获得了先发优势(主要是技术优势与成本优势),持续占领着领导者地位。这个过程中,从内部技术创新到价值主张转变又到全新需求的创造再到先发优势的获得,不同于前两条路径,因为原本市场中的后发者被称为新市场中的先行者,我们将这条路径概括为"价值创造型路径"。

5.5　结语

高质量发展的内生变量是技术创新,技术创新也是企业维持竞争优势和创造财富的源泉,是经济增长的原动力。在跨界经济时代,日益动荡的市场和竞争环境给我国企业的生存和发展带来了新的挑战，如何利用技术创新寻找新增量并实现高质量发展，本质上是中国的后发企业从现阶段的低阶技术水平向高阶技术水平靠近的相对速度问题。

本章根据现有研究，将技术创新分为内部技术创新与外部技术创新，将增量分为技术突破、需求创造以及市场拓展三种增量，以吉利汽车、领克汽车、阿里云三个案例为主体，归纳了一个传统技术行业代表（吉利）与一个新兴技术行业代表（阿里云）如何通过技术创新寻找新增量的三条路径，即"二次创新型路径""合作蛙跳型路径""价值创造型路径"，并通过这些案例描述了企业如何通过这些路径获得持续性的竞争优势与价值增长。

此外，这里也给出相应的管理启示：第一，企业应当坚持内部自主研发投入。通过研发投入，企业可以实现从二次创新到一次创新，从量变到质变，从而实现卡脖子技术、关键流程技术的突破，获得技术主导权。第二，企业应当积极与外部企业合作。最佳的合作方式是引进与自身互补的技术，从而提升自身的技术创新水平，在现有业务基础上拓展市场份额。第三，企业对于自身技术应当从多个角度思考其应用场景，尝试提出不同的价值主张，并由此创造新的市场需求。第四，以上途径可以混合使用。企业需要积极尝试，针对变化的制度、市场情景，提出自身的高质量发展组合方案。第五，企业应当根据不同的路径制定动态创新战略，由战略导向引导路径发展。第六，企业应当根据所选路径引导自身组织结构变化，因为管理能力是约束企业扩张的瓶颈。技术创新带来的高质量生产能力需要不同的组织架构进行协调，满足高质量发展的协调需求，从而获得技术创新的潜在经济效益。

第6章　商业模式创新，探索增量领域

现代管理学之父彼得·德鲁克曾说过："当今企业与企业之间的竞争，不是产品与产品、服务与服务之间的竞争，而是商业模式与商业模式之间的竞争。"企业在探索增量领域，向更高发展阶段跃升的紧要关口，对商业模式进行创新尤为关键。企业需要突破不合时宜的传统商业模式，结合信息化和工业化融合的新要求，构建有市场竞争力和持续发展能力的新兴商业模式。商业模式创新有利于企业抓住技术范式转变的机会窗口，实现弯道超车；也有利于企业开展产品或服务创新，实现技术的商业化；还利于企业开拓新的市场领域以及获取新的市场资源。而效率导向的商业模式创新还可以加快企业的市场扩张速度。总之，商业模式创新可以助力企业探索增量领域，从而实现高质量发展。

6.1　本章的分析框架

商业模式是对企业如何向客户提供产品或服务并获取利润的整体描述，即企业赚钱的逻辑。关于商业模式的概念，国内外学者各有见解，但关于商业模式的核心，学者们一致认为是价值创造、价值传递和价值获取机制。学者普遍强调商业模式要从顾客价值主张出发，以顾客为中心开展价值创造和价值传递，最终在实现顾客价值的同时获取企业价值。据此，"价值主张—价值创造—价值传递—价值获取"构成商业模式的线性价值逻辑。

所谓商业模式创新，不是对商业模式基本要素以及要素之间关系进行"范式的转变"，而是从根本上重构交易本身，重新界定企业与企业之间、产业与产业之间的边界线。在其他制造商还在依靠卖硬件参与行业竞争时，苹果公司率先探索"产品＋服务"模式，在销售 Mac（计算机）、iPod（多媒体播放器）、iPhone（手机）、iPad（平板电脑）等硬件产品和 iOS（操作系统）、Safari（网络浏览器）、iTunes

(数字媒体播放应用程序)等软件产品之外,还依靠 iTunes Store 和 App Store 等在线服务获取持续经营收入。苹果凭借其独特的"产品＋服务"模式,横跨硬件制造、软件开发、在线服务等多个领域,颠覆了传统的竞争模式。除此之外,阿里巴巴、亚马逊、网易等企业也依靠其独特的商业模式创新,突破传统的行业边界,以整个价值创造系统,而非单一个体企业参与市场竞争。

Miller(1996)认为商业模式创新有新颖导向和效率导向之分。新颖导向的商业模式创新是指采用新的交易结构,如纳入新的交易方、采用新的方式连接交易方或者设计新的交易机制。新颖导向的创新可以创造新市场或者在原有市场中创新交易方式。如小米科技(北京小米科技有限责任公司)创造性地将互联网思维融入制造业,融合硬件产品、新零售分销平台以及互联网服务,构建以用户为中心的"铁人三项"模式,颠覆了传统的制造和销售模式。效率导向的商业模式创新常常通过"二次创新"实现——在新情境中引进现有的成熟商业模式,并进行适当改进。效率导向的创新致力于降低交易成本,包括不确定性、复杂性、信息不对称、协调成本和交易风险的降低。如字节跳动(北京字节跳动科技有限公司)借鉴工厂流水线生产流程,将 APP 开发视为实体产品生产过程,将所有 APP 产品的技术研发、用户增长和 APP 商业化过程集中到一起,以流水线的形式"生产"APP,极大地降低了 APP 产品的"生产"成本,加快了市场扩张速度。Zott 和 Amit(2007)指出,新颖导向和效率导向并不是相互排斥的,可以同时存在于同一个商业模式中。如每日互动(浙江每日互动网络科技股份有限公司)利用大数据能力在移动开发者服务、互联网营销广告、金融、人口空间规划公共服务等多个新领域提供大数据服务解决方案,构建了横跨多个领域的新型商业模式,但其核心技术,如数据处理和分析技术、LBS(基于位置的服务)地理围栏技术等,共享于同一个平台而服务于多个业务领域,使得企业可以以更低的成本和更快的速度开拓新市场、新领域。

接下来,我们将关注新颖导向(小米科技)、效率导向(字节跳动)和二者兼顾型(每日互动)三种不同的商业模式创新的典型案例,从价值主张、价值创造、价值传递和价值获取四个维度,深入剖析三个案例企业如何通过不同类型的商业模式创新,在增量领域实现价值创造,最终实现高质量发展(见图 6-1)。

案例	商业模式创新				+ 探索增量 → 高质量发展	
	驱动因素	类型	价值逻辑			
小米科技	市场需求 + 技术创新 （市场为主）	新颖导向	新的价值主张：极致的产品和服务 新的价值创造机制："铁人三项"模式 新颖且高效的价值传递机制：新零售分销平台 新的价值获取机制：一次性收入+持续性收入		+ 新的市场需求实现跨界事件 →	增加产品附加值引领升级
字节跳动	市场需求 + 技术创新 （技术为主）	效率导向	新的价值主张：丰富多彩的互联网内容（基于AI） 高效的价值创造机制：中台架构+流水线生产模式 适当改进的价值传递机制：主要依托APP产品和平台 适当改进的价值获取机制：投放收入+内容付费等		+ 新的产品属性拓展业务边界 →	降维打击、加快市场扩张速度
每日互动	市场需求 + 技术创新 （二者并重）	二者兼顾型	新的价值主张：实现科学决策、数字化和智能化 高效且新颖的价值创造机制："数据智能"模式 高效且新颖的价值传递机制：SDK、服务解决方案 适当改进的价值获取机制：按需付费、阶梯定价等		+ 新的市场领域拓展业务边界 →	促进技术与模式共演，在稳中提升扩张速度

图 6-1　通过商业模式创新探索增量领域以实现高质量发展的三种路径

6.2　小米科技：新颖导向的商业模式创新

瞄准用户对极致体验的需求,小米科技提出"为发烧而生"的产品理念,创造性地以物联网、大数据等新兴技术打破传统制造业产业链,构建以用户为中心的"铁人三项"业务模式,为用户提供智能化、个性化的产品和服务。具体来说：在硬件领域,小米科技通过自己及生态链企业制造硬件产品带来一次性收入;在新零售领域,小米科技融合线上和线下渠道销售生态链产品及第三方企业产品实现销售收入,这种分销方式实现了数字化的用企互动形式,在控制成本的基础上丰富用户体验;在互联网领域,小米科技通过提供丰富的互联网内容产生持续的现金流。据此,小米科技通过构建新颖的商业模式成功实现了跨界融合——将新兴技术融入硬件产品的研发、设计、生产、销售等环节中,以技术创新增加产品附加值,以智能化、个性化消费引领消费升级。

6.2.1　小米科技简介

北京小米科技有限责任公司成立于 2010 年 4 月 6 日,是一家以高端智能手机、智能硬件和物联网平台为核心的互联网企业。秉承"为发烧而生"的产品理念,小米科技从 MIUI 操作系统起步,以"互联网＋"模式研发产品,让用户通过小米社区参与产品的改进与创新过程。在积累了近 50 万用户的基础上,2011年 8 月,小米科技涉足智能手机行业,定位于低价格但高配置的中低端市场,以"互联网＋"让用户参与产品研发、测试、营销、销售及售后环节,并通过线上渠道销售产品,极大地降低了销售成本。2013 年 9 月,小米科技发布了小米电视,并在该年年底投资生态链企业,布局智能硬件。2014 年,小米科技瞄准大数据和云服务。2016 年,小米科技涉足"新零售",至此,小米科技的业务领域包括硬件产品、互联网内容和新零售三大板块。2018 年 7 月 9 日,小米科技成功在港股上市,成为香港史上最大规模科技股 IPO 以及当时全球历史上第三大科技股 IPO。

6.2.2　小米科技案例剖析

在这一部分,我们首先分析小米科技如何提出新的价值主张进而构建新颖的商业模式以满足新的市场需求;然后分析小米科技如何通过新的商业模式实现跨界融合,以新兴技术增加产品附加值,进而引领消费升级。

1. 新颖导向的商业模式创新

小米科技的商业模式创新是从提出新的价值主张开始的。为满足用户对产品和服务的极致追求,小米科技颠覆了传统的价值创造模式,融合多个领域为用户打造品质高且价格公道的产品。小米科技商业模式的新颖性体现在价值主张、价值创造、价值传递和价值获取四个方面,而且其价值传递机制还具有一定的效率性。

(1)价值主张

"小米,为发烧而生,让每个人都能享受到科技的乐趣"这一产品理念贯穿小米科技的整个发展过程。从最开始做 MIUI 系统到生产手机,又到打造"软件＋硬件"服务,再到打造"铁人三项"模式(见图 6-2),小米科技一直紧紧围绕用户体验,致力于以公道的价格为用户提供极致的产品和服务。性价比优势成为小米科技的"杀手锏"。为提高用户体验,小米科技加大研发投入,不断优化产品性能。为确保产品符合用户期望,小米科技通过小米社区、微博等线上社交渠道与用户保持互动,听取用户建议,并根据用户反馈持续改进产品。面向客户端,小米科技打造统一的物联网平台,用户可以通过手机 APP("米家")对其他智能硬件产品进行监测和控制,实现各硬件产品之间的互通互联,以提升用户体验。此外,小米科技还借助大数据分析和深度学习,对用户数据进行挖掘,并根据用户特征为用户提供丰富的互联网内容和服务,如音乐、小说等。

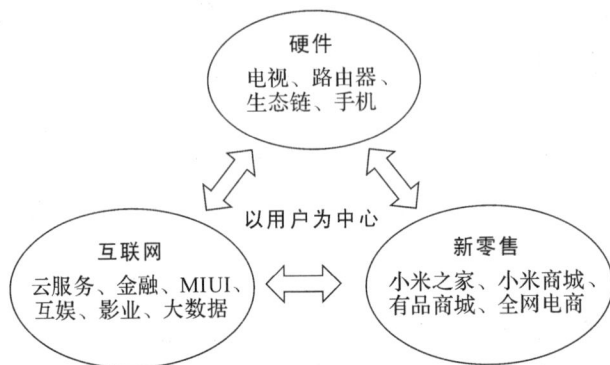

图 6-2　小米科技"铁人三项"模式

(2)价值创造

小米科技主要通过打造"铁人三项"模式和构建厂商端生态链实现价值创造。"铁人三项"模式包括硬件产品、新零售和互联网三大业务。这三块业务互相支撑,共同创造价值。在硬件产品领域,小米科技通过自己的或者投资的生态链企业生产硬件产品。这些硬件产品包括"小米"旗下的手机、电视和路由器等,还有"米家"旗下的净水器、笔记本等智能家居硬件产品。新零售领域,小米科技依托自营分销平台,除了销售自己及生态链企业生产的硬件产品外,还销售第三方企业生产的优质产品,包括家电、家居、服饰、日用、文创等十余种家居生活产品。为节省用户选购时间,小米科技会严格控制选品过程,在保证产品质量的基础上精简同种类产品的数量,真正实现"好东西不用挑"。除选品环节外,小米科技还扶持第三方品牌独立发展,帮助其提高产品质量。而在互联网领域,小米科技通过大数据和人工智能的加持,对用户数据进行分析,为用户提供个性化的互联网内容和服务。这些互联网内容和服务,不仅面向生态内的用户(即小米科技硬件产品的使用者),也开放给外部互联网用户,用户可通过小米音乐、小米小说等 APP 产品享受互联网内容和服务。

为快速打造基于物联网平台的智能家居生态,小米科技在硬件产品厂商端构建生态链。从 2016 年开始,小米科技实行双品牌战略,"小米"品牌专注手机、电视机、笔记本、路由器、音箱和耳机等,由小米科技自主生产;净水器、门锁、扫地机器人、洗碗机和摄像头等智能家居产品则划入"米家"旗下,致力于做生活精品、人工智能物联网智能化和"高端产品、大众价格",产品由生态链企业进行设计、研发和生产。在这个过程中,小米科技发挥"赋能"作用,在资本、技术、经验、渠道、品牌管理等方面扶持生态链企业。不仅如此,从产品的设计到销售的整个环节,小米科技生态团队都会深度介入,以确保产品符合小米科技的产品理念。截至目前,小米科技生态链接入上海创米科技、北京花花草草、万魔声学、智米电子等多家厂商,推出了近 200 款生态链产品,带动了近 100 个行业实现转型升级。

(3)价值传递

小米科技的价值传递渠道主要依托于其搭建的覆盖线上和线下全渠道的新零售分销平台。在线直销是小米科技成立至今始终坚持的销售方式,这种方式以较低的销售成本覆盖更广的目标顾客群体,并借此与用户保持数字化互动关系。小米商城和小米有品是小米科技旗下两大重要的线上自营平台。小米商城主要销售小米科技生产的以及生态链企业生产的产品,包括智能硬件、耳机、手机壳、箱包、运动鞋等。小米有品不仅销售自己生产的和生态链企业生产的产品,还销售第三方企业生产的优质产品。此外,小米科技的线上渠道还覆盖了京东、苏宁、淘宝等主流电商平台。意识到线上销售模式虽然成本低,但却降低了用户体验,不能及时为用户提供售后服务,小米科技在 2015 年开设了小米之家门店(直营客户服务中心,提供小米手机及配件自提、产品售后维修和技术支持以及用户群体交流场所等服务),在 2017 年于深圳开设第一家旗舰店。至此,小米科技的销售渠道从线上扩展到线下。

(4)价值获取

小米科技的"铁人三项"模式,不仅为企业带来一次性销售收入,也为企业带来源源不断的持续收入。硬件产品的销售产生一次性收入,而硬件产品中捆绑的互联网服务提供持续性收入。此外,投资并"赋能"生态链企业的模式,在帮助生态链企业实现利润增长的同时,也为小米科技带来了可观的投资收益。除嵌入硬件产品中的互联网服务外,小米科技还将部分互联网内容和服务开放给外部用户。外部用户在为服务内容付费的同时,也被吸入小米科技打造的生态体系中,进而消费小米科技的其他产品和服务。而覆盖线上、线下渠道的分销平台,在销售自产产品以节省销售费用和广告费用的同时,也销售生态链产品、第三方产品,为企业产生持续的零售收入。在三大业务板块中,硬件产品带来的收入占比最大,但毛利率较低,这缘于小米科技倡导的"高品质+公道的价格"理念,而虽然互联网服务带来的收入占比不高,但因其成本低,反而具有较高的净利润。

2.通过新颖模式引领消费升级

小米科技将大数据、物联网、人工智能等新兴技术融合到传统硬件产品制造体系中,创造性地构建了覆盖多个领域的新型商业模式。新兴技术和传统制造业的深度融合,使得小米科技实现了用企互动——用户参与产品的设计、研发、生产和销售等多个环节,以及高质量制造、压缩销售费用和管理费用等,将资金倾斜到提升产品性能和用户体验上,坚持为用户提供高性价比的产品和服务。因此,小米科技能够为用户提供高端的、智能化的硬件产品。而各个产品之间又通过物联网实现互通互联,如智能手机可以遥控智能家电、智能硬件中接入丰富的互联网服务,旨在打造高品质生活。

此外,在硬件产品领域,通过构建生态链,深度参与产品的设计、研发、生产和销售等多个环节,小米科技将流程经验和产品理念传递给生态链企业,带动生态链厂商实现转型升级;在新零售领域,通过严把产品质量关,为用户提供优质且更好选择(减少同质产品数量,尽可能降低用户选择困难)的产品,而且小米科技还通过介入合作企业的设计、生产等环节提高入驻产品的质量。因此,小米科技通过自身、生态链企业以及合作企业重构产业链,从各坏节提高产品附加值,推动消费升级。

6.2.3　小米科技的管理启示

根据小米科技的案例,我们可以总结出以下三点管理启示。

1.新颖导向的商业模式创新往往从提出独特的价值主张开始

价值主张描述的是企业通过产品或服务要满足顾客什么需求,或者帮助顾客解决什么问题。这往往是商业模式创新的起点。小米科技从成立之初，就提出一个与众不同的价值主张，要让用户"为发烧而生"——以公道的价格为用户提供极致的产品和服务。从这一新的价值主张入手，小米科技对整个价值创造机制进行"范式的转变"，改变生产和销售硬件产品的传统模式，将互联网技术和思维融入产品研发、生产和销售过程中，构建了"硬件＋互联网＋新零售"的新模式。价值创造机制的改变带动了价值传递、价值获取机制发生改变，最终导致整个商业模式发生变革，实现模式创新。在高质量发展要求下，企业的价值主张应朝着"品质""精细""极致"方向，致力于为客户提供高质量且价格合理的产品和服务，引领消费升级。

2.高质量的商业模式创新往往需要可持续的价值创造机制

价值创造机制是商业模式的核心，是企业实现价值获取的基础。一个高质量的商业模式的价值创造机制应该是可持续的。这就需要企业合理设计其与合作者之间的合作机制，包括利益的创造、分享和分割机制，以维持持续合作；还需要企业创造足以吸引用户为之付费的好产品或好服务。就交易结构而言，小米科技与生态链企业之间不仅是投资与被投资的关系，更是赋能与被赋能的关系。小米生态团队将小米科技的产品理念输送给生态链厂商，深入生态链产品的研发、设计、生产等各环节，严格把控产品的质量和价格。这种旨在"做大蛋糕"而非"切分蛋糕"的策略，为双方达成合作、共同创造价值奠定了坚实的基础。而就产品和服务而言，小米科技提供的硬件产品、互联网服务和新零售分销服务，三者相互支撑，彼此促进。每一个领域的产品和服务都可以成为吸引外部顾客的端口，而顾客一旦进入小米科技的生态体系中，就会因企业提供的优质产品和服务而付费，而这些产品和服务覆盖顾客追求品质生活的各类需求。

3.新兴技术促进传统企业通过商业模式创新实现跨界融合

随着大数据、人工智能、物联网等新兴技术的不断发展和成熟，这些新技术正在冲击传统产业和模式，但也为传统模式突破原有局限提供了新思路。传统制造企业在面临这些新兴技术时，应该敢于拥抱变革，积极将这些新兴技术融入产品的研发、制造和销售过程中，构建全新的商业模式。这可以增加产品的附加值，避免产品同质化引起的恶性价格竞争，为企业找到新的价值创造点。小米科技通过融合传统制造领域和新兴技术，构建智能家居生态链，颠覆了传统硬件产品的研发、制造以及销售模式,还通过增加产品附加值和产品间的互通互联,构建了独特的产品优势。

6.3　字节跳动:效率导向的商业模式创新

围绕用户对多元化互联网内容的需求,字节跳动借鉴工厂的流水线生产流程,将 APP 开发过程视为实体产品生产过程,将所有 APP 产品的技术研发、用户增长和商业化过程集中到中台,以流水线的形式"生产"APP。在工厂生产模式下,字节跳动在短时间内打造了覆盖资讯、社区、教育、短视频等多个领域的产品矩阵。用户因头部产品进入生态圈内,"流连"于各色 APP 间,利用不同的APP 产品实现流量变现。字节跳动通过中台和流水线模式共享核心资源和技术,可以快速切入不同市场领域,加快市场扩张速度。与各细分领域的其他APP 不同的是,字节跳动依托人工智能等新技术的加持,重新定义了 APP 产品属性,实现降维打击。

6.3.1　字节跳动简介

在国内互联网行业三足鼎立的局势下,字节跳动似一匹脱缰的野马,凭借"今日头条"和"抖音"两大流量 APP 迅速突出重围,直接挑战百度、阿里和腾讯三大巨头,抢流量、抢用户,而且成功了! 有人说,互联网领域的 BAT 还是BAT,只是 B 不再是百度,而是字节跳动(ByteDance)了。北京字节跳动科技有限公司成立于 2012 年 3 月,是一家信息流行业的产品和服务提供商,是国内最早将人工智能应用到移动互联网场景的企业之一。

2012 年 8 月,字节跳动推出"今日头条"1.0 版本。2014 年,"头条号"自媒体平台上线,今日头条开始生产原创内容。2016 年,国内出现短视频浪潮,字节跳动同时启动"抖音""火山""西瓜"等短视频 APP,最终"抖音"这款音乐短视频社交软件迅速吸引大量用户,成为现象级产品。目前,字节跳动以"今日头条"和"抖音"两大 APP 作为主要流量入口吸引用户,打造横跨多个领域的产品矩阵(见图 6-3),为用户提供丰富多彩、涵盖多领域的互联网内容。因此,有人趣称字节跳动是一家"APP 超级工厂"。

图 6-3　字节跳动产品矩阵

6.3.2　字节跳动案例剖析

这里,我们先分析字节跳动的商业模式创新,主要关注模式创新的效率性;然后分析字节跳动如何通过效率型的商业模式创新不断推出新产品,加快市场扩张速度,最终实现降维打击。

1.效率导向的商业模式创新

从商业模式的整体构架来看,字节跳动的模式是效率导向的,这主要体现在其价值创造机制上——通过中台和流水线模式实现产品理念和核心技术等方面的复制和共享。虽然,字节跳动的价值创造机制也具有一定的创新性,如依托人工智能等新技术的加持驱动产品创新就是新颖的,但我们认为这种中台和流水线模式在互联网行业格外具有典型性,因此,在价值创造方面,我们将重点关注字节跳动如何实现效率性。

（1）价值主张

字节跳动以"鼓励创新,丰富生活"为使命,旨在为用户提供丰富多彩的互联网内容。与其他内容提供商不同的是,字节跳动致力于提供"智能"产品,即基于人工智能和大数据算法的 APP 产品。为此,字节跳动在 2016 年就成立了人工智能实验室,重点开发为各个 APP 产品服务的创新技术,以提升用户体验。"今日头条"是字节跳动旗下最典型的"AI＋"产品。相较于其他同质化较为严重的资讯平台,"今日头条"通过 AI 加持,基于大数据挖掘技术和机器学习,根据兴趣、年龄、职业等用户特征以及地理位置、天气、场景等环境特征,为用户个性化推送信息。而 APP 用户只是字节跳动生态体系的一方顾客,其另一方重要顾客是广告代理商。面向广告代理商,字节跳动提出"流量的精细化运营"概念,致力于应用海量用户数据、人工智能和大数据算法,为广告代理商提供有针对性的解决方案。

(2)价值创造

字节跳动快速崛起的原因除了人工智能的加持外,还在于其"生产"APP 的速度之快。之所以用"生产"而非"开发"是因为字节跳动将 APP 视为实体产品,将不同 APP 的技术研发、用户增长和商业化环节集成到"一条线"上,以流水线方式"生产"APP 产品(见图 6-4)。如此,APP 的不同环节如同流水线上的各项流程,而各个 APP 如同在流水线上流转的产品。工厂化思维以及中台组织架构,使得字节跳动在单个 APP 产品上的技术创新和推广经验可以快速"复制"到其他产品上,由此缩短新产品开发和上市时间,加快市场扩张速度,并节省市场开拓成本。因此,字节跳动在"今日头条"上的成功尝试,即智能推荐系统,被迅速"复制"到其后的"抖音""西瓜视频""火山""悟空问答"等多个产品中。不仅如此,通过"今日头条"探索出的 APP 推广方法,如补贴、广告插入等也同样被用到其他产品中。这些 APP 产品除了为用户提供免费的内容和服务外,还为广告代理商进行互联网营销提供了平台。字节跳动基于数据和核心技术,为广告代理商提供开屏广告、信息流广告、详情页广告等多种形式的广告宣传。

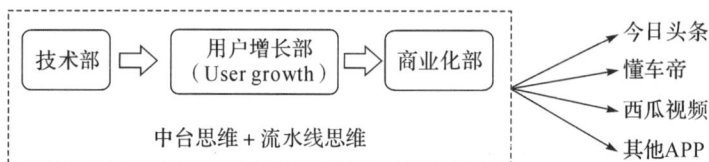

图 6-4　字节跳动流水线＋中台组织结构打造"APP 工厂"

当然,为打造覆盖多领域的产品矩阵,除内部孵化、生产覆盖不同领域的 APP 产品,字节跳动也通过投资和并购的方式从外部获取特定领域的资源,在新领域创造价值。从 2014 年开始,字节跳动将墨鹍数码、清北网校、华尔街见闻、钠镁股票、石墨文档、Faceu、虎扑体育、SmartisanOS 等覆盖文娱传媒、教育、社交网络、工具软件、金融、企业服务、电子商业、广告营销、人工智能等多个领域的企业纳入生态体系中[①]。

（3）价值传递

面向 APP 用户，字节跳动主要依靠 APP 产品为用户传递价值。截至目前，字节跳动的 APP 产品可以分为智能推荐和智能社交两类。智能推荐产品为用户提供丰富多样的内容，如"今日头条""懂车帝""懂房帝""番茄小说"等 APP；智能社交产品为用户提供表达自我、实现互动的平台，如"抖音""西瓜视频""皮皮虾""飞书"等 APP。而面向广告代理商，字节跳动通过"面向客户单独动态建模—实时分析和反馈品牌数据—追踪目标用户偏好变化—优化营销策略"这一流程为客户提供营销方案。此外，字节跳动还依托创意工具和内容生产平台，打造创意生产全流程解决方案[②]。

（4）价值获取

字节跳动为用户提供的内容和服务大部分是免费的。其主要收入来源是"短平快"的广告投放收入[③]。据公开数据，字节跳动的广告收入：2016 年是 60 亿元，2017 年是 150 亿元，2018 年达到了 500 亿元。游戏产业的直播和运营是字节跳动的另一个主要收入。2018 年 1 月，"西瓜视频"APP 上线游戏直播，2018 年 6 月，"今日头条"APP 上线了"今日游戏"，随后"抖音"开通了游戏官方账号。此外，字节跳动还通过对部分内容进行收费等方式获取价值。

2. 通过效率模式实现降维打击

借鉴工厂模式，字节跳动以流水线形式"生产"各类 APP 产品，并通过构建中台组织，实现核心技术和关键资源共享。通过这种模式创新，可以实现"一辑多用"，即将头部产品上的成功经验"复制"到其他产品中。例如，字节跳动将人工智能算法先应用到"今日头条"中，成功后再快速应用到"抖音"及其他产品中，而产品推广方案也是如此，逐步实施而成功。这种"复制"过程，使得字节跳动在

[①]　字节跳动霸屏七年：上市在即，程序员张一鸣的野心-头条. https://www.sohu.com/a/349438882_100141055.

[②]　终于清楚了！字节跳动首次披露完整商业生态-小程序-站长头条. https://www.seoxiehui.cn/article-85699-1.html.

[③]　金融流量大迁徙：今日头条系崛起，腾讯系"没落"——专注金融科技与创新. 未央网 https://www.weiyangx.com/316427.html.

人工智能等领域取得的技术创新可以快速升级,并用来开发不同领域的APP产品,进而节省产品研发成本,加快市场扩张速度。

通过引入传统行业的现有模式,并对其进行二次创新,字节跳动创造性地将自己定位于信息流服务商,"生产"各类看似不相关的APP产品。在字节跳动出现之前,企业往往依靠单一或部分APP产品进入某一细分领域,从而在该细分领域内提供产品或服务。而字节跳动打破了不同APP产品之间的市场边界,并以新技术加持,在不同市场领域重新定义现有APP的产品属性,实现降维打击。

6.3.3　字节跳动的管理启示

通过对字节跳动案例进行分析,我们可以总结出以下三点管理启示。

1. 互联网技术侵蚀行业的边界:可以通过模式创新实现降维打击

字节跳动通过开发不同的APP产品切入资讯、社交、教育、短视频等多个领域,让我们看到互联网技术的发展和成熟正在侵蚀传统行业的边界。很多互联网企业,如阿里巴巴、腾讯、百度这三大巨头,通过独特的商业模式创新把业务扩展到多个细分领域,对在位企业产生了猛烈的冲击。对于新创企业,尤其是致力于开发高技术含量产品的企业,在构建商业模式时,不应局限于某一个行业,应该突破市场边界,探索更广泛的市场领域。

2. 二次商业模式创新不是照搬:是对现有模式进行适当改进和创新

前文提到,效率导向的商业模式创新常常是二次创新,而非原创,即企业对现有商业模式进行改造而创新。现实中,很多企业在借鉴发达经济体或成熟领域的商业模式时,往往照搬原型,从而导致"水土不服"。"搬"来的商业模式是否适合企业的资源和能力,企业所在的行业是否有特定情境因素影响,这些都是企业在进行商业模式创新时需要考虑的。字节跳动的成功让我们看到传统领域的商业模式亦有模仿和改造价值。新创企业构建商业模式或在位企业重构商业模式时,不应该仅瞄准新兴领域、新兴模式抑或是同行业现存模式,亦可以从传统模式中找到借鉴点。

3. 效率型模式创新围绕技术创新展开:实现核心技术的商业化

依赖于核心技术的企业,尤其是科技型中小企业,在构建效率型商业模式时须紧紧围绕技术创新展开,实现其核心技术最大程度的商业化。吴晓波和赵子溢(2017)提出，企业的技术创新将新技术转化为新产品，而商业模式创新实现新技术和新产品的商业化，实现创造价值。因此，为了进行效率导向的商业模式创新，企业应当为新技术的落地找到尽可能多的应用场景，正如字节跳动的"一辑多用"思想。为保证核心技术的成功商业化，字节跳动先在头部产品中应用核心技术，后扩展到其他产品领域中，这既保证了技术创新的商业化，也加快了市场扩张的速度。

6.4　每日互动：二者兼顾型商业模式创新

每日互动基于人群大数据洞察，一方面深耕移动开发者服务，为开发者提供消息推送、用户画像、应用统计和一键登录等服务，既完成了价值创造，同时也借此积累了海量人群数据和核心技术，为开展面向垂直领域的大数据服务奠定了基础。另一方面，每日互动面向垂直领域，在互联网营销、金融风控、公共管理等多个领域提供大数据服务解决方案。这种提供横跨多个领域的服务而又共用数据资源和核心技术的商业模式，同时兼顾了新颖性和效率性，保障了每日互动在"稳"中提升扩张速度。

6.4.1　每日互动简介

浙江每日互动网络科技股份有限公司成立于 2010 年，是一家深耕移动互联网开发者服务并为垂直领域提供数据智能服务的大数据服务企业。每日互动以"数据让产业更智能"(Empower with data)为使命，致力于以数据智能驱动产业升级，服务于互联网营销、互联网金融、人口空间规划、地震预警等多个垂直领域。2019 年 3 月 25 日，每日互动正式登陆深交所 A 股创业板，开盘即涨停，涨幅超过 40%，市值超过 75 亿元。每日互动成为中国"数据智能"第一股，引领数据智能的新风向。

目前，每日互动的业务体系可以划分为两大板块(见图 6-5)。一是移动互联网开发者服务，包括第三方消息推送服务(2011 年新增)、用户画像(2016 年新增)、应用统计(2017 年新增)和一键登录(2019 年新增)。通过提供面向移动互联网开发者的产品和服务，每日互动逐步积累起海量人群数据（见图 6-6）。二

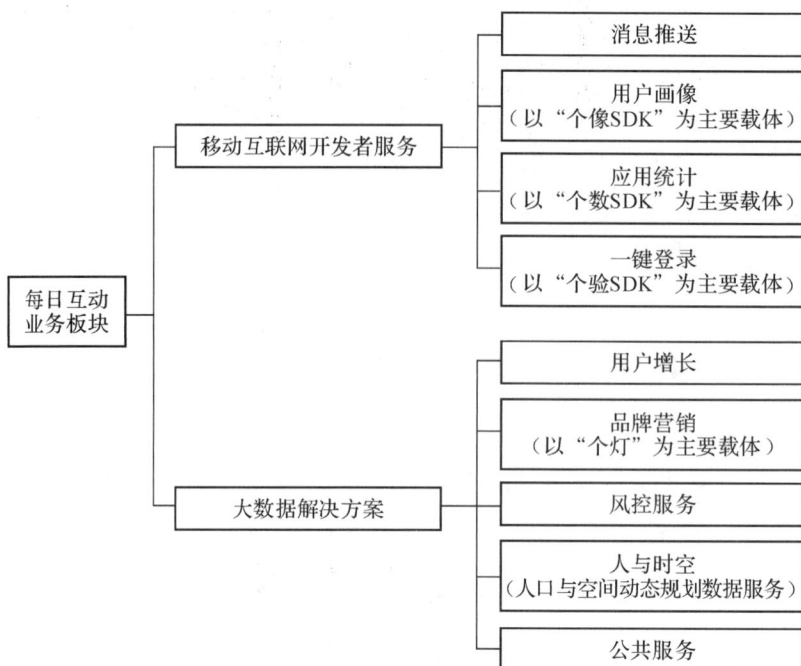

图 6-5　每日互动业务体系

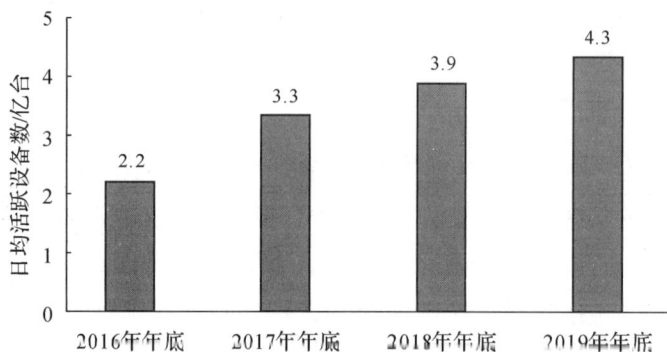

图 6-6　每日互动 2015—2019 年日均活跃设备数①

是面向垂直领域的大数据应用。2014 年,每日互动推出通知栏广告业务,正式进入移动互联网营销领域。其后,结合智能标签和地理围栏技术,公司推出专门服务于品牌广告主的场景化移动营销平台"个灯"。2015 年,每日互动推出旅游

---

① 数据来源:个推招股说明书和 2019 年年报。

大数据管理平台"个旅"。2016年，每日互动推出大数据金融风控服务，帮助客户提高大数据风控能力。此外，每日互动聚焦人、时间和空间三要素，智能分析人口分布、人员流动、人群画像等，为城市规划、智慧旅游、商业选址、防灾减灾、应急管理等提供重要数据参考。

6.4.2　每日互动案例剖析

为深入揭示每日互动如何通过构建兼备新颖性和效率性的商业模式以探索增量领域，最终实现高质量发展，我们将首先分析每日互动如何进行二者兼顾型模式创新；其次分析每日互动如何通过模式创新实现技术创新和商业模式创新的共演并实现又快又稳的企业扩张。

1. 兼顾新颖性和效率性的商业模式创新

每日互动构建了兼顾新颖性和效率性的商业模式创新。其价值主张是新颖的；价值创造同时兼备新颖和效率特点；而价值传递和价值获取机制的适当改变是为了保证整体模式并兼顾新颖导向和效率导向。

（1）价值主张

作为一家以大数据为基础的高科技企业，每日互动以"数据让产业更智能"为使命，致力于运用大数据、云计算等技术，对海量人群数据进行分析和挖掘，帮助客户解决科学决策难题，驱动垂直领域实现产业升级。基于海量人群数据和大数据分析算法，每日互动为移动互联网开发者提供服务，帮助开发者实现精细化运营；为垂直领域客户提供大数据解决方案，帮助广告主和品牌商实现"千人千面"营销，辅助旅游景区、政府等相关部门实现科学决策，为金融企业赋能大数据风控能力。

（2）价值创造

每日互动的价值创造机制紧紧围绕数据沉淀、数据分析、数据应用三个层面展开。在数据沉淀层面，每日互动依赖SDK（软件开发工具包）向移动互联网开发者提供服务。这些服务在帮助开发者实现降本增效、精细化运营的同时，也逐步积累起海量人群数据。这些海量数据覆盖用户线上和线下的行为数据，具有维度全面、来源稳定、连续性好等特点。在数据分析层面，每日互动将SDK沉淀下来的人群数据进行脱敏处理和分析，构建用户画像、地理位置等基础模型。在数据应用层面,每日互动将用户分析、设备分析、地理位置分析等大数据分析应用到互联网营销、金融、旅游等垂直领域,并反馈到移动互联网开发者服务领域以不断升级和改进现有产品和服务。

(3)价值传递

每日互动构建了多元化的价值传递方式,面向不同领域、不同服务的价值传递方式各有不同。例如,就移动互联网开发者服务而言,开发者通过加载四类SDK消费每日互动提供的服务,而对于有特殊需求的开发者,如需要建立私有云的客户,则需要与每日互动签订协议,由专业团队根据企业需求和特点提供个性化定制服务;就效果广告服务而言,每日互动为 APP 运营者提供营销推广方案,在百度、腾讯、今日头条等媒体资源上投放 APP 推广广告;就金融风控服务而言,每日互动基于大数据分析为客户提供用户分析结果,帮助其规避风险、增加收益;而在人口空间规划领域,每日互动通过对特定领域内的终端用户的用户特征、运动轨迹进行分析,产出用户画像、热力图等可视化的数据分析结果和咨询建议。

(4)价值获取

与价值传递类似,每日互动对不同的服务、不同的客户设计了不同的价值获取方式。例如,移动互联网开发者服务对普通用户是免费开放底层 SDK 的;而对有特殊需求和用户规模较大的 VIP 客户,按照阶梯定价、封顶收费等方式收费;对银行、证券等以招标形式获取的客户,则按照合同约定收费。针对互联网营销服务,每日互动根据客户需求,与用户谈判后定价。而效果广告服务,则按照每日互动实际完成的指标,如新增安装量、点击数等进行定价。其他大数据服务,如旅游、城市规划、智慧旅游等,则根据每日互动提供的服务内容的不同而个性化定价。

2. 通过商业模式创新实现又快又稳的企业扩张

大数据技术的发展和成熟,提供了基于大数据技术创造价值的可行路径。每日互动基于大数据分析技术、LBS围栏技术等核心技术,构建了横跨多领域的高效且新颖的商业模式,为移动互联网开发者、银行、金融、政府等多个领域的客户提供大数据解决方案,帮助客户实现科学决策。通过分析每日互动的商业模式,我们可以发现,企业完美地兼容了新颖性和效率性。通过提出新颖的价值主张，每日互动为不同领域的客户提供独特的产品和服务，由此构建了横跨多个原本不相关领域的业务体系；而基于核心技术构建商业模式，可以实现核心技术在多个领域的应用，又具备高效的特点。

每日互动的商业模式就像一棵大树，核心技术和数据资源是根，各个业务领域内的产品和服务是枝叶。这种模式指引每日互动基于核心技术的创新进行业务扩张，开拓新领域，在新领域内实现技术创新的商业化。各个领域的技术应用又反馈到核心技术，驱动企业开始进一步改进技术。而新一轮的技术创新又再次应用到现有业务领域中，驱动更高品质的产品和服务，也指引企业探索更广泛的市场领域，不断拓展业务边界。通过商业模式创新和技术创新之间的共演，每日互动在深耕技术的同时不断进行扩张。

6.4.3　每日互动的管理启示

根据每日互动案例，我们可以总结出以下三点管理启示。

1."羊毛"出在数据身上：互联网情境下的新型价值创造和获取机制

在传统商业模式中，企业为顾客传递价值，顾客为产品或服务付费，企业借此实现价值获取。随着互联网的不断发展，出现了多边平台，顾客在享受了产品或服务后，常常不需要为此付费，而由第三方买单，俗称"羊毛出在猪身上"。最常见的模式是广告模式，如前文提到的字节跳动，为用户提供免费的内容，而靠用户流量吸引广告商投放广告，进而实现用户流量变现。而每日互动的创新提供了一种"薅羊毛"的新模式——每日互动对用户数据进行分析以提供基于大数据的解决方案，开发者为解决方案付费，而用户免费享受了快捷、个性化的高品质服务。在这个过程中，三方参与者都"薅"到了大数据的大把"羊毛"。

2.商业模式创新与技术创新是互补关系：模式要变，技术也要变

企业发展过程中商业模式创新与技术创新的关系，历来广泛受到学者们的关注。胡宝亮（2012）指出，商业模式创新与技术创新之间是互补关系，对于企业，尤其是科技型中小企业而言，只有同时推动商业模式创新和技术创新，才能提升企业竞争力。吴晓波和赵子溢（2017）认为，二者之间存在反馈机制，商业模式创新能提升企业技术能力，而进一步的技术创新反过来促使企业进

行再一次的模式创新。因此,企业在推进商业模式创新时,应同时考虑推进技术创新,形成商业模式创新和技术创新之间的良性共演,以保证企业扩张又快又稳。

3.构建兼顾新颖和效率导向的高质量商业模式需要各业务联动

在互联网情境下,具备核心技术的高科技企业往往以核心技术服务于多个领域。为了构建竞争优势,企业的商业模式既要够新,又要够高效:价值主张要够新,才能避免与各领域现存企业的正面竞争。价值创造机制既要够新又要够高效:一方面要突破传统模式,为实现核心技术的商业化找到更多场景,拓展业务边界;另一方面要实现不同业务之间的资源和技术共享,以节省成本、提高效率。价值传递和价值获取也要做适当改变,以保证整个系统的新颖性和效率性。而这些目标的实现,依赖于构建互相支撑、互通互联的业务体系。企业需要依靠所有业务之间的协同和联动而创造价值,而非依赖于某一项或某一些业务。

第7章　商业模式创新，激活存量领域

　　商业模式创新是企业价值创造和企业竞争力提升的必要路径。企业的商业模式可以包含多个要素，而这些要素间的关系和动力机制的共同演化，引起了多种变化，从而产生商业模式的创新。互联网的出现不仅仅改变了现代人们的生活，促进了科技进步以及全球化的步伐，同时也改变了基本的商业环境和经济规则。互联网的出现，标志着"数字经济"时代的来临。互联网的兴起不仅仅使大量新兴商业模式成为可能，一批中国的优秀互联网公司也应运而生。这些互联网企业如阿里巴巴、网易、腾讯等，在短短的几年时间里就取得了巨大的发展，并且成功上市。在"互联网＋"的时代大背景下，越来越多的创新创业公司依托于"互联网＋"的商业模式创新而发展，从而盘活了中国实业的存量。

　　"盘活存量"这个概念首先是由国务院在 2013 年提出的[①]，其目的在于加大金融对实体经济的支持，指导财政部和中国人民银行从两方面去制止货币超发的问题，控制货币发行的规模。盘活存量，就是采取各种方式整合资产，并利用好现有的资产，防止资产的闲置浪费。盘活存量的最大挑战在于如何将沉淀于不良资产以及产能过剩领域的存量资产盘活。换一句话说，盘活存量的根本在于盘活实体经济。制造业作为实体经济的支柱，更需要盘活存量。中国制造业在近几十年的高速发展下，虽然已经拥有世界上最完整的产业链，以及先进的生产技术、优质的管理和技术人才，但中国的制造业面临的挑战仍十分艰巨。随着中国经济的崛起，其他发展中国家相比中国拥有更多廉价的劳动力。这就不免造成中国制造业外贸订单流失以及产能过剩的问题。在这种大背景之下，中国的企业如何通过商业模式创新去盘活自身存量，解决制造业产能过剩的问题，是主要挑战和目标。

---

　　① 　国务院:加大金融对实体经济支持 十措施盘活存量.中国证券网-上海证券报.2013 年 7 月 6 日。

7.1　本章的分析框架

关于商业模式的构成要素,很多学者都做出了不同的贡献。本章将选取以下两种典型的观点:一是根据 Richardon(2008)的价值理论,将企业的商业模式构成要素高度概括为价值主张、价值创造和传递、价值获取体系。二是根据 Osterwalder 等(2005)的商业模式画布理论,将商业模式分成四个基本部分,包括 9 个要素:产品与服务,即给客户的价值主张;客户界面,包括客户细分、分销渠道、客户关系;资产管理,包括资源配置、核心竞争力、合作伙伴网络;财务方面,则包括成本结构、盈利模式。本章将结合这 4 条商业模式路径以及商业模式画布理论的 9 个要素来建立分析框架,从而得出企业的商业模式创新因素。并将这 4 种情景下的创新因素根据 Zott(2007;2010)对于商业模式设计的四种情景,即效益性(efficiency)、互补性(complementarities)、锁定性(lock-in)和新颖性(novelty)进行界定。其中效益型商业模式创新在本章中被定义为"提升交易中效率的商业模式创新,实质上是降低交易成本";新颖型商业模式创新被定义为"通过引入新的合作、交易机制、连接方式和内容等,实质上是打破原有路径依赖性,设计一个新颖的、能够反映企业如何与利益相关者交易的跨边界交易的模型"。本章中涉及的商业模式创新主要是新颖型与效益型商业模式创新。

对于盘活存量的界定在现有文献中还较少出现。本章根据案例资料将盘活存量过程进行分解,即分成输入(input)、发展(progress)、输出(output)三个子维度,分别对应"整合资源"、"提高效率"与"提高产品附加值"。其中,"整合资源"指的是,在输入端提高企业的资源整合能力。现有的资源基础观领域研究已经证明了资源增强企业持续性竞争力的积极效果,通过整合资源可以达到盘活增量乃至提升企业持续性竞争力的效果。"提高效率"指的是,企业通过对现有业务、价值链进行控制,缩短业务流程或整合价值链,从而提高管理过程的效率。现有理论指出,这其中的关键在于交易成本的控制,因此企业可以通过成本控制达到提高效率的目的。"提高产品附加值"指的是,企业通过营销渠道的管理、品牌价值的塑造等方式创造更高的剩余价值。

综上所述,商业模式的创新路径是影响企业盘活存量的主要因素。本章将通过案列分析, 归纳总结商业模式创新的要素和路径, 并且对商业模式创新路径和盘活存量的类型进行界定, 从而得出商业模式的创新类型对于企业盘活存量类型的不同影响路径(如图 7-1 所示)。

从商业模式创新到盘活存量

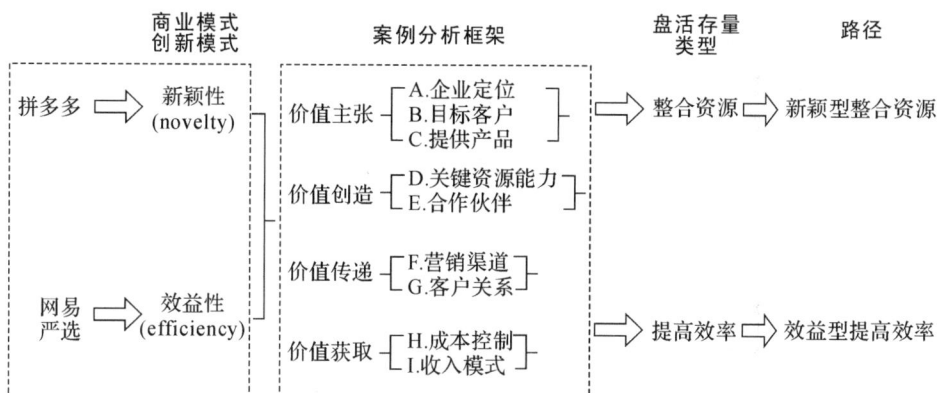

图 7-1　商业模式创新分析框架

7.2　拼多多:新颖型整合资源

7.2.1　拼多多简介

改革开放以来, 尤其是党的十八大召开以后, 一系列政策支持中小微制造商高速迅猛发展。中小微制造企业在社会主义市场经济中扮演了类似人体毛血细管的重要角色。它们贡献了超过50%的税收, 提供了80%以上社会就业和60%以上新产品开发和技术创新, 是社会发展和国民经济的微观基础。然而, 中小微制造商普遍存在经济实力弱、规模化程度小、抵御市场风险能力弱和盈利水平偏低等特征, 近年来, 行业面广、地域性过剩程度高、持续时间长等特点造成的产能过剩问题已经导致中小微制造商生产经营困难, 甚至面临生存危机。在"互联网+"时代, 依托互联网经济而创新的 C2B/C2M(customer to business/manufactory, 即消费者到商家/工厂)模式, 拼多多整合资源, 从消费者的"消费升级"出发,直到工厂,消耗中小微制造商的过剩产能,盘活存量,解决产销矛盾,相互成就,帮助中小微制造商回归市场,改变了对于中国消费市场全貌的行业认知,成为一匹快速崛起的"电商黑马"。

拼多多是上海寻梦信息技术有限公司于 2015 年 9 月上线的一家专注于 C2B 拼团购物的第三方社交电商平台。纵观其崛起之路,可大致分为三个阶段。

(1)产品探索期,即 2015 年 10 月至 2016 年 12 月。在此阶段,拼多多重在打磨产品,快速验证商业模式,月 GMV(指网站的成交金额)突破 10 亿元。

(2)第一波增长期,即 2016 年 12 月至 2017 年 10 月。在此阶段,拼多多放弃了在线直销业务,开始在运营端逐步发力,通过不断加持线下广告、赞助热门综艺节目等运营手段持续曝光,从而达到 APP 的下载量稳步上升,当年 GMV 达到 1412 亿元。

(3)高速增长期,即 2017 年 10 月到 2018 年 7 月在美国纳斯达克上市。在此阶段,拼多多彻底走入大众视野,用户人数超 3 亿,成为国内第二大电商。

拼多多的出现及其在短时间内病毒式地非常规成长为接近 3 亿用户的大电商,撼动了京东、阿里巴巴的电商巨头地位,可谓出乎意料。然而,它正是顺应"互联网＋"的在"社交＋电商"时代背景下的产物。

7.2.2　新颖型整合资源路径

根据图 7-1 的分析框架,本节首先从价值主张、价值创造、价值传递和价值获取这几个角度对拼多多的商业模式画布进行详细分析,并在最后总结出拼多多以新颖性的价值创新模式为主,盘活存量,整合资源,激活高质量发展的新颖型整合资源路径。

1. 企业定位

拼多多的企业定位是一个不断演化、进步的过程。首先,拼多多以拼单和低价为手段,将过剩产能与价格敏感型用户形成速配,变现微信赋予的社交流量。其次,拼多多把广义社交沉淀为私域流量,通过"进五环"实现消费分层,向成熟会员体系过渡。然后,在圈定基础用户和巩固定向发单能力之后,拼多多进行 C2M 反向定制,在局部形成了自己控制的生产基地,进而左右上下游产业链。

与传统电商通过搜索式"人找货""物以类聚"不同,拼多多开拓了"货找人"

"人以群分"的新电商模式。拼多多不仅利用分布式 AI 技术，研究个体可能存在的消费需求，而且利用社交裂变方式，让消费迅速聚量。消费者在拼多多 APP 上面发现一个喜爱的商品后，通过和人分享，可以和朋友一起以更低价格购买。这是一种新的交互模式，它让时间和商品都拥有了聚集起来的可能，从而产生更加巨大的消费需求量。

2.目标客户或市场

传统电商是以商城为中心的，需要引流到平台，层层转化，才能实现交易的漏斗式模式。而社交电商是去中心化的、基于社交关系链构成的、多点分布式的平台模式，用户可以通过任意分享端的链接产生购物行为，很多需求都是因看到朋友分享后产生的及时性需求，用户的购物行为、分享行为都成为社交的一种方式。

"五环外"原本是北京特有的区域名词，而现在"五环外"的新定义为囿于地缘特征与经济水平难以触达或者因为触达成本极高，所以缺失一、二线城市现代化的商业标配服务，从而导致商业模式和消费面貌相对滞后的市场，又称下沉市场。下沉市场的消费者愿意用新的消费方式去购买新的消费品。中国有 289 个三、四、五线城市。因为经济的稳健增长，这些三、四、五线城市的消费者越来越有能力去逐渐替代一、二线城市的消费者，成为互联网企业瞄准的高净值人群。下沉市场的消费者观看"学习型视频"的占比是城市青年的 8 倍，他们不为买房发愁，更爱吃喝玩乐，他们中的 37％有除工资以外的赚钱渠道。将"消费升级"与"目标市场下沉"相结合，不单单解决了消费者的痛点，也创造了新的需求，并且使得品类多样化的需求大幅增长。同时，由于科学技术的进步和加持，各类商品的使用寿命大大延长，赢得了顾客们的充分信任。拼多多通过对于目标市场的精准定位，理解了时代下商业模式创新的真正需求。

拼多多通过把自身的资源、能力选择性地释放出来，沿袭"五环内"的思维和规则，正视中国消费现状的另一个切面：不同层级的市场同样有着梯度性消费升级的需求。有关数据显示，拼多多的用户 65.6％为女性，67.5％来自三、四线城市，来自一线城市的用户仅有 8.1％（见图 7-2）。与此对应，京东的用户中，15.68％来自一线城市，50.1％来自三、四线城市。由于这些城市的女性收入有限，她们对于生活开销更加敏感。低价拼团、物美价廉是拼多多女性用户的首要要求。这些消费者通常更加关注商品的使用价值以及性价比,并不像一线城市女性用户那样关注品牌价值,不愿意为品牌溢价买单。同时,拼团的低价格也迎合了中低收入消费者喜欢折扣商品的消费心理,吸引这些消费者积极参与拼团。

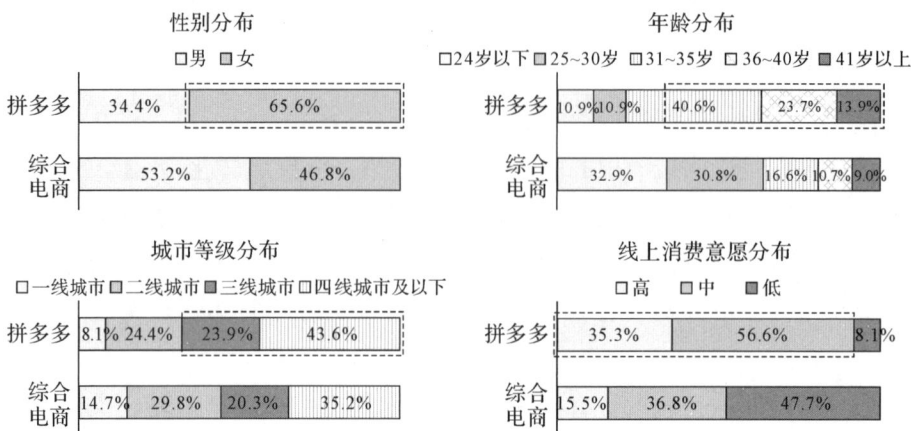

图 7-2　拼多多 APP 与综合电商 APP 行业用户画像对比①

拼多多的活跃用户群体中,不单有年轻的消费者,还存在着大量的 50 后、60 后,他们被称为"电商新增群体"的消费者。移动互联网的普遍应用,衍生出各种社交和支付工具,使他们能随时上网社交和购物。大量三、四线城市及农村地区的新用户,很多都是接触到拼多多后才首次进行电商购物,他们在拼多多获得了比县镇超市与农村集市丰富得多的品类与选择。

所以拼多多的直接竞争对手并不是京东、淘宝这些电商巨头,而是乡镇的电器城和街边的百货店。这些乡镇消费者的需求比较简单,商品的价格实惠、功能完备就可以满足这些消费者的需求。正是因为"拼多多"敏锐地把这群被电商巨头忽略,但是却拥有巨大网购需求的群体作为目标市场,这种错位竞争为"拼多多"站稳中国市场赢得了非常完美的开局。

3. 产品和服务

拼多多通过将社交裂变和购物拼团优惠相结合的激励模式,增加消费者体验和参与感,在配置传统模式功能的同时另辟蹊径,依托微信的海量活跃用户,

---

① 陈剑,林佳霓."小镇大妈"眼中的拼多多[J].企业管理,2018(10):68-70.

利用分享拼团模式，发挥社交的传播属性，通过微信聊天、微信朋友圈等社交平台邀请好友进行拼单，在达到规定人数时拼单生效。2017年从微信登录拼多多的平均日登录用户超9亿人，而到2018年通过微信登录拼多多的月活跃用户已高达10亿人。

分享、拼团和砍价，拼多多的这种新颖的交易服务模式便于消费者操作。对消费者而言，仅仅通过简单的分享，购买到相同商品的价格就能够从零售价降低到团购价，并且分享的双方都能够享受到团购价，这种实实在在的降价实惠对于消费者的吸引力是巨大的。而对商家而言，通过让消费者分享、拼团、砍价的方式，不仅激励了消费者主动向亲朋好友推荐商品，而且可以吸引更多消费者通过拼多多参与购买，将无数零散的需求汇集成批量大订单，从而直接降低了生产商家的营销成本以及销售渠道成本。对拼多多而言，消费者和商家通过这个平台达到了共赢，这个结果自然会吸引更多消费者使用拼多多APP，也吸引更多商家入驻拼多多平台。因此，在这种商家和消费者实现共赢的新颖商业模式下，拼多多取得了长足的发展。

拼多多还利用对供应链的反向设计，通过C2M模式对传统供应链进行压缩，为消费者提供公平且最具高性价比的选择。拼多多通过去中心化，大幅降低了传统电商的流量成本，并且让利于供需两端。基于平台大数据的信息反馈，拼多多帮助工厂实现根据消费者需求产生的定制化生产，并且持续降低采购、生产、物流这一条线的工业成本，让"低价高质"商品成为拼多多平台的主流趋势。

4.关键资源能力

大数据技术为智能手机及移动支付应用不断深入提供了有利条件。大数据技术作为国家战略，在"十三五"期间受到了政策的重点扶持。在物流行业等需求的推动下，大数据产业迎来年均逾100％的增长率，市场规模达百亿级别。我国移动支付应用不断深入，用户使用习惯进一步巩固，网民在线下消费时使用手机在网上支付的比例由2016年年底的50.3％提升至2017年年底的65.5％。移动支付加速向农村地区网民渗透，农村地区网民线下消费使用移动支付的比例已由2016年年底的31.7％提升至2017年年底的47.1％。

因此，拼多多是在互联网用户基数大、纯电商时代暴露弊端、供给侧改革、消费升级等时代背景下，建立在大数据时代和移动支付条件成熟的基础上，针对下沉市场,发现"五环外"存量,通过创新的商业模式诞生的。

如今,商品比价非常方便,几乎没有太多成本,拼多多作为电商平台的后来者,要能异军突起,必须为消费者提供同等价位更高品质的商品,因此,性价比高才是拼多多崛起的关键。拼多多的高性价比是通过分布式 AI 的人货匹配模式实现的,通过分布式 AI 技术,拼多多平台挖掘出消费者的兴趣爱好,把具有相似需求的消费者信息集合在一起,传递给供给端的商家,通过拼单的模式实现消费者批量购买,商家直发,实现"一对多"的匹配。拼多多通过大数据技术的运用,将消费者需求、商家库存和供应链的优化进行集成匹配,通过拼多多平台消费场景的呈现,将商家可能存在的库存匹配成了满足消费者需求的高性价比商品,实现消费者、商家和平台的共赢。

5.合作伙伴

腾讯是拼多多的投资方之一,如今更是拼多多的第二大股东。拼多多的背后能有这样的企业巨头投资,几乎就等同于含着金钥匙出生,这为拼多多创新的营销模式的成功打下了坚实基础。拼多多通过以微信为平台的低成本流量,产生用户的裂变效应,借助微信中人与人之间的社交网络所形成的某些共同话语、相似需求,主动刺激,将这些需求聚集起来,通过分享有礼、分享免单、拼团优惠等方式,并以价格上的优势,快速满足消费者的需求。拼多多平台主要采用在线支付的付款方式,通过微信、支付宝等软件来完成在线支付,并且让微信支付在拼多多的 APP 平台上更加便捷,所以消费者普遍会选择使用微信付款。

数据显示,拼多多这种 C2M 模式已经培育了上千家"拼工厂",订单量也出现爆发式增长。曾经有新闻报道,拼多多平台有家企业两年卖出纸巾 2.6 亿包,每包只赚 3 分钱。在这过程中,企业消化了产能过剩,几乎是零成本实现了精准营销,把节约下来的品牌费用、渠道费用和营销费用部分直接让利给了消费者,实现薄利多销,同时让精打细算的消费者在满足自己需求的过程中,享受了直接实惠。

6.营销渠道

在拼多多建立初期,电商领域市场份额基本被淘宝和京东两大电商巨头所占有,拼多多在很多商品的销售上并不占明显的优势。为了吸引首批用户,拼多多选择了人们生活中的必需品——农产品作为市场切入点,即通过团购的方式销售远低于市场价格的农产品以完成原始客户的累积。在完成了首批原始客户的积累之后,拼多多与腾讯合作采取了与网络社交相结合的推广促销模式,用户可以通过在微信分享促销链接,得到免费的商品或者参与让自己的朋友、亲戚下载拼多多得到大额优惠券以及零元购大额商品的活动。

"零元购"是拼多多的一种独特的营销手段,它是一种吸引客户以及促进用户消费的手段,但并不是拼多多的营利方式。如果用户想要拼到零元购的商品,就必须主动邀请好友进行砍价。一件免费商品往往需要邀请上百位好友进行砍价,即使很多人并不经常使用拼多多,但是会因为这些砍价链接,在帮同事、朋友、家人"砍一刀"时频繁使用拼多多,这为拼多多带来了巨大的流量。拼多多营销渠道的亮点在于将网络社交与电商相结合的营销模式。拼多多将每一个拼多多用户及其朋友圈都变成了流量的节点,他们的每一次分享和砍价都是为拼多多做了免费的广告。这不仅大大降低了拼多多的宣传成本,同时还加快了拼多多获得新用户的速度。

7. 客户关系

在用户层面,我们可以看到拼多多通过"零元购"等活动获得了大量新用户以及宣传,同时更重要的是通过"零元购"等活动,拼多多也加深了用户的依赖性,形成了对用户的一种锁定。在拼多多通过电商和网络社交相结合的方式获得了流量之后,这些新用户其实只是初步地了解拼多多,并没有对其形成依赖,他们不一定会选择在拼多多上进行购物,这不会给拼多多带来实际的利益。此时拼多多就利用"零元购"等活动帮助用户深入了解拼多多,从而将这些流量和用户节点转化成实际的利益。虽然"零元购"活动会减少商家和拼多多平台的一些既得利益,但是这些在微信上积极转发的用户却在无形之中帮助商家和拼多多节约了巨额的广告费用。用户也通过"零元购"的互动,更加了解了拼多多平台及其商家。拼多多平台和商家获得了关注度以及流量,同时用户也可以以低廉的价格得到心仪的商品,平台和用户的互利互惠,锁定了已有用户对于平台的信任感以及依赖感。

传统的电商已经形成了"平台—品牌商—消费者"的权利次序,其普遍的商业利润模式是向大品牌商收取流量租金以实现商业利润。这也意味着,像阿里巴巴和京东这样的传统电商首要考虑的是品牌商的利益。即使在淘宝网上已经成立独立部门的聚划算想要以补贴价销售200万台苹果手机,天猫的苹果旗舰店也会因为怕影响自己的销售业绩而提出反对意见。但是拼多多的逻辑是"消费者—商品—平台",是以消费者和商品的高效匹配为核心的商业模式。所以,拼多多并没有像阿里、京东那么依赖品牌商,而是将品牌商当作服务者和商品供给者,这就是拼多多百亿补贴所体现出的模式差异化。企业的经营过程是向顾客提供价值的过程,而在当今激烈的市场竞争中,这条向顾客提供价值的路径显得格外重要。拼多多通过其独有的社交加电商的营销渠道以及"零元购"这样的独特营销手段锁定了客户,这是其他竞争者无法模仿的资产,这也是拼多多对于用户独特的吸引力,而这种吸引力就是其价值的体现。如果用户没有注意到拼多多的"零元购"或者社交裂变似的团购,那么拼多多就毫无竞争力可言了。拼多多通过与腾讯的创新式深入合作锁定了其特殊的营销渠道,并且通过特殊的促销手段强有力地吸引了新用户,同时也成功锁定了这些用户。

8.成本控制

对于下沉市场以及产品品牌附加值不明显的商品,普通的消费者会选择实打实的优惠价格。为顾客省钱是零售行业的核心竞争力,尤其是在行业基础设施已经落成的基础下,低价可以是提高消费者体验的最佳方式。拼多多的低价来源于两种方式:一种是通过平台补贴而获得价格优势;另一种是成本便宜。这两种方式分别对应拼多多的短期浅层和长期深层的低价策略。第一种通过平台补贴获得的价格优势,从表面上看很简单,只是烧钱,但实际上,这是传统电商平台无法模仿比拟的。其原因首先在于体量的差异。拼多多平台上的百亿补贴其实是在精准地进行"以小博大",专注于补贴苹果手机、大牌美妆等在其他平台上最火爆的商品,用自己的相对低价同款产品去集中"爆破"。这样做成本小,收益大。

电商平台上的商品根据其价格构成大致可划分为三个部分:(1)只考虑上游的生产成本,即出厂价格;(2)加上中游的流通成本,即中间商价格;(3)再加上下游的流量成本(运营推广费),即零售价格。而拼多多的低价策略,首先就体现在压缩中游的商品流通成本,这也是互联网赋予平台的一种共有的优势,以往依靠信息不对称而形成渠道优势的传统经销商和分销商已经被互联网电商平台所替代。拼多多延续了互联网电商平台的思路,但是它将流通环节追溯得更加彻底,直接压缩到了制造端。在上游供应链层面,拼多多的低价策略是以商品和人进行高效匹配的环环相扣的"低价控制"体系:(1)对中游供应链进行极致的压缩,真正做到没有中间商差价;(2)用多重手段持续降低下游平台的流量成本,保持拼多多的低成本获客能力,同时对流量分配机制进行合理化;(3)以需定产,用消费者的自然选择代替平台的人工选择,利用聚集性需求来引导产品体系,主动吸引供货商优化生产链,从而重构商品价格体系。自 2018 年起,拼多多宣布推出"新品牌计划",直接成立最上游的"拼工厂",采用 M2C(生产厂家对消费者)定制化生产模式,不仅缩短了人和商品之间的距离,同时也很好地控制了成本。

9.收入模式

根据拼多多 2020 年第 1 季度的财报,截至 2020 年第一季度,拼多多的年活跃用户数达到了 6.28 亿,该季度增长 4290 万,同比增加 42%,用户的增长势头很猛,全网全域用户覆盖率仍然在提速增长(如图 7-3 所示)。

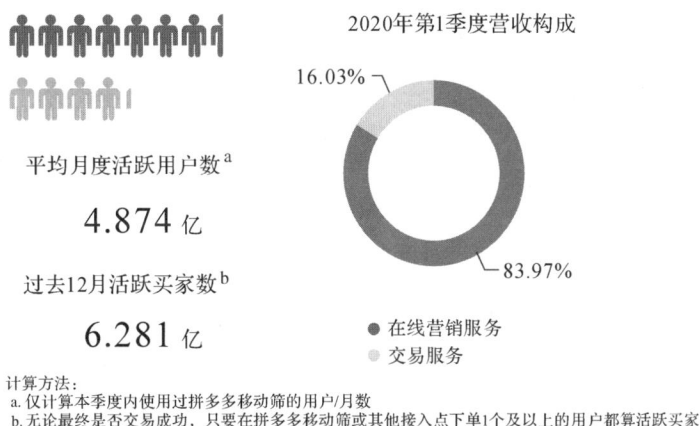

平均月度活跃用户数[a]

4.874 亿

过去 12 月活跃买家数[b]

6.281 亿

2020 年第 1 季度营收构成

16.03%

83.97%

● 在线营销服务
○ 交易服务

计算方法:
a.仅计算本季度内使用过拼多多移动筛的用户/月数
b.无论最终是否交易成功,只要在拼多多移动筛或其他接入点下单 1 个及以上的用户都算活跃买家

图 7-3 拼多多用户数据以及营收构成

图 7-4 也显示了 2017—2020 年拼多多的移动端用户数量持续增长的趋势。同时,在持续性模式和产品创新的带动下,平台的用户黏性不断攀升。据极光大数据,拼多多的用户黏性(继续使用人数÷目前使用总人数)持续上升,并在2019 年达到 78%。

这种用户黏度的上升趋势也说明,在拼多多平台上花钱拉来的用户有很大一部分留了下来。根据拼多多的财务报告,我们可以得出拼多多目前的主要收

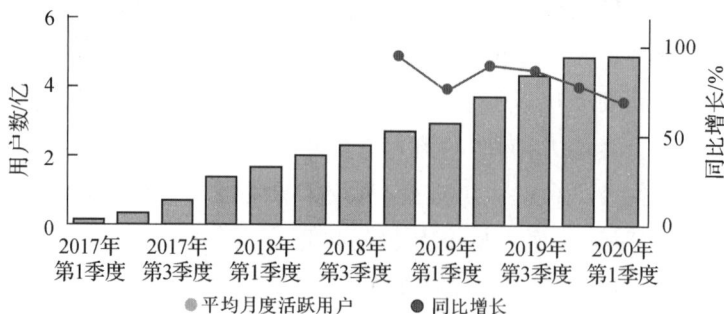

*计算方法：仅计算本季度内使用过拼多多移动端的用户/月数

图 7-4   拼多多用户数据（MAUs）

入来源还是在线广告和交易佣金，其极度依赖流量。在线广告就是售卖广告位、资源位。这里的广告位、资源位是针对内部商家的。此外，拼多多平台上的店铺装修模板也是收费的。因为拼多多的开店门槛极低，所以在拼多多平台开店的人就比较多。越多的人开店，模板卖得就越好。交易佣金即收取开店的保证金。虽然拼多多的开店门槛很低，但商家在拼多多开店，还是需要缴纳一定的保证金的。保证金在商家开店的状态下是被冻结的，只有关闭店铺时才会被退还。这就给拼多多提供了大量的现金流。

7.2.3   拼多多的管理启示

本节首先从价值主张的三个方面：企业定位、目标客户以及产品和服务来体现拼多多的新颖型商业模式创新。拼多多通过创新式的团购拼团、裂变式社交、开阔的目标客户思路、覆盖下沉市场以及对产品和服务的持续创新，整合现有资源。拼多多商业模式的新颖性不仅盘活了中国制造业，也盘活了消费市场的存量。

新的科技带来新的经济，拼多多利用分布式人工智能技术等关键资源实现了比传统电商更加精准的价值创造，积极应用大数据技术对其用户进行深入分析，得出精确的用户画像，将平台优势和大数据技术相互补，从而给拼多多注入了更多的血液和活力。在合作伙伴层面，拼多多帮助生产商、经销商减少库存，同时减少了仓库维护成本以及商品的折旧成本，并且还帮助厂商拓宽商品的销售渠道。由于拼多多的进入门槛低，商家营销成本低，持续稳定的流量给商家们带来了可观的收入。商家在拼多多上开店,企业用户保证金大约为 1000 元,个人用户保证金为 2000 元,仅有海淘、水果生鲜和美容类需缴纳 1 万元左右的保证金。其次,对于商家来说,拼多多以自身平台的优势为商家提供广告宣传,通过广告可以提高其品牌知名度,同时提高产品的销量。拼多多运用这种与众不同的新颖方式来进行价值创造,使得其价值利益的发展取得持久有效的成绩。拼多多通过与腾讯微信的创新式合作,推出了很多极具特色的营销模式,比如微信好友助力免单、砍价免费拿等活动。这种新颖的方式不仅让拼多多的平台得到了宣传,并且许多消费者还带动了周围的亲朋好友为其"砍价",为拼多多吸引了更多新用户。拼多多不仅突破了实体门店的限制,利用大数据资源能力分析搜寻消费者期待的商品,使消费者的低价需求得以挖掘,直接激活了中小微制造企业的存量。拼多多将供应链的上下游企业进行压缩,创造出更低成本的物流模式。拼多多的新颖型整合资源模式,更加凸显了其线上线下融合、零售业与制造业融合的特点,充分发挥了制造业数字化、平台化、智能化的赋能作用,促使制造企业走上了制造业整合资源的高品质发展之路。

7.3　网易严选:效益型提高效率

7.3.1　网易严选简介

2016 年以前的电商市场基本被淘宝和京东两巨头垄断。网易严选最初由网易邮箱部门发起。网易严选成立之初,大部分流量来自网易邮箱和门户等自有流量,只要一打开网易门户类网站,就会弹出网易严选的广告,通常为日常所用商品,例如拖鞋、旅行箱等。除此之外,还有其他的广告形式早期为网易严选进行了大量的导流。

网易严选是国内首家原始设计制造商(Original Design Manufacturer,ODM)模式的电商,是网易公司旗下的自营生活家居品牌,主要针对中端客户群,关注商品的品质。网易严选于 2016 年 4 月正式上线,上线当月就达到流水 3000 万元。网易严选采用 ODM 模式,商品的设计制造是全部或部分使用受托方的产品设计与生产,冠以自己的品牌名称进行产品销售。首先,ODM 模式使产品质量有保障。网易严选既是销售方也是品牌方,通过深入产业链,向供应链上游的制造等环节渗透,参与设计和品质管控,能使供应链各环节进一步优化。其次,ODM 模式可使价格合理化。网易严选采取将工厂和消费者相连的方式,减少了部分中间环节,去除了层层溢价。这种模式不仅可使商品成本降低,并且能够向消费者提供具有最优性价比的商品。网易严选取得了电商企业与制造企业的双赢,在现有的电子商务模式中具有一定的优势。

网易严选涉及的商品门类从最初的家纺、家居,再到厨卫、箱包、母婴、视频等,2019 年度已拥有 8 大品类。其商品规格从 30 多个增长到了 5000 多个,发展势头良好。2018 年网易第二季度报表显示,网易的邮箱、电商以及其他业务的净收入为 33.5 亿元人民币,同比增加 68.9%①,其中网易严选对整个增收绩效的贡献尤为突出。

7.3.2 网易严选商业模式的创新路径

本节将会从价值主张、价值创造、价值传递和价值获取的几个角度对网易严选的商业模式创新路径进行详细分析。网易严选通过改变提供产品和服务的路径,创造了中国首家 ODM 商业模式电商,通过效益创新,创造了高效的运转链条,将网易严选的高品质产品直接送到客户的手中。减少了中间商的利润,让利给工厂和消费者两端,极大地降低了成本,取得了巨大的竞争优势(如图 7-1 所示)。

1. 企业定位

经过电商多年的发展,网购一代已经形成较成熟的观念。许多消费者对价格过低、品质低劣的商品已经没有购买欲望,商品的品质成为消费者重点考虑的因素。网易严选孵化于网易公司,有着资金与渠道的先天条件,这使其作为新兴电商网站具有显著优势。网易严选产生之初就专注于产品质量与性价比,经过软硬件的融合,将这一初心逐渐实践为品牌的差异化定位。严选重在"严"字,高品质、高性价比的产品和服务成为营销升级的关键。网易严选要让优质制造商集成化地进入消费市场,所以它的定位是一个网易的自主品牌。网易严选坚持

---

① 网易 2018 年财报。

以"好的生活没那么贵"作为其品牌理念。这不仅是对产品、价格的一种定位，更是一种生活理念的延伸。除此之外，网易严选最突出的特点是它对自己的定位不是一个电商平台，而是一个有品质、有活力的品牌。成立于 2016 年的网易严选，是中国"互联网制造"的先行者。它不仅开辟了中国电商市场上自有品牌的新思路，还利用互联网数据优势，向工厂反向输出标准，助力中国制造业的转型升级。2016—2019 年，网易严选已经与 500 多家制造工厂实现了深度的合作，打造了众多有口碑的商品。网易严选旨在打破价值壁垒，抓住那些对于高品质有追求的理性消费者。

2. 目标客户

网易严选是在国内首创 ODM 模式的电商。它是第一个剔除了品牌溢价和各种中间环节直接与制造商连接的电商平台。随着中国经济的腾飞，中国一、二线城市的消费者对于商品品质的挑剔程度也经历了一个质的飞越。中国消费者都渴望好的商品，但是满足这部分消费需求的品牌商品由于分销环节多，所以价格虚高。网易严选首先找到源头制造商，并且打造了 DTC（Direct-to-Consumer）营销渠道，让消费者以更加合适的价格买到同样高品质却没有品牌溢价的商品。同时，网易严选通过自己的平台渠道优势可获得一个合理的利润。在消费者中，网易严选抓住"新中产"这一特殊群体，为其提供经精准筛选的产品，为用户打造简单、舒适、环保的商业模式。网易严选根据"新中产"用户的喜好和反馈做好市场定位，成功打造自营电商平台。网易严选定义的"新中产"群体一般在 20～40 岁，有高学历，白领，收入较高。其中，高学历者大部分喜欢极简的风格；白领工作较忙碌，平时没有过多时间打理生活；收入较高者生活要求高，对商品品质敏感。这类网易严选抓住的目标群体，更注重商品的设计和实用性。网易严选根据目标用户的特点，推出简洁的高质量产品，很好地符合这类群体的需求。网易严选的成长和成功，不仅在于他对"新中产"消费者群体的精准把控，把握正确的时机也在其成功的背后产生了非常重要的作用。

3. 提供产品

中国制造业在过去 20 年经历了迅猛的发展，成为世界制造工厂。网易严选的品牌名称"严选"即代表自己是"反品牌"的品牌。"严选"意为"经过严格选择的商品"。一般品牌强调品牌自身的价值，但是网易严选的定位是推出将"低价"

和"优质"集于一身的高性价比商品,以"无品牌"为自身品牌的目的就是消除品牌给予大众的溢价感。网易严选把 ODM 模式提供给消费者并且去掉品牌溢价的行为是在反对过度消费主义。网易严选的用户大多寻求非个性化的产品,并且对性价比的要求较高,而 ODM 正好符合大众化的生产要求。网易严选目前的商品有一级分类 8 个、二级分类 71 个,并且拥有商品种数 2850 个。从网易严选的选品角度我们可以看出,其主打的商品都是近年的热销款。相对初期的网易严选,现在其商品在类别上有了很大的扩充,但是在一级和二级类别目上基本没有大的变化,可以看出网易严选的商品的基本目标为生活百货。

网易严选在小件商品上,比如袜子、内裤、毛巾、食品上做足了功夫,因为这是增加流量的非常好的手段。用户购买小件商品的频次会明显地高于大件商品,所以网易严选可以用小件商品带来流量,用大件商品带来利润。不过,网易严选的主力商品的价格多是在百元以内的,热门商品的价格通常是 19.9 元、29元、39 元、59 元、69 元。对于那些刚刚毕业的白领来说,网易严选堪称新时代的"百元店"。可是传统"百元店"的生活用品并没有像网易严选这样的质量保证,国内十分缺少在这个价格段值得信赖的品牌。

4.关键资源能力

网易拥有自己独特的模块技术服务网,如易测、网易云、网易蜂巢、易盾等。这些母公司的技术服务就已经给云产品提供了很大的技术支持。网易严选在研发初期就使用了网易云的服务,这不仅极大地节省了团队协作的时间,也保持了团队人力成本的轻量化。网易自身的模块化技术服务支持是网易严选得天独厚的关键资源能力。同理,网易严选作为网易生态圈的一分子,可以得到网易其他产品的客户信息,从而做到精准度极高的定制广告推送。例如:当网易邮箱用户收到 MUJI、Adidas 等品牌的邮件推送时,网易严选就可以精准识别出其潜在的消费者。不仅如此,考拉海购也为网易严选独立设置了品牌专区,并且在搜索相关品牌的同时就可以搜索到和网易严选类似的商品,这不仅提高了网易严选的定位,也带来了更多精准的流量。与此同时,网易云音乐、网易新闻等其他网易生态圈产品都为网易严选的广告提供了大力支持。

5.合作伙伴

中国的制造业已经涌现出一批全球一流的制造工厂,比如中国的许多纺织企业早已经不是简单的贴牌商,它们完全具备成熟的研发设计能力和丰富的经验。我们以溢达纺织与网易严选的合作举例。2019 年溢达纺织生产了 1.1 亿件衬衫,相当于平均每秒生产 9 件衬衫,这些衬衫有 42% 销往美国,24% 销往欧洲,国内的销售仅占比 13%。溢达纺织生产的男士棉制梭织衬衫的出口额已经连续 14 年在国内同类企业中位列第一。网易严选在成立后不久就开始与溢达纺织合作,双方就面料、款式、设计、生产仔细磨合了整整半年时间,才谨慎推出了第一批合作衬衣,结果一经推出,就差点卖脱销。目前网易严选的 22 款衬衣绝大部分是由这家有着 30 多年历史、在全球建厂的老牌实力制造商供应的。在大众消费升级的过程中,用户对衬衣的面料需求、舒适度需求、外观需求都有着不一样的升级。在合作中,网易严选会根据大数据分析结果,给出数据参考资料,并在生产研发的每个环节提出参考意见,而溢达纺织凭着丰富的制造经验,知道如何把质量做到最好,也知道用什么样的工艺把消费者喜欢的东西表达出来。在网易严选眼里,如今中国这片土地上诞生了一大批世界顶级的代工厂,而它们本身就大有可为,自带主角光环。它们早已不像当年那样只会给大牌厂家代工,很多制造商早就从设计前端开始介入,拥有自己优秀的设计师团队和品牌,只不过一直在工厂端很难靠自己的力量走出瓶颈,在大环境下完成转型升级。而此时出现的网易严选就是借流量和资源整合优势推进中国制造业,推进高质量发展。

6. 营销渠道

网易严选自建了以主站为核心的销售渠道体系,上线全品类商品,依托同类严选原则,通过低倍率定价直连优质供应商与用户。同类严选是指网易严选上的同类商品只提供最好的,消费者购物更加简单。网易严选对商品的要求是好评率必须达 95% 以上,可见其对商品品质的严格把控及对消费者的重视。全品类是指,网易严选的商品已覆盖 8 大品类,包括居家餐厨、食品、服靴、洗护、电器、母婴、出行、全球特色,以满足消费者一站式购物体验。在国人需求方面,严选根据中国消费者的习惯和喜好设计商品。在网易严选出现之后,国内诞生了众多"严选类"电商,但其最根本的不同在于,网易严选打造的是一个依托电商渠道的消费品牌,所销售的每一件商品使用的均是"网易严选"这一品牌标识,提供统一的质量标准、服务标准和用户体验,而其他"严选类"电商,大多仍是以平台为核心,商品大多是由入驻平台的第三方厂商提供的,并未形成统一的品牌。

7.客户关系(分为消费者和供应商)

中国制造业面临着全球化挑战,出现了制造业订单回流。国内的一些高品质制造商和供应商过去大多数只接受国外的大批量订单,并不看重国内电商的小批量和高频次订单。但是,近几年来随着经济全球化的发展以及世界经济的下滑走向,一些国外订单流失到劳动力和资源更加便宜的国家,国内制造业正面临着转型的压力。此时网易严选的 ODM 模式,不仅给予这些高品质的制造商一个尝试突破的机会,也是网易严选进军电商领域的创新点。这种在中国市场开辟式的商业模式创新,实现了消费者和制造商以及供应商的多赢。从制造商和供应商的角度来看,网易严选首先给了他们代工的利润,并且会签订 3~5 年的长期合作合同,还向所有合作的供应商按照银行定期利率支付压款利息。按照网易严选给供应商和制造商的优惠政策,一般为国际品牌代工的工厂的毛利率可以有 5%~10% 的增长。这是网易严选给予制造商的实际利润。除此之外,这些高品质的制造商和供应商在网易严选提供的扶持和合作下,在当下巨大的转型压力之下,有可能寻找到更多的制造业务。网易严选可以通过大数据共享、产品设计反向开发以及提供营销策略,对制造商和供应商在向上游制造业发展的过程中提供重要的帮助。网易严选对于制造商的层层筛选,不仅保证了其自身产品的质量,而且可以利用制造商的硬实力诠释强强联手的持久性发展。

8.成本控制

网易严选的成本控制体现在其严格把控整个生产环节,从原料的采购到通过 ODM 模式与大牌制造商合作。其严格对待生产、质检等各个环节,不仅为消费者带来了品质好物,也在制造过程的各个环节控制了生产成本。

网易严选参与制造环节,达成降低成本一般有三种情况。第一种是在对现有产品进行设计、改造中降低成本。网易严选会在产品的设计阶段和工厂一起探讨成本最优的制造方案。例如,很多旅行箱前面都会有一个挂包的小扣子,但从实际的使用情况来看,这个小扣子的使用率其实是极低的,而只要省去这个小扣子就可以省去十几元到几十元的成本。网易严选和与其合作的箱包工厂一起研究设计,去掉了这个小扣子,并且节约了十几元的成本。第二种是发挥电商的优势,定下一个大的销售目标,通过扩大销量来降低单品的价格,提升毛利率。

第三种是通过集中大量采购原材料，并且将其用于多种用途。例如，网易严选采购的羽绒原材料既可以和不同的生产商合作生产羽绒服，也可以用于生产羽绒枕或者羽绒被。网易严选对整个生产供应链的成本控制能力令人折服，其很好地运用了自己的平台优势，为在生产过程中开源节流赋能。

9. 收入模式

网易发布的 2019 年第一季度财报显示，包括网易严选、网易考拉在内的电商业务净收入为 47.89 亿元人民币，保持了同比 28.3% 的稳健增长，毛利率优化至 10%，同比亦有提升。网易严选作为网易电商的重要组成部分，通过创建 ODM 严选模式，赋能传统制造业转型和发展中国国民品牌，帮助国家推进扶贫计划，对推动国民消费升级发挥了积极的作用。

2017 年网易严选的毛利率在 35%～45%，其中包括因处理库存而损失掉的部分利润。这意味着，网易严选的毛利率要高于京东的 16.1%、唯品会的 23.5%，也要高于亚马逊的 33%，似乎是当时已知的 B2C 电商中毛利率最高的平台。网易严选能有这么成功的效益，第一是因为其创建的 ODM 模式，都是一手货源，不和代理商或者经销商合作，通过和厂家的直接合作获得盈利；第二是因为网易严选有其自身的平台优势，订货量大，容易得到制造企业的青睐，再加上网易严选的品牌效益，制造企业就可能给出价格上更大的优惠。

7.3.3　网易严选的管理启示

随着国民消费水平的不断提高，个性化的消费模式、多样化的消费结构以及品质化的消费需求已成为国民消费的显著特点。2016 年，网易严选率先洞察到了这一趋势，并开始进行以效益型为主的商业模式创新。通过与上游制造商直接合作，网易严选为消费者提供了个性化、高性价比的品质商品。同时，网易严选依托"严选"模式，对合作工厂进行价值赋能，帮助传统制造业实现了转型升级。所谓"严选"模式指的是：在生产方面，网易严选通过介入生产过程，帮助企业改造生产线，提高产能效率以及良品率；在数据方面，网易严选利用互联网技术优势，帮助企业感知市场变化和理解消费者，以改善生产计划与管理，提高库存周转率；在品牌方面，网易严选坚持品质追求，帮助工厂培育最适合中国消费者的中高端商品，以更快的速度突破口碑、时间和信任的壁垒，快速获取用户。

网易严选通过对营销渠道的严格把控,成为中国首家采用ODM模式的电商平台。网易严选对原料采购、生产、销售和售后等全产业链环节进行严格把控,并将产品定制、调整成消费者喜爱的风格。网易严选颠覆了传统电商的两大理念:其一是商品品类齐全;其二是消费群体的大面积覆盖。网易严选通过对消费群体及其变化的研究,抓住细分市场来提供更为精准的服务,以满足不同消费群体的需求。它的成功不仅由于它对自身品牌的明确定位和独特的ODM差异化经营,而且由于它抓住了消费升级的契机,打入了中产阶层消费的主力市场。网易严选采用以效益型为主的创新模式,对选品、制造以及上架整个过程进行把控,从而能持续为用户带来高质量的产品。

从网易严选的以效益型为主导的盘活存量的创新模式中我们可以看出:在现代市场竞争下,企业的成败在于其对供应链和生产成本的控制能力。网易严选通过借助网易邮箱的近10亿用户基数,以媲美大牌质量的严选商品实现反向定制生产,大幅度提高了中国制造的效益性。网易严选通过不断开源节流,专注于提升自身对于资源的高效率利用,并且和制造厂商强强联手,一起对生产资料、生产设计以及生产工艺层层把控,提高资源利用率,实现高质量发展。网易严选凭借技术、用户、品牌的综合优势已俨然成为赋能传统制造业的关键力量之一。未来,以网易严选为代表的现代服务平台将加大与制造业的合作力度,协同各方力量,提升制造业的整体竞争力。

7.4 结语

商业模式创新是企业价值创造和企业竞争力提升的必要路径。企业的商业模式可以包含多个要素,而这些要素间的关系和动力机制的共同演化过程被称为商业模式创新。本章基于两个案例与相关理论基础,提炼出了两条路径,概括了企业如何通过商业模式创新盘活存量,进而实现高质量发展。

本章根据现有研究,将商业模式创新分为新颖型商业模式创新、锁定型商业模式创新、效益型商业模式创新与互补型商业模式创新,根据案例资料将盘活存量过程分解为输入(input)、发展(progress)、输出(output)三个子维度,分别对应"整合资源"、"提高效率"与"提高产品附加值"三种盘活存量的界定。通过对拼多多与网易严选两个案例进行分析，本章将归纳出的路径分别概括为"新颖型资源整合路径"和"效益型提高效率路径"，描述了企业如何通过这些路径获得持续性的竞争优势与价值增长。

此外，本章也给出了相应的管理启示：(1)企业应当积极引入新的合作关系、交易机制、连接方式和内容等，打破原有的路径依赖，提高商业模式创新的迭代频率。(2)企业应当积极与互补型外部企业合作，建立多元化的战略联盟，增强自身竞争力。(3)本章中归纳的四种途径可以混合使用，企业需要积极尝试，针对快速变化的社会、市场情景，提出自身的组合高质量发展途径方案。(4)企业应当根据不同的路径制定动态商业模式创新战略，由战略导向引导自身路径的发展。

第8章　技术创新驱动,激活存量领域

党的十八大以来,以习近平同志为核心的党中央对科技创新的高度重视前所未有。用技术创新驱动高质量发展,是贯彻新发展理念、破解当前经济发展突出矛盾和问题的关键所在,对于实现"两个一百年"奋斗目标、实现中华民族伟大复兴的中国梦至关重要。

企业是技术创新的重要主体。技术创新是企业提升核心竞争力、获得高质量发展的重要来源。企业要想在竞争中获取优势,就必须从不断变化的市场需求和自身的实际状况出发,不断进行技术创新,改进生产工艺,改进运营过程,改进管理方式,对企业的内、外部资源进行调度和重新配置,提高生产和运作效率,降低企业在生产、运营活动中的成本,不断推出满足市场需求的新产品,不断提高产品的技术含量和附加值,以达到盘活存量的目的。

8.1　本章的分析框架

技术创新主要分为关键技术创新、流程技术创新与组织技术创新。关键技术创新是指在一个系统、一个环节或一项技术领域中起到重要作用并且不可或缺的环节或技术的创新,可以是技术点创新,也可以是对某个领域至关重要的知识的创新。流程技术创新是指在生产和制造过程中引入一种尚未尝试过的新方法,包括新工艺、新设备和新的组织管理方法,使企业能够提高经营效率,改进经营方案,通过降低产品生产的边际成本为公司创造价值(杨慧军和杨建君,2015)。组织技术创新不仅仅是采用新的管理方式和方法,调整组织结构和比例关系,更多的是采用数字技术等新方法将企业资源进行重组与重置,使企业发挥更大的效益。

盘活存量指的是企业针对已有资产和运营流程,通过各种途径提高资源的使用效率，降低生产和运作成本，或者是丰富现有业务或产品的价值，努力实现价值利用的最大化，以此建立企业的核心竞争优势。盘活存量可以存在于企业职能的方方面面，包括生产、制造在内的技术职能，包括采购、销售在内的商业职能，包括组织、协调在内的管理职能等。对于中国企业来说，在全球化和数字化的情境下，企业迅猛发展，传统的运作模式已经不能满足多样化、多变化的组织需求。因此，企业只有通过技术创新，在管理职能的各个方面进行升级、增值，才能应对激烈的国际竞争，迈向高质量发展。

本章基于技术创新的这三种模式，总结了企业通过技术创新盘活存量，实现高质量发展的三条路径：以杭州嘉云数据科技有限公司为例，企业通过关键技术突破，联结供应端与消费端，将供应链升级，突破了行业瓶颈；以青岛红领集团为例，企业通过流程技术再造，丰富现有业务价值，为价值链增值，实现价值链跳跃；以阿里巴巴网络技术有限公司为例，企业通过组织技术重构，提高利用效率，建立数据闭环，使得信息共通、共享、共用，激活了组织体系，成功为组织赋能（见图 8-1）。

路径	数字技术创新驱动	＋	盘活存量	⟶	高质量发展
关键技术突破	关键技术	＋	供应链升级	⟶	突破行业瓶颈
流程技术再造	流程技术	＋	价值链增值	⟶	价值链跳跃
组织技术重构	组织技术	＋	组织体系激活	⟶	组织赋能

图 8-1　高质量发展路径框架

8.2　嘉云科技：关键技术创新

关键技术是指在一个系统领域中不可或缺的环节、技术或者知识，其通常会成为限制该领域发展的天花板（万劲波，2003）。企业如果在关键技术上有所突破，控制着同行业技术的制高点，就可以使得本企业能够生产出有别于、胜过其他企业的产品,或者是"提速增效",大大降低企业的运作成本,实现生产率的大幅度提升,突破行业瓶颈。本章以杭州嘉云数据科技有限公司(下文简称嘉云)为例,对关键技术突破路径进行详细说明。该企业基于数据分析进行关键技术创新,针对行业内的核心技术难题,采用轻自营模式,利用大数据分析能力建立智能化、系统化的供应链管理系统,联结供应端与消费端,并且对商品和服务知识进行采集、整理、连接,从而在跨境电商领域取得突破,建立起核心竞争力。

8.2.1　嘉云科技简介

杭州嘉云数据科技有限公司成立于 2014 年,是一家大数据行业的高新技术企业。该公司提出了将人工智能技术应用于出口产业的计划,2015 年推出跨境出口大数据分析工具"爆款易",针对出口跨境电商 B 端客户的第三方大数据分析平台,通过对 eBay、Amazon、速卖通、wish 等网站的数据抓取,获得服饰、家居等非标商品的销量、进价、售价等信息,服务数十万出口企业用户。2016 年嘉云转型进入跨境电商 B2C 领域,推出了购物 APP"Club Factory",面向海外消费者,致力于为用户提供物美价廉且新潮实用的商品,类目涵盖服装、鞋包、配饰、美妆、3C 数码、家居用品等,同类商品价格比 Amazon 便宜 30%,比 eBay 便宜26%。Club Factory 在 2018 年印度电商非标品类中排名第一。

8.2.2　大数据联结供应端与消费端

传统的跨境电商平台通常由商家进行商品定价、与顾客交流、负责商品的物流与售后等服务,平台需要大量人力成本、时间成本才能与上游供应商一一建立联系,而以数据分析起家的 Club Factory 则采取了完全不同的模式。Club Factory 是一家采用轻自营模式的"工厂/供应商"直销平台,它直接打通印度用户与中国供应商,上游直接对接中小型厂家、批发商等供应商,通过算法向用户智能推荐商品。平台统一负责包装、质检、物流和售后环节,使得用户体验稳定可控。海外买家下单之后,系统自动匹配出能够出货的供应商,并能够通过面料、款式,供应商的资质、产能、交易历史等关键信息进行自动筛选,挑选出性价比最高、价格最优惠的产品。供应商将货物通过国内物流发送给平台仓储,平台负责质检并打包发送至海外,在当地采用第三方物流。在挑选商品时,Club Factory 通过大数据爬虫抓取海外用户爱买什么商品,然后在海量 SKU(库存保有单位)中寻找、分析用户最有可能喜欢的商品。这种模式介于淘宝平台化与京东自营化之间，不仅丰富了非标品的种类，而且利用直接打通供应链的优势，大大减少了中间环节，提高了运作效率，降低了成本和商品价格。

通过对用户端消费行为数据、供应商数据，以及库存、供应链和物流数据进行结构化的分析建模，Club Factory 自主研发了供应链管理系统，创建了一套人货匹配的图谱系统。这套图谱系统可以将高度个性化的用户需求与合适的厂商进行匹配。在上游供应链端，Club Factory 整合了多达数百万家的供应商以及数千万种商品，其中 60% 是生产商，可以从中选取性价比最高的厂商拿货。这些商品的特点是无品牌、时尚且价格较低，在印度有巨大的市场。数量充足的供应商使得 Club Factory 的缺货率低于 1%。同时，Club Factory 由于采用了数字化的供应商管理模式，在每件单品的价格比 eBay/Amazon 便宜 30% 以上的情况下，其仍能保持约 30% 的利率，形成了巨大的竞争优势。Club Factory 凭借高效的供应链管理系统，产品以"工厂价格""超低价格"直销全球。

Club Factory 通过大数据 AI 服务平台联结消费侧与供应侧，目前已经实现了"人工智能＋商品""人工智能＋消费者""人工智能＋供应链"的全方位技术创新。基于商品知识图谱的商品管理系统，Club Factory 实现了机器管理千万量级的前端商品，克服了传统电商平台卖家需手动上、下架商品和更改商品价格的困难，实现了实时的商品智能上、下架和价格动态展示。海量、丰富的商品数据为用户带来了多样的购物选择；大规模的用户行为数据搭建了多维度、立体、清晰的用户画像。用户浏览和购买的商品越多，系统就越了解用户的消费偏好。基于商品与用户的画像建模，人工智能使得用户可以非常便捷地在平台上找到喜欢并且适合自己的商品。另外，人工智能系统能够有效地集成商品管理模块、仓储管理模块、供应商管理模块、用户管理模块以及订单管理模块，通过匹配海外消费者需求，指导出口厂家的生产，大幅优化行业，商品成本在行业平均成本的基础上降低了 30%。智能推荐是 Club Factory 的核心特色，当用户下单时，后台会综合退货率、入仓时效、商品质量等信息，自动匹配一个"最优供应商"。这对于用户而言，一方面收货时间更短，同时也能享受到相对实惠的价格。

现在，Club Factory 已经完善了以零售业务为主的供应链管理系统，专注于为个人配对，基于人工智能算法向用户推荐产品。其应用程序采用人工智能技术，实时比较各个制造商的价格，为客户提供价格最低的产品。这有助于减少不必要的中间环节,降低成本。此外,Club Factory 还可以为供应商提供与生产相关的建议,比如爆款商品的详细信息以及用户喜欢的设计方案等,从而降低滞留库存及其成本。

8.2.3 嘉云科技的管理启示

传统的跨境电商平台需要大量人力成本、时间成本才能与上游供应商一一建立联系,而 Club Factory 基于大数据分析能力进行关键技术创新。虽然还是基于传统的业务和资源,但 Club Factory 一方面对商品和服务知识进行采集、整理、连接,形成了商品和服务的知识图谱,通过算法智能管理商品,降低了管理与运作成本,提高了效率;另一方面研发了供应链管理系统,开发了基于人工智能的人货匹配算法,数字化、系统化地管理商品及供应商,建立了"工厂/供应商"直销平台。这种轻自营的模式直接打通了印度消费端与中国供应端,在整个供应链上达到效率最优,同时建立起"速度"与"价格"优势,实现了存量盘活,形成了企业的核心竞争力,破解了跨境电商行业内普遍存在的人力和时间成本高的难题。

由此可见,企业可以基于关键技术创新,将供应链升级,通过数字化管理供应链系统,联结供应端与消费端,突破行业瓶颈,在关键领域站稳脚跟,迈进高质量发展。

8.3 青岛红领:流程技术创新

流程技术创新涉及企业在生产主要产品或服务的活动和运营过程中,采用数字技术等新方法将企业资源进行重组与重置,在组织生产流程和服务运作的过程中引入新的流程和要素,使企业可以利用独特的能力,发挥高效的职能,建立竞争优势。虽然这种方式只是改变了制作和运营的流程,并没有改变产品生产的结果,但其实施难度非常大,需要引发组织结构和管理系统的全方位变革。以青岛红领集团(现更名为酷特智能股份有限公司,下文简称红领)为例。红领通过流程技术创新,在现有业务的基础上,重新编排了产品制作流程,改变了价值传递和价值创造过程,延伸了业务价值,实现了价值链增值。

8.3.1　青岛红领简介

红领创建于 1995 年,是一家生产精品西服、衬衣、工装等服饰系列产品的专业化大型服装生产企业,拥有总资产 12 亿元,实现年销售收入近 10 亿元,有 3 家子公司、15 家分公司、5 个国外分支机构和 2 个工业园区,形成了以西装厂、衬衣厂和休闲裤厂为主的三个专业研发制造工厂。

成立初始,红领的业务一方面是为海外品牌完成 OEM(代工生产);另一方面针对国内的消费者市场,发展自有品牌。2003 年,红领萌生了定制的想法,开始陆续投入研发。耗时 10 年,红领实现了大数据驱动下的大规模定制生产。2015 年,红领的大规模定制化模式已经成熟,开始输出到服装行业以外,为其他行业的企业提供商业解决方案。

8.3.2　C2M 模式将"私人定制"标准化

C2M(customer to manufactory)模式是红领的精髓所在。个性化定制对经验、人工的依赖非常强,成本非常高,难以量产。一方面,定制服装的量体方法需要量体师有长时间的经验积累,且量体经验不可复制;另一方面,工厂难以找到数量众多、经验丰富的量体师,这样不仅人工成本高昂,而且每位量体师量出的数据不能用于标准化的工业生产。

面对这一问题,红领基于过去在服装行业十多年的累积,采用数据建模和标准化信息采集的方式,在流程技术上进行创新(见图 8-2),将用户分散的、个性化的需求,转变为生产数据,改变打版和量体方式,建立 C2M 模式。这种模式提升了服装制造业的产品价值,使在传统意义上处于"微笑曲线"最底端,即在整个价值链中附加值最低的服装制造环节上升至"微笑曲线"的最顶端。一方面,红领提高了生产效率,降低了生产成本;另一方面,顾客可以用更低廉的价格、花费更少的时间,买到以往少数人才能买到的个性化定制产品。

红领的流程技术创新主要分为流程数据化、流程模块化以及流程平台化三个部分。

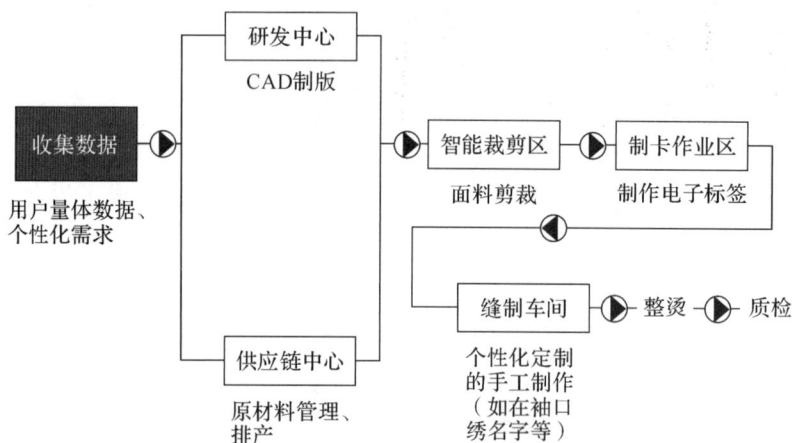

图 8-2　红领流水线生产定制西装流程

资料来源：第一财经周刊，(2017-03-16)[2020-05-15]https://m.sohu.com/a/129022065_465303/.

8.3.3　流程数据化

在数据建模方面，红领结合积累的数百万用户个性化定制的版型、款式、工艺等数据，包括各类领型、袖型、扣型、口袋、衣片组合等设计元素，构建了海量版型的数据库。基于数据库分析，系统将人体三维数据与布片二维数据在数据库中构建一一对应关系，整理出包括技术、材料、生产等所需的数据信息，如不同的版型对材料的消耗量、不同面料的裁剪方式、部分工艺的具体实现方法等，进而将总结出来的信息与规则数字化、模型化，并储存在专用的数据库中，以备生产时使用。同时，定制化数据还会不断更新，模型会随着更多版型数据的输入而不断优化。例如，在早期的数据库中，腰围和立裆的数据相关联，设计的规则是腰围加大，立裆随之加长，但是随着数据越来越丰富，红领修改了模型，使关联更加准确。

在数据采集方面，红领自主研发了量体工具和量体方法的相关专利，采用3D激光量体仪对人体 19 个部位的 22 个尺寸进行数据采集，形成数据库。客户在定制服装时，只需在定制平台上填写或选择自己的量体信息、特体信息和款式工艺信息等数据，后台的智能系统就会根据客户提交的数据，自动将其与数据库中存储的模型进行比对，输出客户的尺码、规格号、衣片、排料图、生产工艺指导书以及订单物料清单等标准化信息，把个性化的信息变成标准化数据。与此同时，网页上会展示给客户一个 3D 模型，通过模型，用户可以立体、细致地观察款式、颜色、细节设计、布料材质等。用户体型数据的输入能够驱动系统内近10000 个数据的同步变化，能够满足驼背、凸肚、坠臀等特殊体型特征的定制，覆盖用户个性化设计的各种需求。

目前，红领的数据库覆盖男装、女装和童装三大类目，每个类目又细分为西装、外套、衬衣、裤子和马甲五个子类目，可对服装提供 1000 万亿种设计组合和100 万亿种款式组合供用户自由搭配，满足用户对领型、口袋、面料、里料、拼接、个性刺绣及品牌标识等个性化的需求。

8.3.4　流程模块化

为满足用户的个性化需求，传统的定制工艺通过手工的方式进行量体、打版、剪裁、缝制、熨烫等，这些步骤无法避免生产效率低、制作周期长、人工成本高等问题。工业化流水线的生产模式则可以大幅提升生产效率，降低成本。但流水线生产只能制作类型化的成衣，无法满足用户的个性化需求，产品的附加值也大大降低。

为提高效率、降低成本并满足个性化需求，红领在完成采集信息的数据化之后，将用户的订单信息进行模块化分解，自主研发了在线定制直销 C2M 平台，以数据驱动生产，网络设计、下单、定制数据传输全部数字化。

为了使复杂的订单信息能在标准化的流水线上运作，一方面红领将成衣过程合理地拆解为每道工序执行的特定工作；另一方面，红领通过严密的算法，测算出大批量个性化生产环节应该安排的合理工作量、每道工序的工作时间等，以保证每一道工序相互衔接，避免造成产能浪费。

用户的定制需求通过 C2M 平台提交，系统自动生成订单信息，订单数据进入红领自主研发的版型数据库、工艺数据库、款式数据库、原料数据库进行数据建模。C2M 平台在生产节点进行任务分解，以指令推送的方式将订单信息转换成生产任务并分解推送给各工位。

在生产过程中，每一件定制产品都有其专属的电子芯片，这一芯片会伴随整个生产流程。每一个工位都有专用终端设备，用来从互联网云端下载和读取电子芯片上的订单信息。

目前,红领个性化定制系统使工厂从接单到出货最长只需 7 个工作日,且价格相较于传统定制服装具有极大的竞争力。通过酷特智能 C2M 系统,红领的生产成本降低了 40%,利润率提高了 100% 以上,提高了工厂的生产效率和企业资产、资金的周转能力。

8.3.5 流程平台化

目前,红领集团正在聚焦于企业大平台的搭建,形成以酷特智能 C2M 系统平台为主体的战略架构,将旗下酷特科技、酷特金融、酷特工厂及酷特电商平台四大板块紧密结合,以企业大平台承载各类平台的发展,同时逐步完善数字化云服务平台,通过云计算、大数据优化商业生态,形成行业产业链的聚合、复制、协同,建立了一整套的客服诚信保障体系。

在拓展酷特智能 C2M 模式方面,红领集团拟吸收更多的制造企业,形成拥有庞大产业体系的 C2M 生态圈(见图 8-3)。酷特智能 C2M 模式将以"定制"为核心拓展多领域跨界合作,为 C 端和 M 端提供数字化、智能化、全球化、全产业

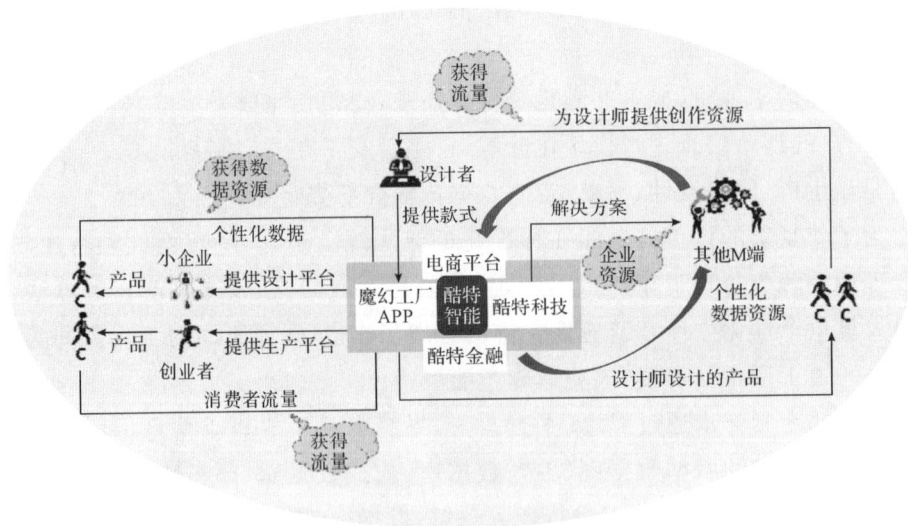

图 8-3　C2M 生态圈

资料来源:长城战略咨询。

链协同解决方案。其中，电商平台将持续在"定制式生活"的战略目标上发力，将定制扩展到服装以外的各生活场景。

8.3.6　青岛红领的管理启示

传统的服装制造业处于"微笑曲线"中的最底端，在整个价值链中附加值最低。个性化定制对经验、人工的依赖非常强，成本非常高，难以量产。红领通过数据建模和标准化信息采集的方式，在流程技术上进行创新，将用户分散的、个性化的需求转变为生产数据，建立 C2M 模式，提高生产效率，降低生产成本，实现盘活存量，提升了服装制造业的产品价值，使其上升至"微笑曲线"的最顶端。

红领基于 C2M 模式的流程技术创新有三大效果：一是减少了传递价值环节，让用户首先发出需求，而不是层层地发展经销商，避免了渠道中不断加价。二是先收款再生产，消灭了库存，成本大大下降，改变了价值创造环节。这两点决定了红领定制的西服，虽然直接制造成本比成衣高 10%，但是因为减少了中间渠道，消灭了库存，总体成本约只有传统成衣的一半，所以利润率能达到30%。三是满足了消费者的个性化需求，并且做到了大规模个性化定制，真正破解了产品同质化难题。

总而言之，红领基于流程技术创新，在现有业务的基础上，将传统生产制造方式转变为标准化、个性化模式，通过优化流程，为价值链增值，使红领实现了价值链跳跃。

8.4　阿里巴巴：组织技术创新

组织技术创新不仅要调整组织结构和比例，更要通过调整和优化管理要素，即人、财、物、时间、信息等资源的配置结构，提高现有管理要素的效能。企业进行组织技术创新时要考虑企业的经营发展战略，要对未来的经营方向、经营目标、经营活动进行系统筹划；要建立以市场为中心的，能对市场信息、宏观调整信号及时做出反应的反馈应变系统；要不断优化各项生产要素组合，开发人力资源；在注重实物管理的同时，应加强价值形态管理，注重资产经营、资本金的积累；等等。只有通过这种方式，才可以全面、系统地解决在企业组织结构与运行以及企业间组织联系方面所存在的问题,使之适应企业发展的需要。以阿里巴巴网络技术有限公司(下文简称阿里)为例。阿里通过组织技术创新,建立阿里巴巴数据中台架构,共享组织信息,使得管理更加高效,组织运作效率更高,业务更加敏捷灵活,企业活动发挥更大效益,实现了组织体系激活,为组织赋能。

8.4.1 阿里巴巴简介

阿里创建于1998年年底,总部设在香港(国际总部)及杭州(中国总部),并在海外设立了美国硅谷、伦敦等分支机构。阿里经营多元化的互联网业务,包括促进 B2B 国际和中国国内贸易的网上交易市场、网上零售和支付平台、网上购物搜索引擎,以及以数据为中心的云计算服务,围绕商业、云计算、数字媒体及娱乐和创新等领域展开布局,建立了涵盖消费者、商家、品牌、零售商、第三方服务提供商、战略合作伙伴及其他企业的数字经济体。良好的定位、稳固的结构、优秀的服务使阿里成为全球首家拥有210万商人的电子商务网站,在2019年福布斯全球数字经济100强榜中位列第10位①。

8.4.2 大中台、小前台

大多数传统企业采用"烟囱式"的组织模式,即一个后台对应一个前台,数据中心是基于单个项目建设的,采用垂直的体系结构(见图8-4)。一旦业务部门提出业务需求,就需要一整套的需求收集、需求分析、开发、测试、上线的项目周期。某种程度上,每个新系统的上线都预示着要耸立一座新的"烟囱"。阿里最初采取的就是这种"烟囱式"系统架构,但这种系统架构存在很多弊端。

(1)重复的功能建设和维护带来重复投资。大量功能和业务在多个系统中同时存在,开发和运维的成本都非常高昂,并且存在很多资源浪费。

(2)打通"烟囱式"系统间交互的集成和协作成本高昂。随着业务发展,企业必然要提高或优化企业的运营效率,更好地整合内部资源,提升用户体验,实现各个系统之间的交互,然而"烟囱式"系统将信息拆散在不同系统中,要打通系统之间的信息渠道成本很高。

(3)不利于业务沉淀和持续发展。在互联网时代,业务需求与日俱增,来自

---

① 资料来源:福布斯 www.forbeschina.com/lists/1724.

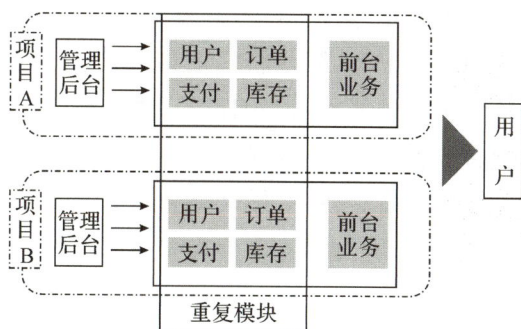

图 8-4 传统"烟囱式"IT 架构

客户、市场的反馈和信息都要求系统能快速响应，而传统项目的迭代周期使得系统对业务的响应和支持越来越吃力。

在阿里中台出现之前，阿里的电子商务业务涉及多种业务形式。阿里逐渐意识到，同一个客户可能涉及 B2B、C2C、B2C 等多种形式，且其对应的可能是同一个商品。随着阿里核心电商业务的持续扩大，淘宝、天猫、聚划算三大平台开始显现出大公司在 IT 建设层面出现的重复投入、资源利用率下降的通病。而实际上很多业务线平台是有共性需求的，是可以重复使用的。例如，基于淘宝数据的各种业务都自建一套中间层，而这些中间层很多是重复建设的。再如，蚂蚁金服和天猫都有交易主题，交易主题或许能同时为两个业务服务，但是，不同的渠道产生的是不同的数据。更严重的是，各种各样的数据孤岛横亘在各个部门之间，调用其他部门的数据需要很长的审批流程，效率低下。在传统的企业信息化改造中，面对数据孤岛问题，企业只能一点点地改进和修正。虽然这也是一种进步，但并不能从根本上解决问题，而且耗费巨大。因此，阿里开始尝试进行组织技术创新，打通底层的数据。

2015 年，阿里提出"大中台、小前台"战略，建立中台事业群，包括搜索事业部、共享业务平台、数据技术及产品部。在新的组织架构中，前台的职能是快速响应用户需求，后台提供相对稳定的后端资源，而中台则充当了"变速齿轮"的作用，用以匹配不同速率。企业通过中台整合共性需求，打造平台化、组件化的系统能力，将信息以接口、组件等形式共享给各业务单元使用，使得一个后台可以对应多个前台。

通过大中台聚合集团的数据和技术资源，前台可以更为敏捷地做出反应，从而能更快速地适应瞬息万变的市场。经过调整后,阿里的组织架构不再是传统的树状结构,而变成了网状结构。阿里将之前细分的 25 个事业部打乱,根据具体业务将其中一些能够为业务线提供基础技术、数据等支持的部门整合成"大中台",统一为业务线提供支持和帮助(见图 8-5)。中台提炼各个业务线的共性需求并打造成组件化的资源包,以接口的形式统一提供给前台业务部门使用,最大限度地减少了重复的现象。通过此番 IT 架构和集团组织结构的调整,阿里的核心能力随着业务不断发展以数字化形式沉淀到平台,形成以服务为中心,由业务和数据中台构建起数据闭环运转的运营体系,以更高效地进行业务探索和创新,实现以数字化资产的形态构建核心且具差异化的竞争力。

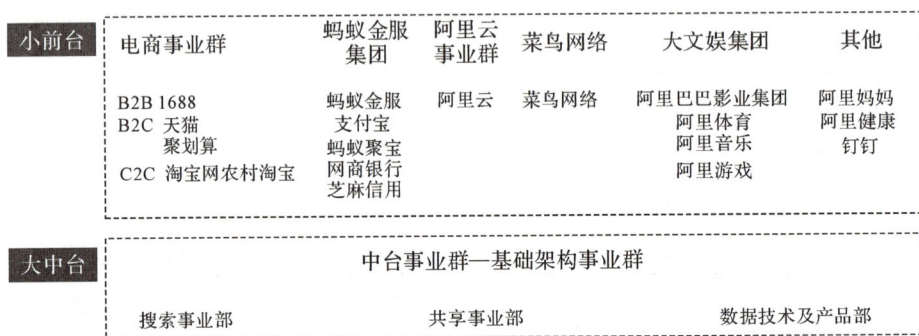

小前台	电商事业群	蚂蚁金服集团	阿里云事业群	菜鸟网络	大文娱集团	其他
	B2B 1688 B2C 天猫 聚划算 C2C 淘宝网农村淘宝	蚂蚁金服 支付宝 蚂蚁聚宝 网商银行 芝麻信用	阿里云	菜鸟网络	阿里巴巴影业集团 阿里体育 阿里音乐 阿里游戏	阿里妈妈 阿里健康 钉钉

大中台	中台事业群—基础架构事业群		
	搜索事业部	共享事业部	数据技术及产品部

图 8-5　阿里中台组织架构

资料来源:阿里巴巴、技术领导力社区。

为什么做这样的调整?核心原因有以下两个。

(1)信息共享。随着公司的发展壮大,许多业务部门内提供基础支持的工作可能会有很大程度上的重复。比如两个相互独立的业务部门同时开发 APP,两个团队很可能在同时开发同样的功能,重复解决同样的技术问题,同时写差不多的代码,但信息不能共享,导致许多资源被浪费。

(2)助力创新。随着企业的发展,阿里内部的部门越来越多,分工越来越细。若某个员工要搞创新,需要协调研发、产品及运营等多个部门,沟通过多,创新成本就非常高。这也是阿里下决心进行组织变革的一个主要原因。

简而言之,阿里建立"大中台、小前台"组织模式的核心目的是希望能够促使组织管理更加扁平化,使得管理更加高效,组织运作效率更高,业务更加敏捷灵活。

中台的主要价值存在于五个方面。

(1)沉淀数据资产。将数据变成企业的资产有两种形式。第一，数据为业务赋能，即将数据作用于现有产品，使其在创造收益、降低成本上有更好的表现。企业通过这种数据"内消"的方式，将生产经营中产生的数据进行收集、整理、分析，用于服务自身的经营决策、业务流程，从而提高产品收益。第二，数据本身产生价值，即让数据以各种形式进行交易，直接生成价值。

(2)推动业务创新。一方面，数据中台可以将企业各个过程的数据进行归纳集合，将业务数据融合，孵化出更多创新的业务场景；另一方面，由于数据中台可以避免重复的功能建设、职责建设和能力建设，使得企业在开辟新业务、新项目或拓展新市场时，不需要面临很大的前期投入，从而可以降低风险和损失。通过这种方式，数据中台可大大降低创新的成本，促进组织创新和自我迭代。

(3)避免重复开发。中台可以解决组织内部重复建设和资源浪费的问题，避免相似业务的重复投入，将业务线之间的共性需求整合，使得许多中间层资源可以重复使用。

(4)提高企业效能。数据中台的出现，缩小了后台与前台运转的速度差，兼顾企业管理效率和产品创新，可降低重复建设、"烟囱式"协作的成本，从而提升企业的整体效率，实现数据推动业务。

(5)快速响应需求。数据中台作为连接后台与前台的"枢纽"，在维持后台系统稳定、可靠的同时，也可满足前台系统"小步快跑"的迭代需求，实现后台资源向前台用户端的顺流输送，使企业真正做到自身能力与用户需求的持续对接，以数据推动业务迭代。

阿里的中台战略还有一个核心——共享服务体系，其主要有四大价值点。

(1)服务可复用。阿里中台通过松散耦合的服务带来业务的复用，不必为不同的前端业务开发各自对应的相同或者类似的服务。例如淘宝和天猫不必各自都开发一个评价服务。

(2)服务更丰富。服务作为一项业务，总是从零开始发展的。只有不断地去丰富原始的服务内容，才能从最初单薄的业务功能逐渐成长为企业最为宝贵的IT资产，而丰富多样的服务需要不断优化底层设计，不断接入新的业务。

(3)服务助创新。传统的创新模式往往需要在分析、设计、开发等环节从零开始，这一过程存在投入成本大、开发周期长等问题，可能在产品被开发出来之前,市场就已经被竞争者所抢占。而共享服务平台中的诸多服务是可以进行重新编排和组合的,因此可以快速地响应市场,达成创新。

(4)服务敢试错。试错和创新有着千丝万缕的关系,只有不畏惧失败,敢于一次次尝试探索的企业,才能迸发出创新的火花。共享服务平台由于具备快速编排、组合服务的能力,可以以较小的成本投入来构建出一个新的前端业务,即使失败了,公司损失也很小。这在传统模式构建的系统中是几乎不可能的。

8.4.3 中台的主要类型

中台可以有很多种类型。技术中台用以整合和包装云基础设施以及在其上建设的各种技术中间件;业务中台提供开箱即用、复用的功能,为后台提供支援;组织中台提供投资管理、风险管理、资源调度等;研发中台专注于应用开发效率;数据中台用于弥补数据开发和应用开发的速度匹配;移动中台是有助于快速开发 APP、移动端网页和小程序的平台。阿里主要采用的是业务中台和数字中台的"双中台"模式(见图 8-6)。

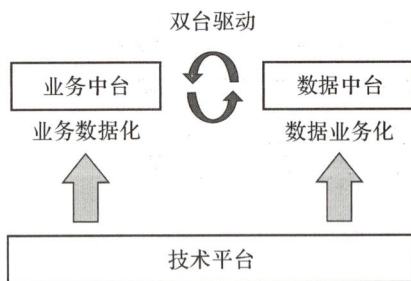

图 8-6 双台驱动模式

业务中台对后台资源进行抽象整合和包装,将其转化为前台可复用、共享的核心能力,实现了后端业务资源到前台易用能力的转化。数据中台从后台及业务中台获取数据,完成海量数据的存储、计算及产品化包装,构成企业的核心数据能力,为前台基于数据的定制化创新和业务中台基于数据反馈的持续演进提供了强大支撑(见图 8-7)。业务中台与数据中台相辅相成,互相支撑。

8.4.4 阿里数据中台体系创新

阿里的数据中台经历了所有阿里生态内业务的考验,包括新零售、金融、物

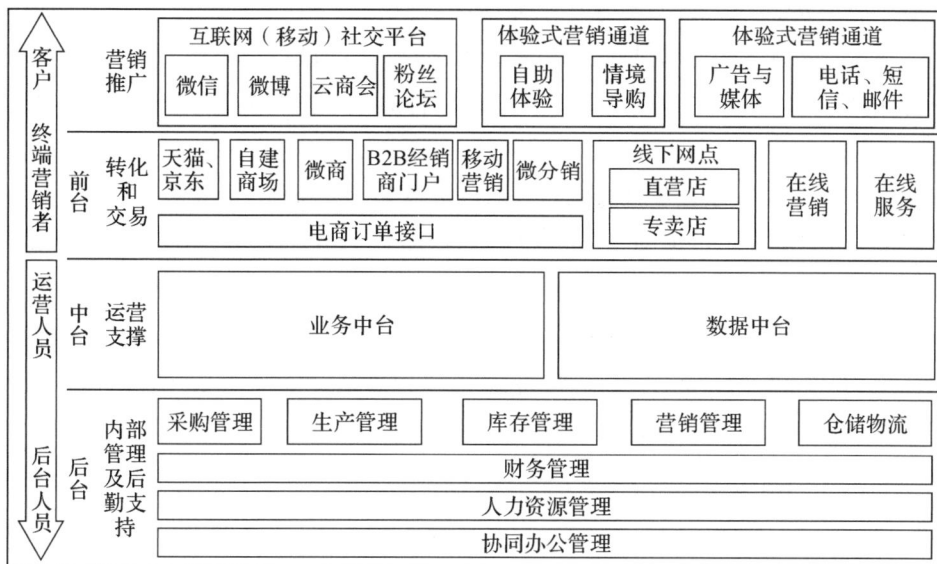

图 8-7　企业中台典型架构

资料来源：2018 云栖大会·上海峰会，阿里云。

流、营销、旅游、健康、大文娱、社交等领域。阿里云上数据中台从业务视角而非纯技术视角出发，智能化构建数据，管理数据资产，并提供数据调用、数据监控、数据分析与数据展现等多种服务。

承技术，启业务，是建设智能数据和催生数据智能的引擎。阿里数据中台具有三大体系：OneData 致力于统一数据标准，让数据成为资产而非成本；OneEntity 致力于统一实体，让数据融通而非以孤岛存在；OneService 致力于统一数据服务，让数据复用而非复制。这三大体系形成了阿里云上数据中台内核能力的框架体系。数据中台除了建立起自身的内核能力之外，向上赋能业务前台，向下与统一计算后台连接，融为一体。

1. OneData 体系

OneData 体系主要包括数据标准化、技术内核工具化、元数据驱动智能化三个方面。

数据标准化是要从源头实施数据标准化，而非在数据研发之后对基于数据指标梳理的数据字典实施数据标准化，因为，只有每一个数据都是唯一的，数据

197

模型才能稳定、可靠,数据服务才是靠谱的、可信的。

技术内核工具化指的是,所有的规范、标准等,如果没有一个全流程的工具作为保障,则无法实现真正意义上的全链路打通,因此需要首先推进技术内核全面工具化。

元数据驱动智能化指的是,阿里正在持续努力实现数据建模后的自动化代码生成,以及保障其实现和运行的智能计算与存储框架。为什么阿里能做这件事情?其中一个重要原因就是,阿里在源头对每个元数据进行了规范定义,尽可能实现数据的原子化和结构化,并将其全部存在元数据中心里。这些元数据对于计算、调度、存储等意义非凡,因此有望实现从人工到半自动化,进而实现智能化。

2. OneEntity 体系

OneEntity 体系主要包括技术驱动数据连接、技术内核产品化、业务驱动技术价值化三个方面。

技术驱动数据连接指的是,OneEntity 要实现实体识别,首先要依赖很强的实体识别技术,所以要用技术来驱动数据连接。

技术内核产品化是目标,其发展过程不是一蹴而就的,一定要往这个方向努力,否则每一次进行标签画像(哪怕是类似的标签),都要通过人力重复做一次,这实在是一件效率很低的事情。所以,要高效地进行实体识别、用户画像,产品化是一条必由之路。

业务驱动技术价值化指的是,将数据从孤岛变得融通,进而实现高价值,是需要业务来驱动的。在此过程中,再一次体现了业务和技术要"背靠背""你情我愿"地进行双向联动。

3. OneService 体系

OneService 体系主要包括主题式数据服务、统一但多样化的数据服务、跨源数据服务三个方面。

主题式数据服务指的是,从方便用户的视角出发,以逻辑模型的方式构建呈现在用户眼前的数据表现形式。

统一但多样化的数据服务,例如"双 11"当天上百亿次的调用服务是统一的,但获取的数据的形式可以是多样化的,可以通过 API(应用程序接口)提供自主的结构化语言查询数据服务,也可以通过 API 提供在线直接调用数据服务。

跨源数据服务指的是,不管数据服务的源头在哪里,从数据服务的角度出发,都不应该将这些复杂的情况暴露给用户,而应尽可能地屏蔽多种异构数据源。

8.4.5 阿里巴巴的管理启示

阿里基于组织技术创新,进行信息化改造,打通底层数据,连接数据孤岛,建立起阿里数据中台,不仅能降低重复建设、"烟囱式"协作的成本,解决了资源重复投入、利用率下降的问题,也疏通了企业内部的沟通渠道,将不同的业务联结起来,信息共享,解决了阿里生态内部多元化、复杂化和丰富化的业务数据融通并以统一标准进行建设的问题。这种"大中台、小前台"的模式可以有效地聚合集团的数据、技术资源,更敏捷地服务于前台,更快速地适应瞬息万变的市场,响应外部需求和环境变化,使得阿里可以更精细化地管理复杂、多形态的业务,全数据化运营,全业务链打通,更好地支持业务发展和创新,降低运作成本,为应用提效,为业务赋能。

由此可见,企业通过组织技术重构,打通不同部门、不同业务之间的数据流,可以达到信息共通、共用、共享,在提高资源使用效率的同时也使得组织得以保持灵活性与敏捷性,激活组织体系,为组织赋能。

第9章　政策建议

改革开放以来,凭借沿海区位、政府先动等先发优势,浙江的传统产业发展迅猛,创造了经济发展的奇迹,浙江的全省生产总值在 20 世纪 90 年代初跃居全国前五。但近年来,浙江省的高端瓶颈和低端锁定问题越来越突出,因此,再创浙江经济发展的新优势需要经济的转型升级。前文基于浙江省的统计数据以及真实产业案例,对 2017 年浙江省创新型经济的运行情况进行了全面的梳理与总结。在经济转型、范式转变的时期,浙江发展创新型经济可谓机遇与挑战并存。随着浙江经济逐步迈入新常态,加快发展创新型经济是实现产业升级、经济结构调整、打造创新强省和经济大省的有效途径。提升传统产业创新能力以推进传统产业改造升级以及加强企业自主创新能力建设是重中之重。因此,本章将从产业层面以及企业层面分别给出在经济新常态下浙江省发展创新型经济的政策建议。

9.1　针对宏观层面的政策建议

2018 年国务院政府工作报告指出,要"按照高质量发展的要求,统筹推进'五位一体'总体布局和协调推进'四个全面'战略布局,坚持以供给侧结构性改革为主线,统筹推进稳增长、促改革、调结构、惠民生、防风险各项工作"。浙江省正处于创新型省份建设的关键时期,需要坚持寻找增量和激活存量两条路径。一方面,通过寻找增量来解决低产业选择路径依赖、低附加值出口业务路径依赖、低研发驱动制造路径依赖等低端锁定问题;另一方面,也要提升已有产业的质量,巩固优势产业地位,促进落后产业的转型升级。在此过程中,需要突出企业主导作用,推动企业技术创新和商业模式创新双轮驱动发展;强化市场导向作用,通过市场拉力为产业发展和创新建设提供好的环境和动力;打造创新生态系统,促进产、学、研、政创新力量的整合,赋能创新型经济发展。

9.1.1　突出企业主导,完善双轮创新体系

产业技术创新体系是企业技术创新活动的主要载体,而企业又是创新的主体。因此技术创新体系建设需要着重推进五个方面的工作。一是加强企业自身研发机构建设,对不同研发投入的企业实行梯度税收减免政策。进一步深化省级、市级两级企业技术中心管理体系建设,同时着力打造国家级创新研发示范基地在企业中的建设。在不断深入优化传统产业的同时,积极开展高新技术、现代服务业等企业技术中心的培育、认定和建设工作,形成传统制造业、高新技术产业、高技术服务业、新兴服务业等多个行业较完备的企业技术创新系统,增强高新技术业对传统产业的推动作用。二是深入开展新兴技术创新综合试点,为企业技术创新的快速商业化提供相应的政策支持,利用集群优势助力商业化过程,积极帮助规划、建设一批重点企业研究院,为一些核心关键产业设立重大专项。三是助力青年科研创新力量的成长,实施青年科学家培养计划,输入新鲜血液,不断增强创新驱动力。四是大力培育国家级技术创新示范企业。抓住国家开展技术创新示范企业培育的有利时机,积极培育省级技术创新示范企业,突出技术创新和商业模式创新的驱动作用,发挥企业的技术创新引导和示范作用。五是深入推进政府创新服务平台建设,围绕重点需要发展的战略性新兴产业和提升传统优势产业的关键共性和重大技术攻关领域,大力开展共性技术攻关、创新创业扶持等创新服务平台建设,支持企业开展技术攻关,加快创新成果产业化。

9.1.2　强化市场导向,激活市场动力机制

充分发挥市场机制在配置技术创新资源中的基础性作用,强调用市场化驱动创新发展,用机制驱动创新进入良性循环。主要应做好以下几方面工作。一是加强突破性创新认定奖励工作,特别是装备制造方面的首台(套)认定奖励工作。建立健全重大技术装备突破的保险机制,从制度上支持企业研发和推广应用重大技术装备,提升传统产业企业创新能力,推进传统行业迭代升级。同时关注商业模式创新,健全创新体系,鼓励商业模式创新的蓬勃发展。二是继续实施"浙江制造精品"工程,按计划每年公布"浙江制造精品目录",每年更新迭代。在同等条件下,鼓励本省企业、政府主导型投资项目以及政府集中采购优先使用

"浙江制造精品"名称。

9.1.3　助力协同创新,打造创新生态

继续维持浙江省产业政策导向,始终坚持以产业为主导,以研究开发为基础,以实用、能用和好用当头。一方面需要加强政府与高校、科研机构、领先企业合作,打造沟通平台,发现并瞄准市场需求和技术升级方向,三方联合制定高水准的重点产业技术路线图,三方联手引导行业发展,以准确把握技术发展趋势,开展技术创新,抢占产业技术制高点。另一方面,也要总结、梳理市场发展规律,从产业链视角,形成纵向产业技术联盟,通过技术合作,发挥集群作用,共同分享利益,促进创新能力协同提升。从中间产品视角,利用产业间产品的互补性,形成横向合作协同,以此建立产业生态系统,利用纵向和横向的"打通",整体提升生态中产业的创新能力。

9.2　针对微观层面的政策建议

企业是创新活动的主体,也是浙江省发展创新型经济的主要载体。为浙江的企业建立良好的、利于发展建设创新型经济的企业政策是十分重要的。对于浙江而言,要提升创新型经济就需要提升创新型企业竞争力。这主要采用两步走战略。一是扶持大型优质创新型高新企业,以重点企业为核心,带动商业生态系统以及周边产业的增长。二是在此基础上培育一批中小企业成为创新型企业。同时需注重培育企业家的战略眼光,打造创新平台,整合互补资源。

9.2.1　强化创新型企业的示范作用

以产业进行分类,结合现有的浙江省隐形冠军及培育企业项目,在浙江省范围内筛选各行业的创新型领军企业,总结推广创新型企业的发展模式,示范带动更多的中小企业走创新型的发展道路。建立具有良好成长性的、潜在的创新型企业培育库,并着重关注浙江省选定的战略性新兴产业。提升企业对特色技术、特色工艺、特色品牌的掌控能力,对市场需求进行持续创新。这主要可以采用以下方法。首先建立"集群大学",即以各产业的创新型领军企业或者潜在的创新

型企业牵头,在有条件的产业集群中建立专业大学甚至综合性大学,培养能够操作先进生产设备的高素质技术人才。政府建立配套专项财政预算支持"集群大学"的发展和建设。为了扩大集群效应,建议政府规划专项用地,集中建设,集中管理。同时根据需要在领军企业或相关集群中建立职业技术学校。借鉴日本、德国的职业教育经验以及培养方案,大幅增加职业技术学校学生的实践操作时间,推进校企联合培养复合型、创新型技术劳动者。为了确保职业技术学校的有序运营,一方面需要政府给予牵头企业资金支持和相应的税收减免,另一方面政府应对集群内企业引入高素质劳动者实施补贴或者减税,以抵消企业吸纳低端劳动力的成本优势,优化员工结构。

9.2.2 拓宽创新来源,寻找独特路径

在浙江省的经济发展阶段,"模仿创新"现象较为普遍。虽然追赶时期的"模仿创新"是"活下去"的一种有效途径,但是,简单的复制不但会使同质化竞争加剧并将竞争锁定在较低的同一范式"价格战"层面,而且会打击领先企业的创新动力,进而限制浙江省高新技术的创新。随着经济步入新常态,这种靠模仿进行的产业复制发展模式也需要改变,提倡大力推进各种形式的创新。企业需要结合内外部的创新力量,综合考量,寻找一条独特的发展路径。这对企业的眼光和政府的服务提出了较高的要求。一是要指导中小企业提高科学管理水平,建立现代企业制度,帮助企业在研发、生产、市场、服务等各个环节寻找发展的空间和提升发展的质量。二是要搭建公共信息服务平台,促进企业内部与外部之间的信息共享,提高整体信息化水平,最大限度地发挥企业内部和外部的资源、技术和市场优势,提高企业的市场反应速度。三是要建立专项项目,促进企业间学习交流,向企业提供赴外地、海外向先进企业学习的机会,促进企业建立对外合作关系,拓宽创新渠道和来源。

9.2.3 寻找增量,拓宽发展领域

要促进企业发展,推动价值链的延伸,通过寻找增量来打破低端锁定的现有问题,推动技术突破、需求创造以及市场开拓,以寻找增量。一是加大对企业关键技术创新的奖励力度,鼓励企业做出突破性创新,从而改善供应端和消费端的现状,突破现有技术桎梏,实现价值链的升级和新产业链的打造。二是

鼓励企业扩大现有技术的多样化应用场景,打造应用场景交流平台,鼓励提出不同的价值主张,并由此创造新的市场需求,推动产业边界的拓宽和价值链的延伸。

9.2.4 激活存量,提高经济质量

在加快传统产业迭代升级以及新兴产业发展时,也需要关注现有产业的发展质量。不仅需要强调对于产品的突破式创新,还需关注在生产流程上的过程创新、组织流程创新等。一是加大对企业流程技术创新的奖励和推广力度,鼓励企业通过生产制造方式的转变优化流程,为价值链增值,并建立交流和推广平台,促进流程创新的推广,提高产业价值链的发展质量。二是设立两化融合专项引导资金,用于支持信息化项目的开展,从而推进信息化在中小企业中的较快速普及,促进企业通过数字化和信息化管理,达到信息共通、共用、共享,在提高资源使用效率的同时也使得组织得以保持灵活性与敏捷性,激活产业体系。

参考文献

陈佳贵,黄群慧.工业现代化的标志、衡量指标及对中国工业的初步评价[J].中国社会科学,2003(3):18-28.

傅家骥,程源.企业技术创新:推动知识经济的基础和关键[J].现代管理科学,1999(5):4-5.

傅家骥,程源.知识创新与技术创新[J].中国科技月报,1999(8):37-39.

郭斌等.2019中国上市公司创新指数报告[EB/OL].http://www.som.zju.edu.cn/2019/0906/c34059a1777111/page.htm,2019.

洪志生.合同能源管理:重构节能环保产业的商业模式[J].中国战略新兴产业,2015(13):58-59.

胡保亮.商业模式创新、技术创新与企业绩效关系:基于创业板上市企业的实证研究[J].科技进步与对策,2012,29(03):95-100.

胡春萍,李文慧,王昕红.创新型省份建设评价研究——以陕西为例[J].科技与管理,2016,29(2):26-30.

李长江.关于数字经济内涵的初步探讨[J].电子政务,2017(9):84-92.

李长云,邓娟.战略性新兴企业商业模式演化机理研究——基于新技术驱动力视角[J].科技进步与对策,2015,32(16):76-82.

李海波,周春彦,李星洲,等.区域创新测度的新探索——三螺旋理论视角[J].科学与管理,2011,6(1):45-50.

李芹芹,刘志迎.国内外创新指数研究进展述评[J].科技进步与对策,2013,30(2):157-160.

柳卸林.技术轨道和自主创新[J].中国科技论坛,1997(2):32-35.

庆瑞,刘景江,赵晓庆.技术创新的组合及其与组织、文化的集成[J].科研管理,2002(6):38-44.

任俊.基于熵值法的中部六省创新型省份建设水平评价研究[D].湖南师范大

学,2019.

苏竣,林森,尤政,等.航天清华一号微小卫星的创新实践[J].清华大学学报(自然科学版),2001(2):1-4.

田颖,田增瑞,韩阳,等.国家创新型产业集群建立是否促进区域创新[J].科学学研究,2019,37(5):817-844.

万劲波,崔志明,浦根祥.技术预见、关键技术选择与产业发展[J].科学学研究,2003(1):41-46.

王进富,候海燕,张爱香.创新型省份创新驱动发展关键要素识别研究——以陕西为例[J].科技管理研究,2016,20:6-10.

王喜刚.组织创新、技术创新能力对企业绩效的影响研究[J].科研管理,2016,37(2):107-115.

王晓义,陈洁云.专利技术支撑宁波汽车制造业高质量发展的路径探索——以吉利汽车为例[J].宁波经济(三江论坛),2019(11).

王一鸣.大力推动我国经济高质量发展[J].人民论坛,2018(9):32-34.

吴菲菲,徐艳,黄鲁成.新技术引致商业模式创新的研究[J].科技管理研究,2010,30(23):1-4.

吴晓波.二次创新的进化过程[J].科研管理,1995(2):27-35.

吴晓波.浙江制造亟待摆脱路径依赖[J].浙江经济,2011(2):16-17.

吴晓波等.2016—2017浙江省创新型经济蓝皮书[M].杭州:浙江大学出版社,2019.

吴晓波,范志刚,杜健.国家创新系统视角下的中印比较[J].科学学研究,2007,25(12):512-517.

吴晓波,姜源林,高忠仕.浙江省创新型经济运行评价及发展对策研究——基于六省市的对比分析[J].技术经济,2008,27(10):11-16.

吴晓波,马如飞,毛茜敏.基于二次创新动态过程的组织学习模式演进——杭氧1996—2008纵向案例研究[J].管理世界,2009(2):152-164.

吴晓波,聂品.技术系统演化与相应的知识演化理论综述[J].科研管理,2008(2):103-114.

吴晓波,赵子溢.商业模式创新的前因问题:研究综述与展望[J].外国经济与管理,2017,39(01):114-127.

吴晓波,朱培忠,吴东,等. 后发者如何实现快速追赶?——一个二次商业模式创新和技术创新的共演模型[J].科学学研究,2013(11):1726-1735.

习近平.决胜全面建成小康社会夺取新时代中国特色社会主义伟大胜利——在中国共产党第十九次全国代表大会上的报告[R]. http://www. xinhuanet. com/politics/19cpcnc/2017-10/27/c_1121867529. htm,2017.

许庆瑞,刘景江,赵晓庆.技术创新的组合及其与组织、文化的集成[J].科研管理,2002(06):38-44.

杨幸,侯雪.字节跳动是如何成为全球最有价值的独角兽企业的[J].科技中国,2019(9):70-71.

杨正武.现代企业流程再造创新思路[J].商业时代,2011(13):77-78.

姚明明,吴晓波,石涌江,等.技术追赶视角下商业模式设计与技术创新战略的匹配——一个多案例研究[J].管理世界,2014(10):149-162,188.

余东华.切实推动我国制造业高质量发展[N].中国社会科学报,2019-10-09(004).

张家伟.创新与产业组织演进:产业生命周期理论综述[J].产业经济研究,2007(5):74-78.

张凯."电商黑马"拼多多崛起之路[J].知识经济(中国直销),2018(5):80-83.

张新香.商业模式创新驱动技术创新的实现机理研究——基于软件业的多案例扎根分析[J].科学学研究,2015,33(4):616-626.

张雪玲,焦月霞.中国数字经济发展指数及其应用初探[J].浙江社会科学,2017(4):32-40.

周大鹏.制造业服务化演化机理及发展趋势研究[J].商业研究,2013(1):12-21.

朱明洋,林子华.国外商业模式价值逻辑研究述评与展望[J].科技进步与对策,2015,32(1):153-160.

Amit R,Zott C. The fit between product market strategy and business model:implications for firm performance[J]. Strategic Management Journal,2008,29(1):1-26.

Andy N. Exploring the financial consequences of the servitization of manufacturing[J]. Operations Management Research,2009,1(2):103-118.

Baumol W J. Four sources of innovation and stimulation of growth in the Dutch economy[J]. De Economist, 2004, 152(3): 321-351.

Brynjolfsson E, Kahin B. Understanding the Digital Economy: Data, Tools and Research[M]. Cambridge: The MIT Press, 2000.

Carlsson B. Small business, flexible technology and industrial dynamics[M]// Acz Z J, Carlsson B, Thurik R. Small Business in the Modern Economy. Oxford: Basil Blackwell, 1996.

Charrie J, Janin L, Charrié J. Le numérique: comment réguler une économie sans frontière[J]. La Note D'analyse, 2015, 35.

Chenery H B, Taylor L. Development patterns: among countries and over time [J]. The Review of Economics and Statistics, 1968: 391-416.

Chesbrough H W. The era of open innovation[J]. MIT Sloan Management Review, 2003(3): 35-44.

Chesbrough H W. Open Innovation: The New Imperative for Creating and Profiting from Technology[M]. Cambridge: Harvard Business School Press, 2003.

Chesbrough H, Rosenbloom R S. The role of the business model in capturing value from innovation: evidence from Xerox Corporation's technology spin-off companies[J]. Social Science Electronic Publishing, 2002, 11(3): 529-555.

Chesbrough H. Business model innovation: it's not just about technology anymore[J]. Strategy & Leadership, 2013, 35(6):12-17.

Christensen C M, Baumann H, Ruggles R, et al. Disruptive innovation for social change[J]. Harvard Business Review, 2007, 84(12):94-101, 163.

Dasilva C M, Trkman P. Business model: What it is and what it is not[J]. Long Range Planning, 2014, 47(6):379-389.

Dixit A K, Grossman G M. Trade and protection with multistage production [J]. The Review of Economic Studies, 1982, 49(4): 583-594.

European Commission. Methodological Note[R]. Digital Economy and Society Index, 2015.

Evangelista R, Iammarino S, Mastrostefano V, et al. Looking for regional systems of innovation: evidence from the Italian innovation survey[J]. Regional Studies, 2002,36(2): 173-186.

Fan P. Catching up through developing innovation capability: evidence from China's telecom-equipment industry[J]. Technovation,2006(3): 359-368.

Franke N, Hippel E V. Satisfying heterogeneous user needs via innovation toolkits: the case of Apache security software[J]. Research Policy, 2003, 32(7):1199-1215.

Freeman C. The Economics of Industrial Innovation[M]. London: Pinter Press, 1982.

Geroski P A. What do we know about entry [J]. International Journal of Industrial Organization,1995,13(4):421-440.

Greenaway D,Milner C. A cross section analysis of intra-industry's trade in the U. K[J]. European Economic Review,1984, 25: 319-344.

Grossman G M , Helpman E. Trade, knowledge spillovers, and growth[J]. European Economic Review, 1991: 35.

Helpman E. Trade, FDI, and the organization of firms [J]. Journal of Economic Literature, 2006, 44(3): 589-630.

Klepper J H M. Entry, exit and shakeout in the united states in new manufactured products [J]. International Journal of Industrial Organization,1995,13(4):567-591.

Kling R, Lamb R. IT and organizational change in digital economies: a socio-technical approach[J]. Acm Sigcas Computers & Society, 1999, 29(3):17-25.

Lee K, Lim C. Technological regimes, catching-up and leapfrogging: findings from the Korean industries[J]. Research Policy,2001(3): 459-483.

Lewis W A. The Theory of Economic Growth [M]. London: George Allen& Urwin, 1955.

Mesenbourg T L. Measuring Electronic Business: Definitions, Underlying Concepts,and Measurement Plans[R]. US Bureau of the Census, 2001.

Michael E P. The Competitive Advantage of Nations[M]. New York: The Free Press, 1990.

Moulton B. GDP and the Digital Economy: Keeping up with the Changes[R/OL]. 1999[2017-07-26]. http://bea. gov/papers/pdf/03. moulton. pdf.

Osterwalder A, Pigneur Y, Tucci C L. Clarifying business models: origins, present and future of the concept[J]. Communications of the Association for Information Systems, 1998, 16(1).

Osterwalder A, Pigneur Y, Tucci C L. Clarifying business models: Origins, present, and future of the concept[J]. Communications of the Association for Information Systems, 2005, 16(1):1.

Parkhe A. Strategic alliance structuring: A game theoretic and transaction cost examination of interfirm cooperation [J]. Academy of Management Journal, 1993, 36:794-829.

Richardson J. The business model: an integrative framework for strategy execution[J]. Strategic Change, 2008, 17(5 /6) : 133-144.

Rotolo D, Hicks D, Martin B R. What is an emerging technology? [J]. Research Policy. 2015(10): 1827-1843.

Schmidt G M, Druehl C T. When is a disruptive innovation disruptive? [J]. Journal of Product Innovation Management, 2008(4): 347-369.

Schumpeter J A. The Theory of Economic Development: An Inquiry into Profits, Capital, Credits, Interest, and the Business Cycle [M]. Piscataway: Transaction Publishers, 1934.

Solow R M. Technical change and aggregate production function[J]. Review of Economics & Statistics, 1957, 39(3):312-320.

Tapscott D. The Digital Economy: Promise and Peril in the Age of Networked Intelligence[M]. New York: McGraw-Hill, 1996.

Teece D J. Business models, business strategy and innovation[J]. Long Range Planning, 2010, 43(2-3):172-194.

The Massachusetts Technology Collaborative. Index of the Massachusetts Innovation Economy[R]. John Adams Innovation Institute, 2009.

Tsui A S. Contextualization in Chinese Management Research[J]. Management and Organization Review, 2006, 2(1):1-13.

UNIDO. Industrial Development Report 2009 [R/OL]. http://www. unido. org/fileadmin/user _ media/Publications/IDR/2009/IDR _ 2009 _ print. PDF, 2009.

Vandermerwe S, Rada J. Servitization of business: adding value by adding services[J]. European Management Journal, 1988,6 (4): 314-324.

Von Hippel E. Lead Users: A source of novel product concepts [J]. Management Science, 1986, 32(7):791-805.

Wernerfelt B, A Resource-based view of the firm[J]. Strategic Management Journal, 1984,5(2):171-180.

Wu X, Ma R, Shi Y. How do latecomer firms capture value from disruptive technologies? A secondary business-model innovation perspective[J]. IEEE Transactions on Engineering Management, 2010, 57(1): 51-62.

Zott C, Amit R, Massa L. The business model: Theoretical roots, recent developments, and future research[J]. Iese Research Papers, 2010, 37 (4):1019-1042.

Zott C, Amit R. Business model design and the performance of entrepreneurial firms[J]. Organization Science, 2007, 18(2): 181-199.